PETER JAKOB KOCK, 1946 in Seeon geboren, ist Journalist und Historiker in München. Er promovierte in neuerer Geschichte und hat sich in zahlreichen Veröffentlichungen mit Fragen der Zeitgeschichte befasst, u.a. war er über 15 Jahre verantwortlicher Redakteur der Zeitschrift »Maximilianeum«. Zu seinen wichtigsten Publikationen zählen die Standardwerke »Bayerns Weg in die Bundesrepublik« und »Der bayerische Landtag – Eine Chronik«.

edition monacensia
Herausgeber: Monacensia
Literaturarchiv und Bibliothek
Dr. Elisabeth Tworek

Peter Jakob Kock
Das Maximilianeum

Biografie eines Gebäudes

Weitere Informationen über den Verlag und sein Programm unter:
www.allitera.de

Bibliografische Information der Deutschen Nationalbibliothek:
Die Deutsche Nationalbibliothek verzeichnet diese Publikation
in der Deutschen Nationalbibliografie;
detaillierte bibliografische Daten sind im Internet
über < http://dnb.d-nb.de > abrufbar.

Allitera Verlag
Ein Verlag der Buch&media GmbH, München
© 2008 Buch&media GmbH, München
Umschlaggestaltung: Kay Fretwurst, Freienbrink
Herstellung: Books on Demand, Norderstedt
Printed in Germany
ISBN 978-3-86520-322-9

Inhalt

Einleitung 7

1. Vom Traum zur Wirklichkeit 15
   1.1 Der königliche Bauherr 15
   1.2 Baumeister Friedrich Bürklein 24
   1.3 Isarakropole 29

2. Säulen des bayerischen »Nationalbaus« 39
   2.1 Stiftung für Hochbegabte 39
   2.2 Pagenschule für den Hofdienst 51
   2.3 Historische Bildergalerie 57

3. Zwischen Revolution und Diktatur 69
   3.1 Kanonendonner an der Isar 69
   3.2 Pleitegeier über der Stiftung 76

4. Nationalsozialisten entdecken das Haus 87
   4.1 Propagandacoup 1934/35 87
   4.2 Ausstellungen, Aufbahrungen, Kreisburg 90
   4.3 Luftschutz und Bombentreffer 96

5. Ein fast unzerstörter Monumentalbau 105
   5.1 Landtag sucht Bleibe 105
   5.2 Streit zwischen Stiftung und Staat 111
   5.3 Umbau für das Parlament 124
   5.4 Einzug der Volksvertreter 131

6. Abgeordnete und Studenten unter einem Dach 136
   6.1 Sticheleien und Reibereien 136
   6.2 Landtagsausbau und Denkmalschutz 144
   6.3 Neuer Plenarsaal in alter Hülle 153

7. Schlussbetrachtung 158

Anmerkungen 161
Literaturhinweise 178
Chronologie 179
Abkürzungen 182
Bildnachweis 182
Personenregister 183

Einleitung

Flaneure schwärmten von »Münchens Hochburg«, Spötter schmähten das Monument als »Schamtuch für Haidhausen«, das die Herbergen der armen Leute in der Vorstadt zu verhüllen suche. Das Münchner Maximilianeum[1], benannt nach seinem königlichen Stifter Maximilian, stieß oft auf Unverständnis oder Ablehnung, zu Lebzeiten des Monarchen und auch noch Jahrzehnte später. Der Bauherr selbst wusste anfangs nicht genau, was aus dem erträumten »Nationalbau«, der Krönung seiner Prachtstraße, werden sollte. Der Freistaat Bayern glaubte knapp hundert Jahre später, die ideale Bestimmung der Isar-

Spaziergänger am Maxmonument, Künstlerpostkarte um 1880

akropole als Sitz des Landtags gefunden zu haben. Das Maximilianeum sei das »Palladium«, also das Schutzschild »parlamentarischer Freiheit des bayerisches Staatsvolkes«, schwelgte der Historiker Karl Bosl. Doch ganz so einfach war der Symbolwechsel vom hoch gemauerten monarchischen Sendungsgedanken zum Ort des Nachkriegsparlaments nicht. Die Umwidmung war das Resultat zweier Weltkriege, war geboren aus materieller Not, weil die Versammlung der Abgeordneten dringend eines Daches bedurfte und die königliche Stiftung als Hauseigentümerin pleite war.

Als der Bayerische Landtag in das angeblich schönste Parlamentsgebäude Europas im Januar 1949 einzog, hatte das Monument, vom König an prominenter Stelle der Haupt- und Residenzstadt München situiert, keine glückliche Historie hinter sich. Der Schweizer Kulturhistoriker Jacob Burckhardt nannte das Gebäude kurz nach der Fertigstellung ein »Kartonmachwerk« mit »kümmerlicher Rückseite.«. Immerhin sei das Maximilianeum aber vom »jämmerlichen Gotisch der Maximilianstraße befreit«. Die heutige Flaniermeile war als Neubau keineswegs geschätzt. Dort könne man froh sein, »wenn man ohne Schlagfluss wegkommt, so unter allem Knaster hätte ich mir die Sache nicht vorgestellt«, schrieb Burckhardt. Der Schriftsteller Friedrich Hebbel war genauso entsetzt und notierte knapp: »Etwas Unverschämtes.« Wo jetzt München die Schickeria aus aller Welt zum Shopping einlädt, sah das Witzblatt »Die Fliegenden Blätter« eine »Hosentürlgotik« hingestellt.

Im »Handbuch der deutschen Kunstdenkmäler« (Dehio-Gall) suchte man noch 1960 nach dem Maximilianeum ebenso vergeblich wie nach dem Architekten Friedrich Bürklein. Heute hat sich der »Maximiliansstil« zu einer international anerkannten kunsthistorischen Architekturform des 19. Jahrhunderts gemausert, die zu Unrecht mehr an den Bauherrn erinnert als an den Baumeister Friedrich Bürklein. Doch für den preußischen Historiker Heinrich von Treitschke hatte der König einen »scheußlichen Baustil erfunden«. Auf »steiler Höhe« stehe das Maximilianeum, »ein ungeheurer Palast, dazu bestimmt, zehn Jünglinge zu beherbergen, die für den höheren Staatsdienst vorbereitet werden sollen.« Treitschkes Fazit: »So baut man bloß, um zu bauen!« Des Volkes Unverständnis karikierte noch 1894 der Zeichner Ferdinand von Reznicek mit einem Paar vom Lande vor dem Maximilianeum und der Erläuterung: »Alte, da schau her, da muaß's sakrisch brennt hob'n, beide Seiten hot's weggrissa.«

Vom Geschmack der Provinzler mal abgesehen hatten auch die Münchner kaum Anlass, auf ihre Isarhochburg sonderlich stolz zu sein.

Romantische Nachtstimmung, Postkarte um 1910

Zu lange dauerte der Bau, zu schlecht war bereits kurz nach der Fertigstellung 1874 der Bauzustand. Der Solitär, einzig monarchischem Bauwillen entsprungen, war wenig integriert in das städtische Leben, allein schon wegen der Funktionen des Gebäudes: Wohnhaus für hochbegabte Landeskinder, Sitz der Königlichen Pagerie und dazu eine Historische Galerie mit Monumentalgemälden, deren Mittelmäßigkeit kaum eine Bereicherung der großen Gemäldesammlungen der Haupt- und Residenzstadt war. Kurz gesagt: Ein Erinnerungsort der »guten alten Zeit« vor dem Ersten Weltkrieg war das Maximilianeum nie, allein schon deshalb, weil es kein Ort heiteren Gedenkens war wie der »Friedensengel« und auch kein bürgerlicher Musentempel wie das »Prinzregententheater«, dessen Namensgeber in puncto Popularität seinen Bruder Maximilian überflügelte, zumindest in der Erinnerung des bayerischen Volkes.

Doch es gab immer Stimmen, die das romantische Gepränge des Maximilianeums schätzten, vor allem als gelungenen architektonischen Abschluss der gut einen Kilometer langen Maximilianstraße, der Sichtachse von der Oper zur Isar. Der Historiker Karl Alexander von Müller, als Stipendiat selbst von 1902 bis 1907 Bewohner des Maximilianeums, erinnert sich in seinen Memoiren an einen Oktobertag: Er sieht »die sonnenbeglänzte Maximilianstraße« und das »hohe, kulissenhaft malerische Gebäude« vor sich, wie er über die Brücke spaziert. Er schwärmt von »Rundbögen, Säulchen und büstengefüllten Nischen«, aber auch für ihn waren die Zierformen dann doch nur »bürokratisch ersonnene Renaissance«. Einem Anflug von Romantik konnte selbst der nüchterne »Bautechnische Führer durch München« aus dem Jahr 1876 nicht entgehen: Wenn bei Sonnenuntergang die Straße fast ohne Licht sei, ergebe die Abendsonne auf dem Maximilianeum »die prächtigsten Beleuchtungseffekte«. Ministerpräsident Wilhelm Hoegner war an einem sonnigen Herbsttag 1945 beim Spazieren über die Isarbrücke vom Blick auf das in warmem Gelb strahlende Gebäude im Rücken die Ruinenstadt spontan inspiriert, dort das Parlament anzusiedeln.

Lässt man den Talmiglanz romantischer Stimmung samt Postkartenkitsch der Jahrhundertwende beiseite, so war in der ersten Hälfte des 20. Jahrhunderts dem Gebäude kaum Ruhm beschieden, als Institution wie als Bauwerk. Revolution und Sturz der Monarchie machten Pagen und damit eine Schule für den Hofdienst überflüssig. Eine ganze Etage im Maximilianeum stand nun leer. Die Stiftungsgelder für die Studenten waren mit der Inflation 1923 dahingeschmolzen, sodass selbst die Mittel für eine dringend notwendige Gebäudesanierung fehlten. Die Finanznot gebot, Mieter jedweder Couleur zu suchen, um zumindest den Stiftungsbetrieb aufrechtzuerhalten, denn die Eintrittsgelder für die Galerie tröpfelten so spärlich, dass es sich kaum lohnte, überhaupt noch zu öffnen. Die Nationalsozialisten, die das Maximilianeum anlässlich einer Kunstausstellung schon mal zum »Feldherrnhügel« Münchens erklärten, standen dem Gebäude gleichwohl auf Grund seiner Geschichte mehr oder weniger ratlos gegenüber. Die Renovierung der Westfassade bot ihnen die Chance, ein Jahr nach der Machtergreifung zu demonstrieren, wie wichtig dem Regime die Erhaltung historischen Gutes sei, zumal in der »Hauptstadt der Bewegung«. Im Bombenkrieg des Zweiten Weltkriegs wurde das Maximilianeum notgedrungen zum »offenen Haus«. Von Haidhausen im Osten und von der Maximilianstraße im Westen her hasteten die Menschen bei Alarm in die öffentlichen Luftschutzräume im Untergeschoss. Dass der Monumentalbau die Bombardierung Münchens im Zweiten Weltkrieg fast unversehrt überstand, grenzt an ein Wunder. Dennoch hält sich bis heute die Fama, das Gebäude sei mehrmals schwer getroffen und zu zwei Drittel zerstört worden.

Zwangsläufig war das Maximilianeum in der zerbombten Landeshauptstadt ebenso wie all die heil gebliebenen Nazibauten ein unverzichtbares Notquartier; und dazu war es natürlich die angestammte Heimstätte der aus dem Krieg zurückkehrenden Stipendiaten, deren Stiftung das Gebäude nach wie vor gehörte. Doch Mitte 1946 kam auf das Haus eine ganz neue bauliche Funktion und erstmals eine echte politische Rolle zu, die zwar mit dem Stiftungszweck »Nationalbau« im modernen Sinn durchaus einherging, die aber ganz und gar nicht im Sinne des monarchischen Stifters gewesen wäre: Das Maximilianeum wurde Sitz des Bayerischen Landtags. Dabei ist die Einzugsgeschichte des Bayerischen Landtags beileibe kein Ruhmesblatt in den bayerischen Parlamentsannalen, selbst wenn man den Akteuren zugute hält, dass in den Nachkriegsjahren Improvisation in Form von Hemdsärmligkeit durchaus Gebot der Stunde war. Immerhin schuf die neue Rolle nicht nur dem Gebäude sicheren Unterhalt, auch die finanzielle Zukunft der Stiftung konnte einigermaßen zementiert werden.

Die »Traumburg hoch über der Isar«, wie der Kunsthistoriker Karl Schindler 1973 anlässlich einer Ausstellung über das Maximilianeum schrieb, wurde schon in den Fünfzigerjahren zum Synonym für Bay-

Ostansicht etwa 1890

erns Nachkriegsparlament, ja zur allgemeinen Umschreibung für weiß-blaue Politik. Schindler, geradezu verliebt in die so oft missachtete Architektur, adelte sie mit dem Satz: »Das Maximilianeum will bewusst etwas traumhaft Schwebendes haben, und unbestreitbar balanciert es zwischen festlich-starrer Repräsentation und zu sehr gelockerter Verspieltheit traumwandlerisch sicher.« Derartig populär war das alte, von Bomben zerstörte Landtagsgebäude in der Prannerstraße nie geworden. Von Altstadtstraßen und Gassen korsettartig eingeschnürt und architektonisch ohne Reiz, war es nach den Jahren der Diktatur mit dem Kriegsende zumindest stadtgeschichtlich in der Erinnerung gelöscht, die neue Demokratie verlangte einen neuen Schauplatz. Die Zuflucht Maximilianeum, aus der Not geboren, galt plötzlich als gelungener Hort für die junge Demokratie, wie es schien – aber nicht für alle. Da gab es vor allem das unterschätzte Beharrungsvermögen der Stiftung, die sich an den ihr gewidmeten Bau gebunden fühlte. Dazu kam, dass das Gemäuer schon beim Einzug viel zu eng war für den Alltag eines Parlaments, sodass es Jahrzehnte dauerte, bis die Raumnot einigermaßen beseitigt werden konnte. Die letzte architektonische Lösung gelang dann so gut, dass sie mit einem Preis bedacht wurde. Doch wenige Jahre später wurde erneut nach Chancen der Erweiterung gesucht.

In der Rückschau präsentiert sich das rund 150 Jahre alte Maximilianeum als ein Bau mit einer ungewöhnlich verschlungenen Biografie, als ein Denkmal, das in seiner Multifunktionalität kaum vergleichbar ist mit anderen historischen Bauten in Bayern. Die Chronik der Merkwürdigkeiten reicht vom plötzlichen Stilwandel des Baus kurz vor dem Tod des Stifters über die krausen Geschichten mancher Bewohner bis hin zur Bestimmung als vermeintlich symbolträchtiger Ort des bayerischen Parlaments. Nachdenklich macht an der Geschichte des Maximilianeums, dass der königliche Stifter sein Lieblingsprojekt nur im Rohbau in Augenschein nehmen konnte, er starb bereits 1864, und dass sein Architekt Friedrich Bürklein vor der Fertigstellung des Maximilianeums geistig zerrüttet in eine Anstalt kam. Eine Denkwürdigkeit mehr zeigt das Jahr 1875: Elf Jahre nach dem Tod von König Maximilian II. wurde in Sichtweite des Maximilianeums unter großer Anteilnahme der Bürgerschaft zwar mit großem Pomp ein »Nationaldenkmal« für den Monarchen eingeweiht, das »Maxmonument«. Das Spendenkomitee, im Todesjahr 1864 eingesetzt, hatte aber kein Geld übrig für das bauliche Vermächtnis des Monarchen, das Maximilianeum verkam auf Jahre zur Bauruine.

Die einzige Konstante im Auf und Ab der rund 150-jährigen Geschichte des Maximilianeums ist seine Bestimmung im Sinne des Stifters, Wohnstätte für die gleichnamige Studienstiftung zu sein. Der Bayerische Landtag hat in sechs Jahrzehnten dem Haus eine neue, eine symbiotische Bedeutung gegeben und dem Parlamentarismus der Nachkriegsgeschichte ein Symbol geschaffen. Wenn heute vom Maximilianeum die Rede ist, versteht man darunter meist den Bayerischen Landtag.

Zwei Traditionsstränge kennzeichnen das Gebäude seit 1949: auf der einen Seite der Wille zur monarchischen Selbstverwirklichung in Gestalt des Bauwerks und der Stiftung, auf der anderen Seite die zufällige demokratische Umwidmung, die schnell Oberhand gewann. Die Summe aus beiden schuf eine fast wundersame materielle Neugeburt des Maximilianeums. Die zur Bauzeit höchst umstrittenen Fantasieschöpfungen des Sohnes von Maximilian II., Ludwigs Königsschlösser, waren nicht für das gemeine Volk gedacht, wurden aber kurz nach seinem Tode für alle geöffnet und mutierten schnell als »Märchenschlösser« zum Traumgut aller. Das Maximilianeum, die Isarakropole des Vaters, dämmerte fast ein Jahrhundert vor sich hin, bis es als Parlamentsrefugium in Besitz genommen und so popularisiert wurde.

1. Vom Traum zur Wirklichkeit

1.1 Der königliche Bauherr

Am 24. Februar 1998 nachmittags, es ist Faschingsdienstag, macht ein Bauarbeiter im Maximilianeum einen sensationellen Fund: Unter einer Türschwelle, die wegen des Einbaus der Rolltreppe für die Tiefgarage niedriger gelegt werden soll, stößt der Presslufthammer auf einen Hohlraum. Jovan Popovic, der bosnische Arbeiter, denkt an einen unterirdischen Luftschacht. Als er zusammen mit einem eilends herbeigeholten Bauschlosser in das Loch leuchtet, blitzt es geheimnisvoll golden und gläsern. Die beiden wissen nicht, dass sie auf den Grundstein des Maximilianeums samt Beigaben gestoßen sind, eingemauert am 6. Oktober 1857. Die Bauarbeiter, die in dem verwaisten Gebäude nur deshalb noch werkeln, um mit ihrem Lärm niemanden zu stören, packen die Fundstücke in eine Holzkiste, werfen alte Klamotten drüber und gehen nach Hause, ohne zu wissen, dass sie Schatzgräber waren.[2] Im Universitätsbauamt an der Münchner Ludwigstraße, das für sämtliche Bauarbeiten im Maximilianeum zuständig ist, verbreitet sich am nächsten Tag die Kunde vom Fund wie ein Lauffeuer. Als Erstes glaubt man an einen Faschingsscherz. Eine kollegiale Frotzelei vermutet vor allem Baudirektor Helmut Hastreiter bei der Mitteilung, »die Lokomotive« sei gefunden. Hastreiter, ein begeisterter Sammler von Modelleisenbahnen, weiß natürlich auf Grund von Dokumenten, dass bei der Grundsteinlegung auch das Modell einer Lok eingemauert wurde. Folglich musste er im Amt öfters mal hören, »die Lokomotive finden wir noch mal«. Doch daran glaubte in Wirklichkeit niemand, denn die Lage des Grundsteins war in keinem Plan eingezeichnet.

Blättern wir im Kalender: 1857 freut man sich in Bayern über einen goldenen, langen Herbst, es kündigt sich ein berühmtes Weinjahr an. Doch der Vormittag des 6. Oktober 1857, ein Dienstag, ist stürmisch und nass. Der Regen peitscht über den Festplatz auf dem Ripfelanger, als König Maximilian um elf Uhr in Begleitung all seiner Staatsminister über die neue Isarbrücke zum Bauplatz kommt. Dort erwartet den Monarchen »Oberpost- und Baurath« Friedrich Bürklein. Der Architekt geleitet laut Protokoll die Majestät zu der vor dem Grundstein errichteten Estrade. »Gleichzeitig werden von dem aufgestellten Bataillone Linien-Infanterie, welches im Quarré den Bauplatz zu umstellen hat, die vorgeschriebenen Ehrenbezeugungen erwiesen und von der Regimentsmusik die Königshymne gespielt«, so das Programm, das sich die Einweihung der St.-Bonifaz-Basilika zum Vorbild nahm. Gar nicht programmgemäß deckt der Sturm das in der Mitte des Festplatzes aufgeschlagene Zelt zwei Mal ab, bis es ganz abgetragen wird. Maximilian bleibt davon unbeeindruckt: »Seine Majestät der König schienen sichtbar froh gestimmt und wohnten dem ganzen unter einem Regensturm vorgenommenen Akte bis zum Schlusse ohne Mantel bei«, schreibt am nächsten Tag der Reporter der »Neuesten Nachrichten«. Er erwähnt lobend drei Fahnen, die weit sichtbar vom nahen Baugerüst der neuen Haidhauser Pfarrkirche St. Johann Baptist flattern und den Häuserschmuck der benachbarten Ripfelstraße (heute Grütznerstraße). Das Festlied, komponiert von Generalmusikdirektor Franz Lachner, schmettert ein Chor von 200 Sängern, bestehend aus Mitgliedern der königlichen Hofkapelle, des königlichen Hoftheaters und der Münchner Liedertafel: »Auf den Höhen soll es ragen, edler Bildung sichrer Hort, reiche Geistesfrucht zu tragen, als ein stiller Musenort, Bayerns hoffnungsvollen Söhnen bauet Max hier ein Asyl, alles Wahren, Guten, Schönen Sterne sind ihr leuchtend Ziel.«

Ludwig von der Pfordten, Staatsminister des Königlichen Hauses und des Äußern, deklamiert die Sätze: »Aus der Mitte der Stadt nach den erhöhten Ufern des Flusses haben Euere Majestät eine Straße geöffnet, die schon in ihren Anfängen zeigt, wie sehr sie ihres Namens würdig sein wird; sie wird gekrönt und beherrscht werden von dem Prachtbau des Maximilianeums. So werden dessen Bewohner unberührt vom Lärm der Straßen, sich dort in naher Verbindung mit der Hauptstadt finden. Ihr Auge wird täglich auf dem Schauplatz der glorreichen Geschichte des Vaterlandes ruhen, so wie die inneren Hallen des Maximilianeums die wichtigsten Theater der Weltgeschichte in großen Bildern vor die Seele der Jünglinge führen sollen.«

Die programmatischen Worte spricht der König selbst: »Ein seit vielen Jahren genährter Gedanke soll heute seine Verwirklichung finden, indem ich den Grundstein dieser Anstalt lege. Sie ist bestimmt, die vorhandenen Unterrichtsanstalten zu ergänzen. Jeder Bayer, welchen Standes er auch immer sei, kann in dieselbe eintreten, zeigt er sich dazu befähigt. Mein Volk besitzt Eigenschaften des Geistes und des Herzens, wie nicht leicht ein anderes; es braucht ihm nur die Gelegenheit geboten werden, sie zu entwickeln.«[3] Gemäß Zeremoniell für die »feierliche

*König Max II. als Großmeister des Wittelsbacher Hausordens vom heiligen Hubertus
(Julius Zimmermann, Kopie nach Wilhelm von Kaulbach)*

Grundsteinlegung«[4] gibt der König folgende Gegenstände, die ihm Architekt Bürklein reicht, in den Grundstein: »Auf Porzellain gemalte Bildnisse seiner Majestät des Königs und Ihrer Majestät der Königin«, die Urkunde über den Zweck des Baus, die Baupläne, die Geschichtstaler der Regierungsperiode und »sämmtliche cursirenden bayerischen Gold- und Silbermünzen« und das »Modell einer Locomotive«. Die ersten drei Schläge auf den Grundstein führt der König, nach Aufsetzen der Mauersteine »empfangen Seine Majestät die Kelle, um damit den ersten Kalk an den Grundstein zu bringen«.

Die eigentliche Sensation beim Grundsteinfund 141 Jahre später ist die Lokomotive, umhüllt von einer Glasvitrine mit knapp einem Meter Länge und einem halben Meter Höhe. Der Bericht des Deutschen Museums nach gut einem Vierteljahr akribischer Restaurierungsarbeit gibt Aufschluss über die rund 20 Kilogramm schwere Lok samt Tender: Es handelt sich um ein ursprünglich funktionsfähiges Modell im Maßstab 1:10 mit Spiritusfeuerung entsprechend den englischen »Patentee-Lokomotiven«, die 1835 bis 1838 für die ersten deutschen Eisenbahnstrecken Nürnberg–Fürth, Leipzig–Dresden und München–Augsburg beschafft wurden. Das Modell wurde 1838 vom Mechanischen Atelier Rudolf Sigismund Blochmann in Dresden hergestellt. Die Lokomotive stand etwa sechs Zentimeter im Wasser und ist heute nicht mehr funktionstüchtig. Die Wasserspuren stammen natürlich nicht vom Regenguss am Tag der Grundsteinlegung. Obwohl hochgelegen, dürften Reste von Quellwasser jahrzehntelang durch das Ziegelmauerwerk in die Nische eingerieselt sein und sich dort gesammelt haben.

Die Lokomotive im Grundstein des Maximilianeums[5] ist mehr als eine königliche Marotte. Der Bauherr überlieferte der Nachwelt ein Symbol des technischen Aufschwungs zur Mitte des 19. Jahrhunderts und vor allem ein Kennzeichen seiner Herrschaftszeit. Die königliche Staatsbahn sorgte damals für eine rasche und systematische Verkehrserschließung Bayerns. Sie beschleunigte den wirtschaftlichen Aufschwung und war bei Weitem fortschrittlicher als der Transport auf dem von Maximilians Vater favorisierten Ludwigskanal. Vielleicht erinnert die Lokomotive auch ein wenig an Friedrich Bürkleins Meriten als Architekt zahlreicher bayerischer Bahnhöfe. Für den König, der viel auf Reisen war und dabei mitunter sogar die Regierungsgeschäfte vernachlässigte, war die Eisenbahn jedenfalls ein modernes und unverzichtbares Verkehrsmittel. 1860 wurde ein königlicher Sonderzug in Dienst genommen, ein rollender Salon im Stil des Wiener Neurokoko samt Schlafwagen, technisch auf dem neuesten Stand des Waggonbaus in Deutschland.

Bronzefigur von Max II. auf dem Maxmonument, in die Stadt blickend (von Kaspar von Zumbusch)

Die Förderung von Industrie, Gewerbe und Handel war ebenso Teil des Herrschaftsprogramms von Max II. wie seine Gönnerschaft für Wissenschaft und Kunst, für Volkskultur und historische Forschung. Besonders fasziniert war er von den modernen Formen des Ingenieurbaus in Glas-Eisen-Konstruktion, die er in England bewundert hatte, und die er beim Bau des Glaspalasts und des Hauptbahnhofs in München nachgebaut wissen wollte. Die Schattenseiten der Industrialisierung, vor allem in Gestalt einer neuen Armut, motivierten den König, sich der sozialen Frage anzunehmen und für die »Hebung des Proletariats« einzutreten, mitunter auch erfolglos, wie sein Kampf gegen die Kinderarbeit zeigt.

Der wissenschaftliche wie soziale Fortschrittsgedanke von Max II. war überwölbt von dem Herrschaftsziel, das neue bayerische Nationalgefühl auf dem Fundament des monarchischen Gedankens und damit des Hauses Wittelsbach zu stärken. Das politische Partizipationsstreben des Bürgertums war für den Monarchen letztlich eine bedrohliche Einschränkung seines göttlich gewährten Herrschertums. Folglich mussten der »Crisis der Zeit«, dem Mitregieren der Untertanen, Schranken gesetzt werden. Sein oft zitierter Ausspruch von 1859, »ich will Frieden haben mit meinem Volke«, ist als zwiespältiges Bekenntnis zur konstitutionellen Monarchie zu interpretieren, denn im Grund seines Herzens hing Max II., wie auch sein Vater Ludwig I., an einem rückwärtsgewandten, absoluten Herrscherideal. Der Sohn von Maximilian, König Ludwig II., fabrizierte daraus ein absolutistisches Traumgespinst, das in einem Fiasko aus Bauwahn und politischer Machtlosigkeit endete.

Exakt 101 Kanonenschüsse hatten am 28. November 1811 verkündet: In der Münchner Residenz war der bayerische Thronfolger zur Welt gekommen. Er wurde auf den Namen seines Großvaters Maximilian getauft, des ersten bayerischen Königs, der seine Krone Napoleons Gnaden verdankte. Der Sohn von Kronprinz Ludwig und der sächsischen Prinzessin Therese hatte eine wenig glückliche Kindheit und Jugend, die oft wechselnden Erzieher formten einen jungen Menschen, der zeitlebens mit sich haderte, als unsicher und wankelmütig galt, und dessen Verhältnis zum höchst eigenwilligen und autokratischen Vater nie sonderlich harmonisch war. Maximilian war »häufig zaudernd, nervös, ängstlich und kränklich«, er suchte, »sich dem Tagesgeschäft durch Flucht in schöngeistige Beschäftigung oder Reisen zu entziehen«[6]. Die ständige Reflexion der eigenen Person bedingte eine ungewöhnliche Pedanterie und Zwanghaftigkeit. Seine Scheu, zu einem Urteil zu kommen, uferte aus in endlosen Fachexpertisen seiner Berater und endete meist in der totalen Unübersichtlichkeit der Argumente. Der Kronprinz machte sich

Grundsteinfund am Faschingsdienstag (Jovan Popovic mit Landtagspräsident Johann Böhm)

Notizen über »Gegenstände, welche einer reiflichen Erwägung erheischen«, über »Mittel, um trübe Gedanken zu verscheuchen«, und über »Wege, peinigende Gedanken zu verscheuchen«. In das Räsonnieren bezog er auch die Regierungsarbeit ein, indem er Material sammelte für Initiativen, Projekte und politische Grundsätze. Unter den Vorgaben »Zu Betreibendes« oder »Zu Beachtendes« sammelte er philosophische und staatsrechtliche Fundstellen der Literatur, er suchte nach Wegmarken für seine eigene Herrschaft in den Biografien von Persönlichkeiten der Geschichte, wie überhaupt sein persönlicher Forscherdrang der Historie galt. Maximilian war alles in allem ein Herrscher mit einer ungewöhnlich breiten Bildung, die von seinen Studien, seinem breiten Interessenhorizont, aber auch von seiner Neigung zu gelehrter Konversation herrührte.

Der daraus resultierende Hang zum »Verwissenschaftlichen« politischer Probleme war allerdings mehr ein allgemeines Kennzeichen der Zeit als königliche Eigenart. In der Kunstpflege war er von der zeitgenössischen Manie, einen neuen Baustil zu kreieren, so besessen, dass er sich aktiv daran beteiligt. Als Kronprinz hatte er in Göttingen und Berlin studiert, wo ihn vor allem Leopold von Ranke beeindruckte, dem er Zeit seines Lebens verbunden blieb. Die von ihm nach München geholten Dichter und Gelehrten wie Paul Heyse, Emanuel Geibel, der Historiker Heinrich von Sybel, der Chemiker Justus von Liebig, der Volkskundler Wilhelm Heinrich Riehl oder der Physiker Philipp von Jolly wurden von den Einheimischen oft abschätzig als »Nordlichter« abgelehnt. Die erfolgreiche Wissenschaftspolitik des Königs markierte dennoch über die Grenzen hinaus Bayerns neues Ansehen im Deutschen Bund. Institutionen von Dauer waren Maximilians Gründung der Historischen Kommission bei der Bayerischen Akademie der Wissenschaften, die Errichtung des »Bayerischen Nationalmuseums« und der Studienstiftung Maximilianeum. Mit seinem Herrschaftsziel, ein »bayerisches Nationalgefühl« zu etablieren, das allen Teilen des jungen Staates gerecht werden konnte, begründete Max II. über die Monarchie hinaus ein bis heute wirkendes Gemeinschaftsgefühl im modernen Bayern.

Als Ludwig I. 1848 vor den revolutionären Forderungen kapitulierte und auch wegen seiner Affäre mit der Tänzerin Lola Montez abdankte, wurde der 37-jährige Erstgeborene als Maximilian II. König von Bayern. Die kurz darauf von Reichsrat und Abgeordnetenkammer verabschiedeten Reformgesetze akzeptierte er, wenn auch widerstrebend. Sie brachten ein neues Wahlrecht, erweiterte Befugnisse des Parlaments und die Verantwortlichkeit der Minister gegenüber den Kammern sowie eine liberalere Ordnung des Presse-, Vereins- und Versammlungsrechts. Vor allem aber verbesserte sich die Situation der ländlichen Bevölkerung mit der »Bauernbefreiung« und der Aufhebung der Patrimonialgerichtsbarkeit. Maximilians eher halbherziger Reformwille versandete im Laufe der Jahre ganz und mündete in Ansätzen der Restauration. Auf dem Gebiet der Außenpolitik focht er für die Erhaltung des Deutschen Bundes als Garant für die Souveränität der Klein- und Mittelstaaten, er suchte nach einem Ausweg, dem dritten Weg, um zwischen den Großmächten Preußen und Österreich eine eigenständige Kraft zu etablieren. Der Traum in Gestalt der »Trias« scheiterte letztlich am Führungsanspruch Bayerns im Bund der Kleinen. Das Hegemoniestreben Preußens, daraus resultierend der »Deutsche Krieg« von 1866, der ein Bruderkrieg zwischen Nord und Süd war, und das Aufgehen Bayerns im Bismarck-Reich 1871, formten fortan unabänderlich die deutsche Politik. Den kriegerischen Auftakt zu dem Desaster, die Lösung der Schleswig-Holstein-Krise 1864, erlebte der Monarch nicht mehr.

König Max II. starb völlig unerwartet, ja für die Zeitgenossen rätselhaft, am 10. März 1864. Am Vortag hatte er noch den österreichischen Sondergesandten Erzherzog Albrecht empfangen, um die Donaumonarchie zum Einlenken im Streit um die beiden Herzogtümer zwischen Nord- und Ostsee zu bewegen. Kurz vor der Mittagstafel trat »stärkeres Unwohlsein« auf, der König brach zusammen, und die Ärzte diagnostizierten ein »ausgedehntes Rothlaufgeschwulst der linken Brustwand«. Kurz vor dem Mittag des 10. März starb Max II. Die Vermutung, der König habe beim Anheften eines Ordens an seiner Brust eine Hautritzung erfahren, die den »Rotlauf«, also Blutvergiftung, auslöste, dementierten die Ärzte alsbald: Ursache sei wohl ein kleines Furunkel (»Hitzblatter«) gewesen. In der offiziösen Geschichtsschreibung wurde diese medizinische Banalität mit der Mär ummantelt, der König sei nur deshalb so plötzlich verschieden, weil seine schwache Konstitution den Aufregungen der Tagespolitik nicht mehr gewachsen gewesen sei.

Bereits drei Tage nach dem Tode des Königs gab es in der Presse Gedankenspiele, dem Monarchen ein »Nationaldenkmal« zu widmen, am besten in der Münchner Maximilianstraße.[7] Ende des Monats erging der Aufruf für eine Sammlung im ganzen Land, ein Appell, der den noch jungen bayerischen Patriotismus anstachelte. In gut einem Jahr kam die gigantische Summe von rund 340 000 Gulden zusammen (davon allein von der Gemeinde München 100 000 Gulden). Als »bleibendes Denk-

Lokomotive mit Tender im Glaskasten (gefunden im Grundstein)

mal« wurde die »Maximilian-Stiftung« errichtet mit dem Zweck, eine »Maximiliansschule für das Kunstgewerbe« in München zu eröffnen. Dafür wurden 110000 Gulden reserviert. Der Rest diente der Errichtung des Denkmals. Für das im Rohbau befindliche Maximilianeum war kein Geld vorgesehen. Mit dem Denkmalbau wurde auf Grund eines Wettbewerbs Kaspar von Zumbusch beauftragt. Er schuf das Monument, im Volksmund bald »Max-Zwei-Denkmal« genannt, mit der hoch aufragenden Bronzefigur des Königs, zur Stadtmitte blickend, im Rücken das Maximilianeum, mit vier sitzenden Figuren, Allegorien des Friedens, der Freiheit, der Gesetzmäßigkeit und Stärke. Die Fertigstellung dauerte fast ein Jahrzehnt, zum Schluss wegen städtischer Kanalarbeiten am Errichtungsort verzögert.

Erst am 12. Oktober 1875 wurde mit einem großen Bürgerfest das Denkmal für Max II. enthüllt. Das königliche Haus repräsentierte Prinz Luitpold, der spätere Prinzregent, der seinen wie meist von der Residenzstadt abwesenden Neffen König Ludwig II. vertrat. Nach einem Fackelzug der Bürgerschaft durch die Innenstadt samt »Heldengesang in Walhalla«, komponiert von Joseph Hartmann Stuntz und vorgetragen von der Sängergenossenschaft, erstrahlten Denkmal, Straße und

Maximilianeum in der »bengalischen Beleuchtung« eines großen Feuerwerks. Das ganztägige Einweihungsfest samt Kanonendonner von der Gasteighöhe war eher eine deutsch-nationale Demonstration des Münchner Bürgertums im Nachhall der Reichsgründungseuphorie von 1871 als eine Huldigung für den zwar nicht vergessenen, aber unzeitgemäß gewordenen Monarchen, der Bayerns untergegangene Souveränität verkörperte. Das Maximilianeum, in dem als Symbol für die Herrschaft von Max II. seine baulichen Stilträume, seine verbildlichte historische Pädagogik und ein elitäres Erziehungsziel für den hohen Staatsdienst zusammenliefen, hatte schon bei den Zeitgenossen wenig Beachtung gefunden. Als Gesamtkunstwerk und Vermächtnis eines Regierungsideals fiel es nun sukzessive dem Vergessen anheim.

1.2 Baumeister Friedrich Bürklein

Der Schöpfer des »Maximiliansstils«, der am 30. März 1813 im mittelfränkischen Burk bei Dinkelsbühl geborene Friedrich Bürklein, entstammte einer Lehrerfamilie. In seinem Stammbaum finden sich Schulmeister und auch Pfarrer, ein Bäcker und Biersieder, aber kein einziger Baumeister. Die Jugend verbrachte er in Dinkelsbühl, der Heimatstadt seiner Mutter. Sein zeichnerisches Talent führte Bürklein schon mit 15 Jahren zum Studium nach München, erst an die Kgl. Polytechnische Zentralschule und von 1830 bis 1836 an die Akademie der Bildenden Künste. Den Unterhalt verdiente er sich mit privatem Zeichenunterricht. Ab 1831, nachdem er den für sein Weiterkommen nötigen Gymnasialabschluss nachgeholt hatte, war Bürklein ordentlicher Student der Baukunst bei Friedrich von Gärtner, zu dessen engerem Schülerkreis er zählte. Er half beim Bau der von seinem Lehrer geplanten Salinendirektion in der Ludwigstraße mit und folgte ihm 1840/41 nach Athen. Dort hatte Akademiedirektor Gärtner den Auftrag, für König Otto, den Bruder von Kronprinz Maximilian, die neue Residenz zu bauen.

Bürkleins erster großer Bauauftrag war die Errichtung des Fürther Rathauses, entstanden 1839 bis 1848. Der Entwurf mit seinem weithin sichtbaren Turm und den hohen Sandsteinfassaden lehnte sich auf Wunsch von König Ludwig I. stilistisch an den Palazzo Vecchio in Florenz an. Bekannt, ja berühmt machte ihn der Münchner Bahnhofsbau. Mit dem Ankauf der Privatbahn München–Augsburg durch den Staat und der raschen Verkehrszunahme benötigte die Hauptstadt einen repräsentativen Schienenendpunkt. Bürklein war Leiter des 1847 gegründeten

Friedrich Bürklein

Neubauamtes für den Bahnhof. Anregungen holte er sich in England, dem Ursprungsland der Eisenbahn und Wegbereiter der modernen Industrialisierung. Die von ihm für München entworfene Gleishalle in Form eines lang gestreckten Tonnengewölbes verband Funktionalität, Ästhetik und Modernität. Lob trug ihm obendrein seine Sparsamkeit ein, denn es gab bis zur Fertigstellung 1849 keine Kostenüberschreitung. Diese Kunde drang auch bis zu König Max II., der ihn schnell zu seinem Leibarchitekten erkor. Im Jahr 1852 wurde Bürklein Professor an der

Münchner Hauptbahnhof (1938) von Friedrich Bürklein

polytechnischen Hochschule und Baurat zur Disposition des Ministeriums. Als er plante, in österreichische Dienste zu wechseln, gelang es dem König, ihn zu halten, denn, so postulierte er, »ich will ein solches Talent und solche Arbeitskraft, wie Bürklein sie hat, dem Vaterland zuhalten«. Im Jahr 1855 wurde er Generaldirektionsrat der Verkehrsanstalten. Der Preis, den der allseits hoch geschätzte Baumeister und bayernweit tätige Bahnhofsarchitekt für seine rastlose Tätigkeit bezahlen musste, war die bis zu seinem Tode zerrüttete Gesundheit.

Ende 1850 dürfte es zu einem Gespräch zwischen dem König und Bürklein über die Ausarbeitung eines »Verschönerungsplanes für München« gekommen sein. Dabei ging es vor allem um die Erschließung der Haupt- und Residenzstadt nach Osten durch eine neue Straße von Residenz und Oper zur Isar, die Maximilianstraße. Grundlage waren die von Maximilian 1839 als »Auszuführendes in München« notierten Gedanken. Der Kronprinz träumte von einer neuen königlichen Prachtstraße, doch diesmal mit Akzenten des künstlerischen Gartenbaus, und von der Errichtung eines »Athenäums«, einer Bildungsstätte, als monumentalem Endpunkt. An der Ausschreibung des Wettbewerbs für das Anstaltsprojekt beteiligte sich Bürklein möglicherweise selbst, unter den

Fassadenentwurf mit Spitzbögen

Preisträgern war er jedenfalls nicht. Anfang 1851 legte er dem König seine Programmschrift zur »Verschönerung Münchens« vor, der bereits einen Monat später dementsprechend den Verlauf der künftigen Maximilianstraße und den Standort zweier neuer Brücken festlegte. Zwei Jahre darauf begann Bürklein mit der Planung der Frauengebäranstalt in der Münchner Sonnenstraße (ab 1923 Postscheckamt), deren funktionale Architektur in die Baugeschichte einging. In der Maximilianstraße projektierte Bürklein das Münzgebäude, mehrere Privatbauten und die Regierung von Oberbayern. Der »Lehrgebäude-Complex« gegenüber mit der Taubstummenanstalt sollte ihm zum Fiasko werden. Kurz vor Fertigstellung der Taubstummenanstalt befahl König Max II. im Sommer 1858 den Abriss. Er hatte beschlossen, dort das Nationalmuseum errichten zu lassen (das heutige Völkerkundemuseum). Die Planung übernahm nun Eduard Riedel, der neue Favorit des Königs – eine zweite schwere Kränkung für Friedrich Bürklein. Aus Gründen der Staatsräson verweigerte man ihm sogar den Anblick der fertigen Fassade des Taubstummengebäudes ohne verhüllende Gerüste, denn der Abbruch des Neubaus durfte nicht öffentlich wahrgenommen werden. Nur mühsam die Contenance wahrend, schrieb Bürklein am 10. August 1858 an das Sekretariat des Königs, wie wichtig für ihn der Blick auf die Fassade »ohne Beeinträchtigung höchst störender Rüsthölzer« sei, wegen der »Hunderten von Fragen, die ich als Künstler mir für das Maximilianeum namentlich in Bezug auf optische Wirkung stellen muss«.[8]

Friedrich Bürklein war einer der meistbeschäftigten und wohl erfolgreichsten Architekten des 19. Jahrhunderts, dessen Œuvre von Stahl-Glas-Konstruktionen über Zweckbauten für die Eisenbahn bis zur international beachteten stilbildenden Gestaltung der Maximilianstraße samt Maximilianum reicht. Doch weder zu Lebzeiten noch nach seinem Tode ereilten ihn gebührendes Lob oder gar Ruhm, ja man warf ihm vor, gegenüber den Stilwünschen seines königlichen Auftraggebers zu willfährig gewesen zu sein. Erst ab der Mitte des 20. Jahrhunderts gewannen die Bauideen Bürkleins die ihnen im Rahmen der Wiederentdeckung des Historismus gerechterweise zukommende Wertschätzung. Seine Persönlichkeit war gekennzeichnet von der »charakterlichen Eigenart der Bescheidenheit bis zur Selbstverleugnung« und »einer mangelnden Fähigkeit, das höfische Umfeld seines Königs positiv für sich zu beeinflussen«. Privates über Bürklein ist kaum überliefert.[9] Der persönliche Adel, die übliche Ehrung für herausragende Leistungen im Dienste der Krone, wurde ihm nicht zuteil. Zum Bild der Geringschätzung, ja Missachtung seiner Leistungen bei Hofe zählt, dass seine Erben einen 20-jährigen Rückstand von Honoraren in einem peinlichen und langwierigen Rechtsstreit einklagen mussten.

Die letzten Lebensjahre Bürkleins sind überschattet von permanenter Arbeitsüberlastung und persönlichen Schicksalsschlägen. Drei Söhne stehen im Deutsch-Französischen Krieg 1870/71. Sein ältester Sohn fällt in einem Scharmützel kurz nach Beginn des Kanonendonners, der jüngste gerät in Gefangenschaft. Wenig später, im Januar 1871, stirbt Bruder Eduard, Leiter seines Planungsbüros und wichtigster Mitarbeiter bei der Ausführung der Bauprojekte. Bürklein leidet unter heftigen Kopfschmerzattacken und zeitweiliger geistiger Beeinträchtigung. Im Sommer 1872 verschlechtert sich sein Zustand, auf eigenen Wunsch wird er in die Heilanstalt Werneck eingewiesen. Dort stirbt er in geistiger Umnachtung am 4. Dezember 1872. Als Todesursache notieren die Ärzte eine chronische Hirnhautentzündung. Der »kgl. Oberbau- und Generaldirektionsrat« wird auf dem Münchner Südfriedhof beigesetzt. Die Stadt München benennt im Jahr 1894 im Stadtteil Lehel die Straße hinter dem Regierungsgebäude an der Maximilianstraße nach dem genialen Baumeister »Bürkleinstraße«.

1.3 Isarakropole

Als 18-jähriger war Kronprinz Maximilian bei einem Jagdausflug von der romantischen Schlossruine Hohenschwangau fasziniert. Im Jahr 1832 erwarb er das Gemäuer, das er »im gotischen Stile« unter Mithilfe vieler prominenter Maler und Bildhauer neu erbauen ließ, um seine jugendlichen Träumereien zu verwirklichen. Im gleichen Jahr fantasierte er in seinem Notizbuch von Münchens Erweiterung nach Osten, über die Isar hinaus, gekrönt von einem monumentalen Symbolbau: Er skizzierte den Plan, »auf der Isarhöhe bei München einen großen Nationalbau, einen Park, vielleicht auch einen neuen herrlichen Stadtteil mit großartigen Kais anzulegen; die herrlichen Fichtenwälder dahinter möglichst zu erhalten zu suchen und zu veranlassen, dass neue gepflanzt werden – allenthalben für Gegenwart und Nachwelt zu sorgen«.[10] Diesen Traum verwirklichte Maximilian zwei Jahrzehnte später zumindest teilweise mit dem Bau der Maximilianstraße und eines »Athenäums« als Huldigung der griechischen Göttin Athena, die Weisheit und die Summe abendländischer Bildung symbolisieren sollte. Spätestens seit der Grundsteinlegung 1857 trat an die Stelle des »Athenäums« der Name »Maximilianeum«. Die Planungen für Straße und Bauwerk fielen in eine Zeit, in der die stilistische Unsicherheit zwischen Formen des Klassizismus und einem romantisierten Mittelalterbild hin und her pendelte bei der Suche nach einer überzeugenden und verbindlichen zeitgenössischen Bauweise.

Für ein »Athenäum« als Ort einer neuartigen Bildungsanstalt in München legte der Architekt Eduard Metzger, ein Schüler von Friedrich Gärtner, 1845 einen Entwurf vor, der dem Kronprinzen nicht gefiel, obwohl die neugotische Anlage den von ihm favorisierten Spitzbogenstil vorsah. Maximilian trieb weiter die bohrende Frage um, »ob ein neuer Baustil möglich sei«, und stellte sie zahlreichen Kapazitäten seiner Zeit. Selbst das Gutachten von Karl Friedrich Schinkel über »Möglichkeiten eines Neuen Baustils«, in dem er ältere Stilepochen als bloße Anknüpfungspunkte für das Schöpferisch-Neue bezeichnete, gefiel dem König nicht. Von Schinkel, dem gefeierten Schöpfer der klassizistischen Bauten in Berlin, kam dann der richtungsweisende Vorschlag, einen Wettbewerb zu veranstalten, um damit möglicherweise den gesuchten neuen Stil zu kreieren.

Im Jahr 1850 entschloss sich der König, eine »Einladung zu einer Preisbewerbung die Anfertigung eines Bauplans zu einer höheren Bildungs- und Unterrichtsanstalt betreffend« europaweit zu versenden, auf

Deutsch, Französisch und Englisch. Zu den Eingeladenen zählten Leo von Klenze, August Voit, Georg Friedrich Ziebland, Friedrich Bürklein und Eduard Metzger, 36 Einladungen wurden zusätzlich in Deutschland versandt, 38 gingen nach Frankreich, 17 nach England und zwei in die Schweiz. Damit veranstaltete der bayerische König einen der größten internationalen Architekturwettbewerbe des ganzen 19. Jahrhunderts. Das Echo war jedoch enttäuschend. Der erste Abgabetermin am 31. Juli 1851 musste wegen geringer Resonanz zwei Mal um fünf Monate verlängert werden. Der Text der Ausschreibung war allerdings auch ziemlich nebulös, denn gefordert wurde »eine neue, natur- und zeitgemäße, volks- und ortseigentümliche (…) Baukunst« und gleichzeitig »eine nationale Neugestaltung der Architektur«.[11] Andererseits wurde der Zeitgeist bemüht mit dem Hinweis, es wäre zweckdienlich, »bei dem Entwurf dazu das Formenprinzip der altdeutschen, sogenannten gothischen Architektur, und beim Ornament die Anwendung deutscher Thier- und Pflanzenformen nicht ganz aus den Augen zu lassen«. Gleichzeitig sollte »alles Frostige, Schwerfällige, Düstere und Strenge vermieden, dem leichten und heiteren Schwunge der Formen und Verhältnisse dagegen ein weites (…) Feld dargeboten sein«. Das Bauprogramm umfasste neben dem Hauptbau und Nebengebäuden eine Kirche, Ökonomiegebäude, Erholungsplätze und Gebäude für Turn- und Schwimmübungen und Grünanlagen.

Das Schiedsgericht, zu dem auch die Münchner Architekten Klenze, Voit, Ziebland und Bürklein zählten, trat am 15. April 1852 zusammen und befand über 17 Entwürfe, von denen 13 namentlich aufgeführt waren, vier nur mit ihrem Motto (z. B. »Die Kunst verschönt das Leben«). Der erste Preis über 4000 Gulden wurde dem Berliner Oberbaurat Wilhelm Stier zugesprochen, angekauft wurden unter anderen auch Entwürfe von Voit, Ziebland und Metzger. Ein wenig skurril muten die Pläne des preußischen Königs Friedrich Wilhelm IV. an, von eigener Hand gezeichnet. Er sandte sie außer Konkurrenz ein. Der Onkel von König Max II. wollte die »liebliche Bauweise« der bayerischen Alpenhäuser auf monumentale Steinarchitektur übertragen, wobei er anmerkte, »der neue Stil verhielte sich zum Stil der bayerischen Hochlandshäuser, wie der vollendete griechisch-klassische Stil zu dem des ursprünglichen Holzbaues der altgriechischen Wohnhäuser«.[12]

Die Fantasie des Preußenkönigs wurde bei der Diskussion der Entwürfe diskret übergangen. Doch selbst die Einsendung des ersten Preisträgers hatte keine Chance der Verwirklichung. Leo von Klenze, obwohl er für Stiers Entwurf plädiert hatte, mokierte sich später über die »ungeheuren

Rohbau um 1865

Kosten« der Ausführung. Entscheidend war aber wohl das Desinteresse des Königs, bei dem die letzte Entscheidung lag. Was Wilhelm Stier (1799–1857) genau geplant hat, wissen wir nicht, weil seine Projektunterlagen verloren gingen. Aus Beschreibungen ist lediglich bekannt, dass Stier die Kirche in reiner Gotik plante, die übrigen Bauten in allen möglichen Stilformen. Zusammen mit seinem Dankesschreiben für den Preis sandte er dem König ein 245 Seiten dickes Konvolut mit dem Titel »Welcher Baustil wird in Zukunft die Herrschaft gewinnen?«. Darin unterschied er ein Bauwerk nach »Zweck und Örtlichkeit« und wählte dabei sonderbar anmutende Zuordnungen: Für Kirchen seien der Spitzbogenstil oder die Romanik am besten geeignet, für Theater und Museen biete sich die »nordische Renaissance« an, für Gebäude »pikanten Charakters (Bazare, Schlafzimmer)« der arabische Stil und für großstädtische Wohnungsbauten der römische Stil.[13] Möglicherweise verstärkten Stiers abstruse Theorien die bauästhetische Unentschlossenheit des Königs.

Trotz des ungewöhnlich breit gefächerten Architektenwettbewerbs herrschte also weiterhin Ungewissheit über die äußere Form des »Athenäums«. Geklärt war inzwischen einzig der Standort: das Isarhochufer gegenüber der Praterinsel. Noch 1850 waren auch Plätze am Starnberger See bei Percha, Ambach oder Feldafing und in der Nähe von Regensburg im Gespräch. In der Münchner Umgebung kamen Orte wie Neuberghausen, Mittersendling, Menterschwaige und Harlaching in

Frage. Den Standort an der Isar zeichnete Bürklein dann 1852 in seinen großen Plan der Maximilianstraße ein, und zwar mit Schmuck: »vorm Athenäum Reiterstatuen und andere Skulpturen, Großer Prachtbrunnen nach Art der fontana di Trevi Rom«. Das alles war also noch vor Abschluss der Ausschreibung für das Bauwerk geplant. Wenig später wird Friedrich Bürklein vom König den Auftrag für die Errichtung des »Nationalbaus« als Abschluss der Straße erhalten haben. Das Projekt beschränkte sich nun aus finanziellen Gründen auf einen baulichen Solitär als Domizil für das Erziehungsinstitut und für eine Galerie. Der nun feststehende Bauplatz am rechten Isarufer, rund 20 Meter über dem Fluss, musste der Albtraum jedes Architekten sein. Es handelte sich um den »Ripfelanger«, benannt nach seinem Besitzer, an einem abschüssigen Geröllhang gelegen, der Teil eines kahlen Höhenzugs mit Rinnsalen zur Isar war.

Erst im Frühjahr 1857, ein halbes Jahr vor der Grundsteinlegung, begann der Ankauf aller Grundstücke, der wegen der Vielzahl von Privateigentümern kompliziert war. Es entstand das Flurstück Nr. 16916 in

Wohnbau an der Ostseite

der »Gemarkung Haidhausen« mit einer »Freifläche« von 1,9020 Hektar. »Alleineigentümerin« ist laut Grundbuch die »Stiftung Maximilianeum«. Die Erd- und Fundamentarbeiten im Westen zogen sich bis 1861 hin. Schwierigkeiten bereitete vor allem der nördliche Turm, dessen Fundament unter dem Wasserspiegel auf Pfahlrosten hochgezogen wurde. Noch hundert Jahre später staute sich dort in einem dunklen Becken Quellwasser. In Haidhausen ging die Sage, dass der Hachinger Bach, der im Osten Münchens in der Erde versickert, unter dem Maximilianeum wieder auftauche und sich von dort seinen Weg zum Isarhang suche. Der Wohnbau für die Studenten im Osten wurde Ende 1861 fertiggestellt und 1862 bezogen, während die Arbeiten am westlichen Sockelgeschoss bis 1864 dauerten. Es brauchte noch acht Jahre, unterbrochen durch viele Pausen, bis endlich an der Schauseite zur Maximilianstraße die Gerüste fielen. Kurz zuvor, im Herbst 1871, bekam der Mittelbau seine Bekrönung in Gestalt der Nike, was von der Bürgerschaft bedauert wurde. Zuvor zierte sie nämlich im Juli beim Einzug der siegreichen bayerischen Truppen als Siegestrophäe das Hofgartentor, wo der Zinkguss des Schwanthaler-Schülers Max von Widnmann, etwa viereinhalb Meter hoch, von den Spaziergängern aus der Nähe bewundert werden konnte.

Als Fertigstellungsjahr des Maximilianeums wird in der zeitgenössischen Journaille und Literatur allgemein 1874 genannt. Da es offensichtlich keine Feierlichkeit gab, ist ein genaues Datum nicht feststellbar. Die lange Bauzeit erklärt sich damit, dass nach dem plötzlichen Tode des Stifters niemand Interesse an einem schnellen und kontinuierlichen Weiterbau des Maximilianeums hatte, schon gar nicht der Sohn von Max II., der 18-jährig als Ludwig II. nun die Königskrone trug. Der spätere »Märchenkönig« konzentrierte sich auf sein erstes Bauprojekt, ein Richard-Wagner-Festspielhaus in München, das Gottfried Semper plante und das an der Stelle des heutigen Friedensengels oder südlich des Maximilianeums errichtet werden sollte. Drei Jahre arbeitete Semper an dem Theaterentwurf, der die Fachwelt begeisterte, der aber nie in Angriff genommen wurde, sei es wegen der Abneigung der Stadt gegen Wagner, sei es wegen der horrenden Kosten oder weil der Komponist selbst die Lust verlor. Der von Musik und Bauen gleichermaßen besessene jugendliche Monarch floh die Residenzstadt und verwirklichte seine steinernen Traumgebilde fernab in romantischer Landschaft.

Vater Maximilian hatte aus den Mitteln der »Zivilliste«, aus seinem »Königsgehalt«[14], bis zu seinem Tod 1864 exakt 285 673 Gulden in den Bau des Maximilianeums gesteckt.[15] Bei der Fertigstellung 1874 wurde der Wert des Neubaus von der Brandversicherung auf 554 570 Gulden (rund 943 000 Mark) taxiert.[16] In seiner »Verfügung für den Todesfall« am 24. Mai 1858 in Schloss Berg reservierte Maximilian aus seinem Privatnachlass eine Million Gulden für die Stiftung Maximilianeum.[17] Die Zinsen, nun die einzige Finanzquelle für den Weiterbau, rannen nach seinem Tod so spärlich, dass die Handwerker nur wenige Monate im Jahr Arbeit hatten. Der Geldmangel beeinträchtigte auch die Qualität der Bauausführung, wie sich schon bald herausstellen sollte.

»Dem Architekten machte der Bau schwere Sorgen, weniger seiner kolossalen Maaßverhältniss wegen, als weil er einsah, dass er dem königlichen Willen gegenüber zu gefügig gewesen«, schrieb am 2. Februar 1873 die »Deutsche Kunst-Zeitung« in Berlin. Bis dorthin war die Kunde gedrungen, dass am Maximilianeum ein für zeitgenössische Beobachter rätselhafter Stilwechsel stattgefunden hatte, der vielfach mit einem Ratschlag Gottfried Sempers, des Architekturpapstes der historistischen Renaissance, in Verbindung gebracht wurde. Friedrich Bürklein sei es »in einer guten Stunde« gelungen, den König zu überzeugen, »dass der gothische Spitzbogen hier keineswegs am Platze sei«, war in dem Berliner Fachblatt zu lesen. Ein Briefwechsel zwischen Gottfried Bürklein, dem Sohn des Münchner Architekten, und Gottfried Semper klärt uns über den Spitzbogenstreit ebenso auf wie über nicht beglichene Honorare Bürkleins, die seine Nachkommen einklagen mussten.[18]

Gottfried Bürklein richtete am 11. Juli 1874 an Semper die Bitte, er möge sein Urteil abgeben zu den dem Hofe in Rechnung gestellten Ansprüchen, die aus der Nachlassmasse von Max II. zu begleichen seien. An erster Stelle war Bürkleins Hauptwerk aufgeführt: »Wir verlangen für das durch Oberbaurath Bürklein erdachte und erbaute Maximilianeum, das beinahe 1,000000 fl kostete 50,000 fl als Honorar.« Die Bausumme von einer Million Gulden, wohl zu hoch angesetzt, dürfte Planungen enthalten haben, die aus Ersparnisgründen nicht verwirklicht wurden. Die Reaktion des königlichen Hofes zeigt aber, mit welcher Infamie die Tatsachen wissentlich verdreht wurden, um dem Architekten die finanzielle Verantwortung für die Umplanung, also für den abrupten Stilwechsel, zuzuschieben. Die beklagte Partei, also der Nachlassverwalter des Königs, behauptete nämlich dreist, Bürklein habe eigenmächtig oder aber auf den Rat von Gottfried Semper hin das Maximilianeum vom Spitzbogen in den Rundbogenstil umgebaut.

Blick in die Fundamente der Auffahrt

Zwei Aufzeichnungen von Friedrich Bürklein, die sein Sohn im Rechtsstreit als Beweismittel im Wortlaut zitiert, klären darüber auf, wie es wirklich war: König Max II. hatte bei einer Baubesichtigung den Wunsch geäußert, der Bau solle »mehr in der Richtung der römischen Renaissance« ausgeführt werden. Konkreter wurde der König dann am 5. Februar 1864, wenige Wochen vor seinem Tode, als er mit Bürklein das Regierungsgebäude in der Maximilianstraße besichtigte. Der Architekt notierte sich die Worte: »Wie ich ihnen bereits gesagt will ich nur, dass beim Maximilianeum die Formen der Renaissance noch mehr zur Geltung kommen sollen, da ich von der mittelalterlichen Baukunst nur mehr das Construktions-Princip beibehalten wissen will.« Für den König war die Frage des Baustils nur eine »Episode seiner Regierungstätigkeit, für Bürklein dagegen bedeutete die Verurteilung des Geschaffenen zugleich die Verurteilung des größten Teils seines Lebenswerkes«.[19]

Die von Bürkleins Erben beanspruchte Honorarforderung in Höhe von fünf Prozent der Bausumme schätzte Gottfried Semper als angemessen ein. Vor allem aber machte er deutlich, dass er weder Bürklein, den er nur flüchtig gekannt habe, noch sonst jemandem einen Rat erteilt habe, in welchem Stil das Maximilianeum gebaut werden solle. Drei Jahre später war die leidige Angelegenheit immer noch bei Gericht anhängig, weil Hofrat von Hofmann, der Administrator der königlichen Nachlassmasse, darauf beharrte, Gottfried Semper selbst habe dafür plädiert, die Spitzbogen in Rundbogen zu verwandeln. In einer eidesstattlichen Aussage stellt Semper dann nochmals klipp und klar fest, »ich habe mich um diesen Bau nie gekümmert«.

Bildlich verewigt ist die äußere Urform des Maximilianeums auf einem Wandgemälde im heutigen Konferenzzimmer. Das Bild von Engelbert Seibertz, das die Mitglieder des 1853 gestifteten Maximiliansordens für Kunst und Wissenschaft zeigt, gibt im Hintergrund die Gebäudefassade im ursprünglich geplanten Spitzbogenstil wieder. Dazu schrieb der Maler Seibertz wegen des Bürkleinschen Rechtsstreits am 30. November 1874 an die Witwe seines Freundes: »Es war im Maximilianeum, als mich Bürklein zuerst von dem überraschenden Projekt der Bauänderung in Kenntnis setzte. Unliebsame Konsequenzen befürchtend, sprach ich jedoch entschieden dagegen und suchte ihn davon abzubringen. Er erwiderte, die Umänderung der Spitzbogen in Rundbogen sei noch der Wunsch des höchstseligen Königs gewesen, infolgedessen schon lange sorgfältig erwogen und er sei überzeugt, dass sie nicht zu Ungunsten des Baues ausfallen werde.«[20]

Nicht mal eine kleine Ewigkeit lang war die bunte Schaufront des Maximilianeums eine Augenweide der Einheimischen und Fremden. Zum Schandfleck gerieten als Erstes die von Regen und Sturm bald arg angenagten Fresken an der Westfassade, auch das ganze Gebäude scheint keinen sonderlich guten Eindruck gemacht zu haben. Als der Stadtrat 1889 eine Verschönerung der Maximilianstraße plante, sah er mit Schrecken auf das Maximilianeum, das sich »in einem bejammernswerten Zustand« befinde. Die Fresken ließen »den schlimmsten Eindruck auf den Beschauer zurück«, hieß es im Rathaus, weshalb die zuständige Behörde einzuschalten sei. Ja es wurde sogar die Befürchtung laut, die verwaschenen Piloty-Bilder könnten »München als Metropole der Kunst leicht gefährden«. Gleichzeitig wollte man aber behutsam vorgehen, denn es wurde eine »unangenehme Antwort« der Staatsbehörde befürchtet, da die Gemeinde für das Maximilianeum nicht zuständig sei.[21] Bis zur Jahrhundertwende geschah jedoch gar nichts, zum Verdruss der Münchner Bürger. Vergeblich mokierten sich die »Neuesten Nachrichten« in ihrer Ausgabe vom 21. August 1900 über den Zustand des Maximilianeums in einem Appell an die »maßgebende hohe Stelle«: Sie möge sich »bald bewogen finden, das bedeutendste Werk König Max II. durch Renovierung vor dem völligen Verfall zu bewahren – es gleicht im gegenwärtigen Zustand einer Ruine«. Der dramatische Appell des Blattes lautete: Das derzeitige Aussehen des Maximilianeums, an dem schon seit Jahren keine nennenswerten Reparaturen mehr vorgenommen worden seien, »ist einer Kunststadt wie München unwürdig. Schleunige Abhilfe wäre dringend geboten!«

Im Jahr 1902/03 wurden endlich die kaum mehr erkennbaren Fresken Karl Theodor von Pilotys in den Giebelfeldern durch Glasmosaik ersetzt. Sie zeigen am Mittelrisalit die Stiftung des Klosters Ettal durch Kaiser Ludwig den Bayern, daneben links den Sängerstreit auf der Wartburg und rechts die Eröffnung der Universität Ingolstadt. An der großen Ringmauer, die zur Gefahr für den Verkehr geworden war, ersetzten Muschelkalkplatten die stark verwitterte Sandsteinverkleidung. Von den Terrakottaplatten der Westfassade sprengte der Frost alljährlich im Winter kleine und auch größere Stücke ab, sodass vorbeigehende Personen gefährdet waren. Die das Gebäude bekrönenden 2,20 Meter hohen Terrakottafiguren, die Viktorien, waren durch die Witterung so stark in Mitleidenschaft gezogen, dass marode Teile mit Draht zusammengebunden werden mussten. Eine 1913 geplante Fassadenerneuerung (geschätzte Kosten rund 200 000 Mark) konnte wegen des Ersten Weltkriegs nicht mehr begonnen werden.

Die Fassadenverkleidung mit Terrakotta, bis in unsere Tage eine Herausforderung für Restaurateure, hatte Max II. bereits am alten Münchner Bahnhof geschätzt. Baumeister Bürklein musste sich deshalb für die weiteren Bauten des Königs mit dieser speziellen Technik befassen, bei der die gelblich bis rötlich gebrannten Platten dem Rohbau vorgeblendet werden. Da wegen der Vorliebe des Monarchen der Bedarf rasant anstieg, wurde 1856 bei Bogenhausen eine »Königliche Terrakottenfabrik« direkt an einem großen Lehmlager gegründet. Die Oberaufsicht war elf Jahre lang bei Friedrich Bürklein (sein Sohn stellte dafür nachträglich dem königlichen Nachlassverwalter 9400 Gulden in Rechnung).

In dieser Manufaktur wurden neben den Platten und Zierstücken auch die überlebensgroßen Statuen für die Bekrönung des Maximilianeums modelliert und gebrannt. »Ganz einwandfreie Arbeit hat übrigens die Fabrik nicht immer geliefert«, urteilt der Kunsthistoriker August Hahn. Denn nicht selten habe man »später Klagen über den raschen Verfall der obendrein häufig unsauber zusammengefügten Verblendungen« gehört. Ursache sei auch »die grobe Beschaffenheit des Münchner Sandes und damit auch des Mörtels« gewesen. Der »Kachelofenstil«, wie ihn Spötter nannten, wurde nach den Versuchen unter Max II. zu Gunsten der traditionellen Verputztechnik wieder aufgegeben.[22]

2. Säulen des bayerischen »Nationalbaus«

2.1 Stiftung für Hochbegabte

Die Stiftung Maximilianeum war »eine für die Zeit außerordentlich fortschrittliche Idee: Ohne Rücksicht auf Herkunft fasste diese Stiftung begabte Abiturienten aus allen Landesteilen in eine Pflanzstätte zusammen, die – jedenfalls der ursprünglichen Intention des Stifterkönigs Max II. nach – nicht nur durch ihr Studium an der Universität, sondern auch durch den Erwerb von gesellschaftlichen Fähigkeiten auf das Leben in den oberen Rängen der Gesellschaft vorbereitet werden sollten«. Dieses Lob stammt von dem einstigen Stipendiaten Christian Mayer, die Nummer 442 in der Mitgliederliste der Stiftung. Besser bekannt, ja prominent, wurde er unter dem Pseudonym und Anagramm Carl Amery (im Hause 1940 bis 1950). In seinem kritischen Geschichtsbuch »Leb wohl geliebtes Volk der Bayern« gesteht Amery, dessen Vater ebenfalls Stipendiat war: »Das Maximilianeum grünt und blüht noch heute. Wie der Verfasser bezeugen kann, ist es für den Zögling, den ›Maximilianeer‹ eine äußerst positive Erfahrung.«

In seiner Kronprinzenzeit, als Maximilian über eine »Akropole« für seine künftige Residenzstadt nachsann, machte er sich auch Gedanken über eine höhere Bildungsanstalt neuer Art und beauftragte seine Berater, Entwürfe zu konzipieren. Ein erster konkreter Anstoß stammte von dem Neuhumanisten Friedrich von Thiersch, den der Kronprinz 1840 beauftragte, einen Entwurf für eine umfassende und musterhafte höhere Schulanstalt auszuarbeiten.[23] Von Thiersch, der zu den berühmten europäischen Philhellenen zählte, kam der Plan, für griechische Jünglinge in München ein »Athenäum« zu begründen. Die daraus abgeleitete Idee sah eine Anstalt für Knaben und Jünglinge im Alter von acht bis 21 Jahren vor, die es »zu unterrichten und zu erziehen« galt, »ihr Ziel ist mens sana in corpore sano, beides in höherer Potenz und Eigenschaft«. Zumindest die Bezeichnung »Athenäum« scheint Maximilian so gefallen zu haben, dass er sie eine Zeit lang weiter verwenden ließ.

Drei Jahre zuvor hatte sich der fränkische Adlige Wilhelm Freiherr von Würtzburg an Maximilian mit dem Vorschlag gewandt, ein adeliges Erziehungsinstitut zu errichten: »Ich glaube unmaßgeblich, dass nur derjenige Staat heutzutage als selbstständig angesehen werden kann, der in allen einzelnen Organen von *einem* Geist beseelt ist, nämlich dem Willen, das Prinzip der Legitimität aufrecht zu erhalten und hier zeigt sich nun der Hauptanstand darin, dass der größte Teil des Dienstpersonals aus Bürgerlichen besteht, welche nur den Grundsätzen ihrer eigenen Kaste, der Demokratie huldigen wollen«, heißt es in der Einleitungen des Würtzburgschen Papiers. Die königliche Pagerie sollte in Verbindung stehen mit dieser aristokratischen Erziehungsanstalt, um so zielgerichtet mehr Adel für den Staatsdienst heranzuziehen. Möglicherweise hat dieser auf feudaler Basis beruhende Entwurf den Kronprinzen bewogen, das Projekt »auf breitester staats-*bürgerlicher* Grundlage abzuwandeln«, vermutet der Historiker Heinz Gollwitzer.

Gemäß seiner Maxime, Gutachter zu den von ihm aufgeworfenen Fragen zu hören, bat Maximilian auch den bekannten Nationalökonomen Friedrich von Hermann, ein Urteil zu dem Thiersch-Entwurf abzugeben. Hermann, Sohn eines kleinen Beamten aus Dinkelsbühl, ein Gelehrter im Geiste des technischen und kommerziellen Fortschritts, fackelte nicht lange und arbeitete einen Gegenentwurf aus, in dem er auch die hohen Kosten von Thierschs Plänen anprangerte. Vor allem aber stellte Hermann den humanistischen Bildungszielen die Gleichwertigkeit der mathematisch-naturwissenschaftlichen Fächer und der neuen Sprachen gegenüber. Eine Auswahl bereits im Knabenalter würde Familien im Umkreis des Hofes und nicht die Begabung bevorzugen, meinte er und unterstrich als staatspolitisches Ziel der Anstalt die »Erweiterung und Vervollständigung der allgemeinen Vorbildung der besseren Köpfe des Landes, welche sich dem Staatsdienste im Fache der Verwaltung und Justiz zu widmen gedenken«.

Erst als König konnte Maximilian darangehen, den Plan eines Athenäums zu verwirklichen, nun mit Hilfe der – allerdings widerstrebenden – Ministerialbürokratie. Der Kulturhistoriker Wilhelm Heinrich Riehl, der dem Monarchen auch als Berater nahestand, schrieb später: »Ein Denkmal seines unbeugsamen Beharrens bei einem einmal gefassten Beschluss ist der rätselhafte Bau des Maximilianeums in München und mehr noch die rätselhafte Stiftung (…)« Riehl weiter: »Vergebens wandte man dem König ein, dass ein pädagogisches Treibhaus für künftige Minister an sich schon die berechtigte Satire herausfordere, dass die besten unter den besten Gymnasiasten nicht einmal immer die besten Studenten, geschweige denn die künftighin berufensten Staatsmänner seien. (...) Alle diese Gründe verfingen nicht. Der König wollte etwas durchaus Neues, Sichtbares, Monumentales.«[24]

Die in all den Jahren gesammelten Expertisen übergab Max II. dem Minister des Königlichen Hauses Ludwig Freiherrn von der Pfordten, dem höchsten Beamten des Landes, mit dem Auftrag, daraus ein neues Konzept zu formen. Ein knappes Jahr später hatte der König ein Gutachten in Händen, das nun endlich konkrete Vorschläge für eine »Maximilianschule«, wie sie Pfordten nannte, enthielt. Sie sollte dem hervorragenden Nachwuchs für den höheren Staatsdienst offen stehen, wo »der Mangel an Kapazitäten immer klarer und bedenklicher« zu Tage trete. Die Finanzierung der Neugründung sollte nach Meinung des Monarchen aus bereits bestehenden Stiftungskapitalien kommen. Doch schnell wurde klar, dass die Kultusstiftungen nicht angezapft werden konnten, da mit einer Zustimmung der geistlichen Behörden nicht zu rechnen war. Auch Stiftungen für Unterrichtsstipendien, darunter die königliche Pagerie, waren gemäß der Einschätzung der Kronanwälte keine Geldquelle. Die Bitte an das Parlament, im Haushalt die Förderung des neuen Instituts vorzusehen, kam für den König nicht in Frage, weil er um das Misstrauen gegenüber seinem Plan wusste. Somit blieb letztlich nur die Finanzierung aus Mitteln des Königs übrig. In seiner »Verfügung für den Todesfall« (Schloss Berg, 24. Mai 1858) hatte Max II. eine Million Gulden aus seinem Privatnachlass zum Ausbau des Maximilianeums innerhalb von sechs Jahren ausgesetzt. Zwei Jahre später legte er fest, dass derjenige Teil der einen Million, der vom Bau übrig bliebe, als Stiftungskapital für die Erziehungsanstalt zu verwenden sei. Voraussetzung sei, dass das Maximilianeum »zum selbstständigen Rechtssubjekt mit juristischer Persönlichkeit als Stiftung« erhoben werde. Die entsprechende Stiftungsurkunde umschrieb dann den Stiftungszweck, übertrug die Verwaltung des Vermögens der Universität München und sah die Einrichtung eines Kuratoriums vor. Protektor der Stiftung war der jeweils regierende König. In Aufzeichnungen zur Stiftungsurkunde ist zu lesen, die Stiftung solle stets der allgemeinen christlichen Bildung gewidmet sein, »sonst könnte ein Kloster oder ein jesuitisches Erziehungshaus daraus werden«.[25] Am 16. April 1860 legte der Monarch ein Stiftungskapital von 800 000 Gulden fest. Zur Dotierung gehörten außerdem die Erträge aus der als öffentliche Galerie errichteten Gemäldesammlung im Maximilianeum.

Nach dem plötzlichen Tod des Königs 1864 zeigte sich, dass die Stiftungsurkunde ergänzt werden musste. Im Auftrag von König Ludwig II. wurde eine Kommission gebildet, der auch Friedrich Bürklein angehörte. Erst zwölf Jahre später wurden die Ergebnisse der Beratungen in den »Grundbestimmungen für das königliche Maximilianeum in München« zusammengefasst und von Ludwig II. zusammen mit der Stiftung seines Vaters bestätigt. In der von ihm am 20. 8. 1876 in Linderhof unterzeichneten »Urkunde über die Gründung des Kgl. Maximilianeums« wird der Stiftungsbesitz nochmals aufgeführt, nämlich das Gebäude, erbaut »am östlichen Ende der neuen Maximilianstraße in Unserer Haupt- und Residenzstadt München nebst Zubehör«, die Mobiliareinrichtung samt 30 Ölgemälden und 24 marmornen Büsten, sowie »das am 16. April 1860 ausgesetzte, verzinslich anzulegende Kapital von 800 000 Gulden (= 1 371 438 Mark 57 Pfennig)«.

Auf Anordnung des Königs war bereits im Wintersemester 1852/53 eine »Vorschule« zu einer künftigen »Erziehungsanstalt für höhere Staatsdiener« mit sechs Stipendiaten eingerichtet worden, finanziert aus Mitteln des Monarchen. Als erste Stipendiaten berief der König sechs Abiturienten, unter ihnen einen Pfälzer aus Speyer, die aus den damals 28 bayerischen Gymnasien kamen. Ihr Studium absolvierten sie an der Universität in Rechts- und Staatswissenschaften. Ab 1860 waren auch andere Fächer zugelassen, doch Theologie für das geistliche Amt und Medizin waren und sind bis heute ausgeschlossen, da sie, so die Begründung, »zur Lösung höherer Aufgaben des Staatsdiensts« nicht erforderlich seien. Die »Vorschule« war provisorisch in einem Miethaus in der Oberen Amalienstraße untergebracht, zwei Jahre später zog man in die Schellingstraße, 1862 in den Wohntrakt des Maximilianeums. Der zahlreichen Umzüge überdrüssig ging der erste Stiftungsvorstand, der katholische Theologe Anton Hannecker nur widerstrebend dorthin, vergeblich beantragte er beim König seine Entlassung.

Von den ersten sechs »Eleven« erhielten drei für ihre Lebensleistungen den persönlichen Adel verliehen: August Ritter von Bechmann brachte es als Universitätsprofessor bis zum Reichsrat der Krone Bayern, Wilhelm Ritter von Krais wurde 1893 Generallandesanwalt und Theodor Ritter von Wand machte, wohl nicht ganz im Sinne des Königs, Karriere in der protestantischen Kirche als Konsistorialdirektor im Landeskirchenrat. Bis zum Ende der Monarchie wurde etwa jeder fünfte Maximilianeer in den persönlichen Adelsstand erhoben. Einer von ihnen, Hans Lex (1893–1970), 1961 bis 1967 Präsident des Deutschen Roten Kreuzes, wurde für besondere Tapferkeit im Ersten

Anton Hannecker, Kgl. Geistl. Rat, Stiftungsvorstand 1852–1866

Siegmund von Riezler, Historiker, Stiftungsvorstand 1885–1920

Weltkrieg Ritter des Militär-Max-Joseph-Ordens. Eugen Hans Ritter von Knilling verdankte den vererblichen Verdienstadel seinem Amt als königlicher Staatsminister für Kirchen- und Schulangelegenheiten (1912–1918). Von 1922 bis 1924 war Knilling bayerischer Ministerpräsident, danach Präsident der Staatsschuldenverwaltung. Karl Alexander von Müller, 1928 bis 1948 Lehrstuhlinhaber für Geschichte in München und dem Nationalsozialismus nahestehend, war der Sohn von Ludwig Müller, ebenfalls ein Maximilianeer, der als königlicher Minister geadelt worden war. In dieser Funktion wurde auch Anton Wehner in den erblichen Adelsstand erhoben. Der angestammte Adel war in der königlichen Stiftung kaum vertreten: Die Nummer acht im Verzeichnis nimmt Ludwig Graf von Marogna ein, Sohn des bayerischen Ministerresidenten in Brüssel, der es bis zum Rat am Obersten Internationalen Gerichtshof in Alexandria brachte. Wilhelm Freiherr von Pechmann (1859–1948) war ein bekannter national-liberaler Politiker, Kgl. Kämmerer und Geheimer Hofrat. Ein unrühmliches Ende fand Theodor von der Pfordten, Rat am Bayerischen Obersten Landesgericht: Er nahm am Putschversuch Hitlers und Ludendorffs teil und starb am 9. November 1923 im Kugelhagel der Landespolizei an der Münchner Feldherrnhalle. In der Tasche des Toten fand man einen

»Verfassungsentwurf«, der den späteren Weg Deutschlands in den totalitären und rassistischen Staat vorzeichnete.

»In das k. Maximilianeum sollen nur Jünglinge von hervorragender geistiger Begabung und tadelloser sittlicher Führung aufgenommen werden«, heißt es in den Grundbestimmungen von 1876, die im Prinzip heute noch gelten. Aufnahmevoraussetzungen sind das christliche Glaubensbekenntnis und der Besitz des bayerischen Indigenats, also die bayerische Abstammung. Beides wird heute sehr weit ausgelegt, als Abstammungsnachweis gilt ein langjähriger Wohnsitz in Bayern. Weiter wurde bestimmt: »Auf den Stand und die Vermögensverhältnisse der Eltern soll keine Rücksicht genommen werden.« Mehr als 26 Zöglinge »können im ganzen nicht Aufnahme finden«, sie »genießen freie Wohnung und Verpflegung in der Anstalt«. In den Vorgängersatzungen waren noch rigide Tagesablauf und Verpflegung festgelegt: »Die Zeit des Aufstehens ist im Winter 5½ Uhr, im Sommer 5 Uhr früh. Das Frühstück wird um 7½, das Mittagsmahl um 12½, das Nachtessen um 7½ Uhr eingenommen. Als Frühstück erhält jeder Zögling eine Tasse Kaffee mit Brod. Mittags und Abends aber eine gute, nahrhafte Kost und zu jeder Mahlzeit ein Glas Bier.« Das alles gilt schon lange nicht mehr, das Leben in der Stiftung kommt fast ohne Reglement aus. »Grundsätzlich ist alles erlaubt, was andere nicht stört«, lautet die Maxime heute, »alle Stipendiaten haben ihre Freiheit und Privatsphäre«. Um das alltägliche Wohlergehen kümmert sich das Personal der Stiftung, das auch in den 49 möblierten Zimmern, meist mit Nasszelle und zwischen zwölf und 16 Quadratmeter groß, für Sauberkeit sorgt. Ein modern ausgestatteter Computerraum und eine Bibliothek mit rund 30000 Bänden ergänzen den Service für die Maximilianeer, denen zudem Sprachkurse im Haus und Austauschstudien in Oxford, Pavia und Salamanca geboten werden.

Das Leben im Maximilianeum des Jahres 1902 schildert Karl Alexander von Müller in seinen Erinnerungen »Aus Gärten der Vergangenheit«: »Die Einrichtung dieser schmalen, gleichförmigen Räume war offenbar seit der Gründung nicht verändert worden; sie erinnerte an die Bestimmung der Hausordnung, dass jeder Zögling einen schwarztuchenen Gehrock, ein schwarzzeugenes Gilet und zwölf weißzwirnene Socken mitzubringen habe. Bett, Tisch, einige Stühle, Kommode, Waschgelegenheit, alles aus einfachem braungestrichenem Fichtenholz, dazu noch ein Spucknapf mit aufklappbarem Deckel, der in keinem Zimmer fehlte, das war alles.« Die Mahlzeiten wurden gemeinsam »in einem großen pompejanisch bemalten Eßsaal im Erdgeschoss eingenommen«. Bei Budenabenden, schreibt von Müller, »begab man sich in schönen Nächten, zum

Teil auf Treppen, zum Teil auf Feuerleitern, aufs höchste Dach, zur kranzschwingenden Viktoria, die sich mithilfe einer Tragstütze von rückwärts ersteigen ließ, und sah hoch von ihrem Kopf über die in milchigem Licht schimmernden Dächer und Kuppeln der fernhin im Dämmer verfließenden Stadt ...«. 30 Jahre später sah es in den Studierstuben nicht viel anders aus, wie sich Friedrich-Karl Eifler erinnert.[26] Er beschreibt auch die weißen Kachelöfen, diese wurde »vom großen Flur aus mit Holz (...) aus dem im Sommer für den ganzen Winterbedarf gefüllten Holzkasten geheizt. Das Kleinholz zum Anheizen, was mancher erst lernen musste, spalteten wir mit Hilfe von alten Seitengewehren aus dem ersten Weltkrieg.«

Beim Zusammenbruch der Monarchie 1918 trat die »Eventualklausel« in Kraft, die König Max II. am 16. April 1860 sanktioniert hatte: »Sollte – was Gott in Gnaden verhüten wolle – im Laufe der Zeiten die Regierung über Unser Reich

Stipendiat Arno Günther in seinem Stiftungszimmer (Advent 1932)

an ein anderes Herrscherhaus als das Unsrige kommen oder sollte aus irgend einem anderen Grunde Unser Herrscherhaus aufhören im Besitze der Krone Bayerns zu sein, so soll (...) der Übergang des Protectorates und der Schutzherrlichkeit (...) an die Universität München sofort eintreten.« Trotz dieser eindeutigen Rechtslage beanspruchte das Kultusministerium mehrere Jahrzehnte lang die Rechte des königlichen Schutzherrn, bis sie 1955 nach dem Inkrafttreten des Bayerischen Stiftungsgesetzes an die Universität München kamen. Einschneidender als der Wegfall der königlichen Schutzherrlichkeit war für die Stiftung die finanzielle Situation mit der Geldentwertung 1923/24. Das Vermögen, bei Kriegsbeginn 1914 knapp zwei Millionen Mark, war auf etwa ein Fünftel zusammengeschmolzen.[27] Mitte der Zwanzigerjahre hatte die Stiftung einen jährlichen Aufwand von rund 60 000 RM ohne Gebäudeunterhalt. Dem standen Einnahmen von etwa 24 000 RM gegenüber. Die Stipendiaten, die im Maximilianeum wohnten, mussten deshalb während der acht Semestermonate pro Jahr jeweils 50 RM in die Stiftungskasse zahlen. Das Defizit wurde als »Betriebsvorschuß« aus dem Etat der Universität beglichen. Ab dem Jahr 1926 wurde deshalb sogar die Schließung der Stiftung bzw. die Umwandlung in eine Stipendienstiftung diskutiert.

Ein Gutachten des Obersten Landesgerichts vom 14. Juli 1928 kam zu dem Ergebnis, die Stiftung des Königs sei auf Grund der Stiftungsurkunde von Ludwig II. des Jahres 1876 eine »landesherrliche Stiftung und damit eine Stiftung des Staates«.[28] Eine dauernde Änderung ihres Zweckes sei unzulässig, möglich sei aber eine zeitweilige Umwandlung in eine nur noch Geldstipendien auszahlende Stiftung. Im Übrigen bestehe keine Rechtspflicht des Staates zur Erhaltung der Stiftung, wohl aber eine »hohe sittliche Pflicht« zur Hilfe in der Not. Da sich die prekäre Finanzsituation keineswegs besserte, wurde im Sommer 1931 der Plan erwogen, im Maximilianeum ein »Internationales Studentenheim« der Rockefeller-Stiftung zu errichten. Die Architektur des Gebäudes gefalle gerade den Amerikanern, die mit fünf Millionen Mark das Gebäude sanieren und 300 Studentenzimmer einrichten würden, hofften die Initiatoren. Das Projekt wurde jedoch ziemlich bald nicht weiter verfolgt.[29]

In der Zeit des Nationalsozialismus scheint die Stiftung Maximilianeum »als Ganzes (...) wenig politisiert« gewesen zu sein, urteilt der Historiker Stefan Fisch.[30] Das hänge damit zusammen, dass die institutionellen Strukturen der Stiftung »relativ lange intakt blieben und der organisatorischen ›Gleichschaltung‹ entgingen«. Nur für äußerst kurze Zeit, im Dezember 1935, lag das Amt des Stiftungsvorstands in der Hand von überzeugten Nationalsozialisten. Walter Roemer, Vorstand von August 1936 bis September 1950, »musste sich immer wieder nationalsozialistischer Kontrollen, Sticheleien und Attacken gegen das Haus erwehren«.[31] Im Zweiten Weltkrieg sind 45 Maximilianeer gefallen oder durch Bombenangriff umgekommen. Nach 1945 wurde unter den Stipendiaten über die Jahre der Diktatur und des Krieges kaum gesprochen. Der Blick nach vorne, der Gedanke des Aufbruchs beherrschte die Stimmung.

Bei der Stiftungsgründung gab es noch kein Frauenstudium in Bayern, weshalb in den Aufnahmebestimmungen stets nur von »Jünglingen« die Rede war. Daran war auch im 20. Jahrhundert nicht zu rütteln, denn der Wille des Stifters, ob zeitgemäß oder nicht, war unumstößlich, wie auch der Bayerische Verfassungsgerichtshof 1971 feststellte: Die Satzung sei nicht Ausdruck hoheitlicher Rechtsetzung, sondern privater Willensbestimmung. Es blieb also nur die Möglichkeit, eine zweite Stiftung für Studentinnen ins Leben zu rufen. Diesen Weg beschritt im »Wittelsbacher Jahr«, mit dem das 800-jährige Jubiläum des einstigen Herrscherhauses gefeiert wurde, der Enkel von Ludwig III., des letzten Königs, Herzog Albrecht von Bayern. Er gründete 1980 die »Wittelsbacher Jubiläumsstiftung« als »Zustiftung«. Dafür spendete er der Stiftung 250 000 Mark. Außerdem gestattete er den Vertrieb einer Jubiläumsmedaille zu Gunsten der Stiftung und sicherte zu, das auf zwei Millionen Mark festgelegte Stiftungskapital auf diese Höhe aufzustocken, wenn der Verkaufsgewinn nicht ausreichen sollte. In den ersten 14 Jahren der Zustiftung mussten die Stipendiatinnen allerdings in einem Internat in Bogenhausen untergebracht werden, da im Maximilianeum nicht genügend Platz war. Mit der Fertigstellung eines Erweiterungsbaus auf dem Stammgelände sind beide Stiftungen mit durchschnittlich 45 Stiftungsmitgliedern unter einem Dach vereint, davon rund die Hälfte Frauen. In den Stiftungsannalen sind seit 1852 bis heute exakt 738 Stipendiaten aufgeführt, dazu kommen seit 1980 65 junge Damen (Stand 30. Juni 2008).

Vor der Aufnahme in die Studienstiftung Maximilianeum sind vier Hürden aufgebaut. Zu Beginn jedes Jahres versendet das bayerische Kultusministerium an sämtliche Gymnasien in Bayern und in der einstigen linksrheinischen Pfalz eine Einladung, hochbegabte Schülerinnen und Schüler des Abschlussjahrgangs für einen Studienplatz im Maximilianeum vorzuschlagen. Um für einen der sechs bis acht Plätze, die jährlich vergeben werden, in Frage zu kommen, müssen herausragende schulische Leistungen vorliegen, die sich nicht auf ein »Einserabitur« (ohne Sport) beschränken: In jedem Fach soll zusätzlich zu den Abiturnoten die Leistung in den beiden Jahren der Kollegstufe nicht unter 13 Punkten liegen. Sämtliche Anforderungen erfüllen durchschnittlich 50 Abiturienten pro Jahr. Als dritte Hürde folgt die Hochbegabtenprüfung beim Ministerialbeauftragten für die Gymnasiasten des jeweiligen Regierungsbezirks (was allerdings nur für bayerische Abiturienten gilt). Nach bestandener Prüfung besteht Anspruch auf ein Stipendium gemäß dem Bayerischen Begabtenförderungsgesetz. Zum Schluss folgt ein Kolloquium im Münchner Kultusministerium. Die Prüflinge werden von etwa einem Dutzend Lehrern zu den verschiedensten Themen befragt, wobei der Abiturstoff keineswegs ausreicht. Die letzte Entscheidung über die Aufnahme lag früher beim König selbst, jetzt ist der Protektor der Stiftung, der Rektor der Ludwig-Maximilians-Universität München, zuständig.

Obwohl über das berühmte Kolloquium im Ministerium so gut wie nichts nach außen dringt, gibt es dazu zwei aufschlussreiche historische Quellen. Der erste Fall, es handelt sich um den späteren Physiknobelpreisträger Johannes Stark, dokumentiert die Gründe des Scheiterns, im zweiten Fall, bei Franz Josef Strauß, kam es bekanntlich zur Aufnahme in die Studienstifung. Strauß machte aber von seinem Wohnrecht keinen Gebrauch. Johannes Stark (1874–1957) wird in dem Bericht des Prüfungskommissärs Professor Steinmeyer vom 18. Juli 1894 als »klar, ruhig, sicher und bedächtig, zuweilen ein wenig schwerfällig« charakterisiert. Insgesamt fiel das Urteil aber negativ aus: Stark »besitzt eine wahrhaft phaenomenale Begabung nicht«, seine Leistungen beruhten »wesentlich auf den konkurrierenden Faktoren des gleichmäßigen Fleißes, der ruhigen Klarheit und des hohen Ehrgeizes«.[32] In seinen Erinnerungen vermutet Stark fälschlich: »Ich, der Sohn eines unbekannten Bauern, hatte keine Protektion wie meine Mitbewerber und fiel darum aus.« Dass dem Urteil der Prüfungskommission, was den Ehrgeiz anbelangt, eine gewisse Hellsichtigkeit nicht abgesprochen werden kann, zeigt Starks Werdegang. Als überzeugter Nationalsozialist machte er ab 1933 Karriere: Er wurde Präsident der Physikalisch-Technischen Reichsanstalt und ein Jahr später Präsident der Deutschen Forschungsgemeinschaft. Vor allem war er wichtigster Vertreter der strikt antisemitisch ausgerichteten »Deutschen Physik«, die das nationalsozialistische Gedankengut zur Grundlage einer »arteigenen« Naturwissenschaft machte als Gegensatz zur »verlogenen« jüdischen Physik.

Franz Josef Strauß, Bester des Abiturientenjahrgangs 1935 in Bayern, unterzog sich am 18. März des gleichen Jahres dem Aufnahmeverfahren für das Maximilianeum.[33] Der Berichterstatter Dr. Schalk fasste zusammen: »In allen Einzelheiten der deutschen Literaturgeschichte war er sehr gut beschlagen. Über die Probleme zweier Dramen wusste er vollkommen zutreffend und fließend Auskunft zu geben. Seine ganze Art machte einen gewandten und überlegenen Eindruck. Beim Überblick über größere Zusammenhänge bekundete er geistige Reife.« Lediglich in den Fächern Geschichte und Geographie bemängelten die Prüfer, dass Strauß »durch allgemeine Wendungen um die Tatsachen herumzukommen suchte«. Das dürfte als Ausflucht von Strauß zu werten sein, die nationalsozialistische Gedankenwelt zu umschiffen. Vom Nachweis der früheren bayerischen Staatsangehörigkeit wurde bei Strauß »im Hinblick auf die Bodenständigkeit der Familie« abgesehen. Er machte von der Auszeichnung, in die Studienstiftung aufgenommen worden zu sein, kein großes Aufheben. In einem ausführlichen handschriftlichen Lebenslauf von 1940 erwähnt er die Aufnahme gar nicht, in seinen Erinnerungen schreibt er lediglich: »Mit meinem Abitur erhielt ich nach einer zusätzlichen mündlichen Prüfung die ›unbedingte Aufnahme‹ in die Maximilianeums-Stiftung. (...) Auf kostenlose Unterkunft und Verpflegung im Maximilianeum am Hochufer der Isar verzichtete ich, da die Wohnung meiner Eltern in unmittelbarer Nähe der Universität lag.« Zu Veranstaltungen und Geselligkeiten der Stiftung wurde Strauß regelmäßig eingeladen. Er hat sich aber stets mit dem Hinweis auf andere Verpflichtungen entschuldigt.

Wie Strauß, so verzichtete auch Werner Heisenberg (1901–1976) auf sein Wohnrecht im Maximilianeum. Der weltbekannte Physiker und Nobelpreisträger erwähnte in seinem Lebenslauf die Mitgliedschaft in der Stiftung meist nicht. Heisenberg und Strauß sind die prominentesten Maximilianeer. Politische Karriere machten die bereits erwähnten Eugen von Knilling (bayerischer Ministerpräsident) und Hans Ritter von Lex (Staatssekretär im Bundesinnenministerium 1949–1960), aber auch Eduard Hamm (1923–1925 Reichswirtschaftsminister), der als Gegner des NS-Regimes im Zusammenhang mit dem 20. Juli 1944 verhaftet wurde und im Gefängnis Selbstmord beging. Scheinbar im Bunde mit dem Nationalsozialismus war Franz Gürtner, 1932 bis 1933 bayerischer Justizminister, von 1932 bis zu seinem Tod 1941 Reichsjustizminister. Der National-Konservative, als Sohn eines Lokomotivführers 1881 in Regensburg geboren, war dem Irrtum verfallen, der Korrosion des Rechtsstaates Einhalt gebieten zu können. Wenige Wochen vor seinem Tod bekannte er resignierend gegenüber Alois Alzheimer, ebenfalls Jurist und Maximilianeer: »Wissen Sie, das Parapluie, das ich vor meinem Gewissen aufgespannt habe, dass es noch viel schlimmer wird, wenn ich zurücktrete, hält nicht mehr.«[34] Fritz Kempfler (1904–1985), auch er der Typus des scheinbar unpolitischen Beamten, stand als Oberbürgermeister von 1938 bis 1945 an der Spitze Bayreuths. 1957 wurde er für die CSU in den Bundestag gewählt, dem er bis 1976 angehörte.

Der Schritt in die Politik ist für die Mitglieder der Stiftung Maximilianeum ebenso wenig typisch wie der Aufstieg zu den allerhöchsten Positionen in Gesellschaft oder Wirtschaft. Eher schon bezeichnend ist für ihren Lebensweg die Hochschullaufbahn bzw. bei Juristen die höhere Verwaltung oder Rechtsprechung. So liest man in den Stiftungsverzeichnissen von einem Bundesbeauftragten für die Bisamrattenbekämpfung, einem Generalkonsul, von einem Chefprüfer am Patentamt, einem Vizepräsidenten des Rechnungshofs, einem Generalsekretär der Volkswagenstiftung oder einem Präsidenten der bayerischen Landeszentralbank. Einige Maximilianeer wurden berufsmäßige Stadträte oder

Regierungspräsidenten in Bayern. Während in den ersten Jahrzehnten der Stiftung das Studium der Rechtswissenschaft eindeutig überwog, gefolgt von den alten Sprachen, gibt es heute in etwa eine Drittelung zwischen Jura, Geisteswissenschaften und Naturwissenschaften (einschließlich Mathematik und Informatik).

Die Laufbahn von einigen wenigen Maximilianeern passt ganz augenfällig nicht in den üblichen Rahmen. Josef Enzensperger (geb. 1873) war 1901 als Meteorologe Mitglied der Deutschen Südpolar-Expedition. Der Alpinist schaffte zahlreiche Erstbegehungen in den Nördlichen Kalkalpen. Er starb bereits 1903 als Leiter der erdmagnetischen und meteorologischen Beobachtungsstation auf den Kerguelen im Südindischen Ozean an der Mangelkrankheit Beriberi. Hans K. E. L. Keller, in der Nachkriegspolitik bekannt geworden als »Mann mit den drei Doktorhüten« (Dr. jur., Dr. oec. publ., Docteur en Droit und dazu noch Dipl. Volkswirt), wurde schon 1936 im Nobel-Institut Oslo zum Präsidenten der Internationalen Akademie für die Rechte der Völker gewählt. Der Völkerrechtsgelehrte (1908–1970) war viele Jahre Landesvorsitzender der Parteifreien Wählerschaft und von 1952 bis 1966 parteifreier Stadtrat in München. Maxim Fackler (1904–1987) studierte Rechtswissenschaft, wählte aber dann die journalistische Laufbahn. Von 1930 bis 1943 war er für die Frankfurter Zeitung Redakteur in Berlin, von 1946 bis 1954 war er bei der »Badischen Zeitung« (Freiburg), anschließend bis 1973 als Redaktionsmitglied der »Süddeutschen Zeitung« ein stadtbekannter Journalist. Der Schriftsteller Carl Amery (1922–2005) studierte Neuphilologie, war Mitglied der »Gruppe 47«, Direktor der Städtischen Bibliotheken München, Bundesvorsitzender des Verbandes Deutscher Schriftsteller in der Industriegewerkschaft Druck und Papier und zwei Jahre Präsident des PEN-Clubs der Bundesrepublik Deutschland. Amery zählte zu den führenden Vertretern des deutschen Linkskatholizismus, war Mitinitiator der ökologischen Bewegung und Gründungsmitglied der Partei Die Grünen in Bayern.

Als Schlagertexter deutschlandweit populär wurde das Multitalent Michael Kunze (geb. 1943). Er studierte Rechtswissenschaft und schloss mit dem Doktor der Jurisprudenz ab. Es folgte eine bemerkenswerte Karriere als Schriftsteller und Texter. Neben der Übersetzung von »Evita« und »Cats« schrieb Kunze eigene Musicals und kam mit »Tanz der Vampire« bis zum Broadway. Aus seiner Feder stammen mehrere Hits von Udo Jürgens, darunter der Schlagerklassiker »Griechischer Wein«. Einen Namen als Schriftstellerin und Lyrikerin machte sich Ulrike Draesner, die »Nummer 4« in der Liste der Stipendiatinnen (geboren

1962), die Rechtswissenschaft, Germanistik, Anglistik und Philosophie studierte und 1997 den Bayerischen Staatsförderpreis für Literatur und 2001 den Hölderlin-Förderpreis erhielt und als freie Autorin in Berlin lebt. Und schließlich sei als Außenseiter unter den Maximilianeern der katholische Priester Franz Schwarzmaier (1885–1950) erwähnt, der ebenfalls Rechtswissenschaft studierte und Finanzassessor bei der Regierung von Oberbayern war. 1920 trat er in die Benediktinerabtei St. Bonifaz ein, erhielt den Ordensnamen Pater Odilo und wurde 1921 in Andechs zum Priester geweiht.

Trotz der seit einigen Jahren aufblühenden Eliteforschung gibt es zur Stiftung Maximilianeum keine wissenschaftlichen Studien. Das betrifft auch die soziale Herkunft der Stipendiaten. Die einzige Untersuchung zur »Soziologie der Angehörigen des Maximilianeums« ist mehr als 50 Jahre alt.[35] Danach gehörte rund die Hälfte der Väter der Oberschicht an (Akademiker, höhere Beamte, Unternehmer), zum selbstständigen Mittelstand (Bauern, Handwerksmeister, Geschäftsleute) zählten 27,2 Prozent, 7 Prozent wurden der Gruppe der »Kleinbauern« und der Arbeiter zugerechnet.[36]

Anlässlich des 150-jährigen Bestehens im Jahr 2002 hat der gegenwärtige Vorstand Hanspeter Beißer die Besonderheit der Studienstiftung Maximilianeum dargestellt. Es gehe nicht um die Förderung von Eliten für bestimmte Aufgaben, auch nicht um die Vorgabe eines Menschenbildes, die Bevorzugung eines Faches oder um die Präferenz eines Lebensweges. Die Stiftung biete eine »Atmosphäre der Freiheit« angesichts der Vielfalt unterschiedlicher Persönlichkeiten, die sich in seinem Gebäude versammeln. Für den individuellen Weg versuche die Stiftung, »Anregungen zu geben, intellektuellen Austausch zu fördern, soziale Kompetenzen zu entwickeln und auf einen bescheidenen und verantwortungsvollen Gebrauch der eigenen Fähigkeiten hinzuwirken nicht mehr, aber auch nicht weniger«.[37]

2.2 Pagenschule für den Hofdienst

Die Pagen waren, scheinbar ritterlicher Tradition entstammend, als junge Edelleute ein Relikt der frühen Neuzeit. Die »Kammerpagen« oder »Kammerknaben«, in Bayern bereits 1541 urkundlich nachweisbar, hatten das Privileg, am herzoglichen Hof exakt definierte Dienste zu leisten und gleichzeitig standesgemäß erzogen zu werden. Mit ihrem Wohnsitz im exponierten Maximilianeum war zur Jahrhundertwende der Auftritt der königlichen Pagen im Alltagsbild der Residenzstadt

München immer ein kleines Spektakel, weil sie das höfisch-militärische Zeremoniell in einer zunehmend bürgerlich geprägten Welt nach außen tragen mussten. Die uniformierten Zöglinge selbst empfanden es als peinlich, dass sie auf der Straße keinen Schritt alleine gehen durften. Sogar auf dem kurzen Weg vom Maximilianeum, dem Sitz der »Kgl. Pagerie«, über die Isarbrücken zum Wilhelmsgymnasium »ging hinter jeder Gruppe ein livrierter Hoflakai – und wenn ein Page etwa zum Zahnarzt musste, hinter diesem Einzelnen erst recht«, schrieb Helmut von Tautphoeus über seine Pagenjahre.[38] Mit Stolz erinnerte sich der Freiherr aber an seine »schmucke Uniform, dunkelblau mit schwarzer Hose und geschlossenem, silbergesticktem Kragen, an der Seite der echte, zierliche Degen und auf dem Kopf das österreichische Käppi mit der silbernen Krone«. Das uniforme Pagenkleid wurde in der Schule ebenso getragen wie zum täglichen Spaziergang die Maximilianstraße entlang zur Feldherrnhalle. Bei Hofe erschienen die Pagen in Gala: langer, geschlossener bayerisch-blauer, reich mit Silber bestickter Uniformrock mit einer einseitigen großen Epaulette mit den königlichen Initialen und der goldenen Königskrone. Dazu kurze weiße Lederhosen aus feinstem Leder und weißseidene Strümpfe mit schwarzen Schnallenschuhen. Dazu wurde ein »Schiffhut« (Zweispitz) aufgesetzt. Um 1890, als Tautphoeus seine Erziehung für Zeremoniell und Etikette genoss, kannte man solche Pagenkorps außer in Bayern nur mehr am russischen Hofe, während in Berlin oder Wien junge adelige Kadetten als Pagen uniformiert bei Festivitäten den Hofdienst versahen.

Die Schulen für Edelknaben hatten neben der Unterrichtung für den Hofdienst vor allem die Aufgabe, der adeligen Jugend eine standesgemäße Erziehung zu bieten. Diese Art der Eliteausbildung gewann zu Beginn des 19. Jahrhunderts an Bedeutung, als die Adeligen zunehmend in Konkurrenz treten mussten zur Nobilitierung verdienter bürgerlicher Beamter und als der Gedanke der Qualifikation den Nimbus der Herkunft zu verdrängen begann. Das Gegenmodell war bis zum Ende der Monarchie im November 1918 die Pagerie im Maximilianeum »als herausragende Eliteschule«[39], sinnigerweise unter einem Dach mit den königlich privilegierten »herkunftslosen«, aber hochbegabten Landeskindern. Aufgenommen wurden in der Pagerie Zöglinge aus bayerischen Adelsfamilien katholischer oder protestantischer Konfession, in Ausnahmefällen auch Ausländer. Die notwendige »Ahnenprobe« – also mindestens acht adelige Vorfahren – wurde zumindest am Ende der Monarchie relativ liberal vollzogen. Von den letzten hundert Pagen, die von 1900 bis 1918 in die Pagerie eintraten, hatte ein Drittel keine adeligen Mütter vorzuweisen.

> DIE KÖNIGLICH
> BAYERISCHE PAGERIE
> HERVORGEGANGEN AUS DEM SCHON
> IM JAHRE *1558* UNTER HERZOG
> ALBRECHT V. BESTANDENEN
> PÄDAGOGIUM DER EDELKNABEN
> WAR IN DIESEN RÄUMEN UNTERGE=
> BRACHT VOM 1. OKTOBER *1877* BIS
> ZU IHRER AM 8. NOVEMBER *1918*
> ERFOLGTEN AUFLÖSUNG.

Gedenktafel für die Pagerie im Gang bei den Präsidentenzimmern

Die Erziehung in der Pagerie[40] dauerte in der Regel fünf Jahre. An erster Stelle stand bei der Eintrittsprüfung die Leistung. Im Schnitt waren es nur 25 Zöglinge, die sich auf die oberen fünf Klassen des Gymnasiums verteilten. Entsprechend scharf waren die Aufnahmeprüfungen am Ende der vierten Lateinklasse. Das Leben in der Pagerie war von militärischem Drill diktiert. Die Leitung der Anstalt oblag einem Pagenhofmeister, dem zwei Präfekten zur Seite standen. Neben dem gymnasialen Lehrstoff mussten die Pagen mehr als ein Dutzend Sonderfächer bewältigen wie Englisch, Italienisch und Spanisch (perfektes Französisch wurde vorausgesetzt), Stenografie, höhere Mathematik und Militärzeichnen, Kriegswissenschaften, Musik, Reiten, Fechten, Turnen und Exerzieren. Dazu kamen die speziellen Übungen für den Pagendienst, etwa das »zehnschrittige Kompliment«, das »Schleppentragen« oder das Servieren der Riesenplatten. Beim »zehnschrittigen altfranzösischen Kompliment« gab es »Verneigungen gegen Altar und Königsthron«, die man »auf den Fußspitzen mit gekreuzten Füßen absolvieren musste, ohne zu wackeln«.[41] Grundsätzlich galt: »Alles musste haarscharf klappen, all diese sehr komplizierten und etwas verkünstelten Vorwärts- und Rückwärtsbewegungen vor dem Hochaltar, die plötzliche Wendung zur Hofloge, verbunden mit gemeinsamem, grüßenden Neigen des Kopfes und dann das unmittelbar darauf folgende rasche Niedergehen auf das Knie.«[42]

Gut ein Dutzend Mal im Jahr mussten die Pagen in ihren Galauniformen zum Hofdienst antreten. Der Jahresplan begann mit dem Hofkonzert am 1. Januar, ging über das Hauptfest des Hausritterordens vom hl. Georg am 24. April über die Fronleichnamsprozession bis zum Hochamt am 25. Dezember. Für die katholischen Kirchendienste mussten auch die evangelischen Pagen antreten. Am Neujahrstag lautete beispielsweise das Hofkommando »Tragen der Hofmäntel der Prinzessinnen, Servieren der Erfrischungen, Leuchtdienst«.[43] Freizeitvergnügungen in der Residenz gab es nicht. Entsprechende Gerüchte dementierte Freiherr von Tautphoenus: »Gespielen oder Kameraden der jungen Prinzen wurden wir nie. Dazu wäre uns bei unserem überreichlichen Tagesprogramm keine Zeit geblieben.« Reinhard Piper, der aus seiner Zeit am Wilhelmsgymnasium viele Erinnerungen an Pagen auf der gemeinsamen Schulbank bewahrt hat, schreibt über eine kleine, wohl ziemlich einmalige Affäre: »In jener Zeit verliebte sich eine bayerische Prinzessin in einen Pagen und war mit ihm, wenn ich mich recht erinnere, sogar geflüchtet. Jedenfalls machte der Vorfall auch in unserer Schule großes Aufsehen, und ich wunderte mich, dass unsere Pagen ihren Gefährten einhellig und entrüstet verurteilten, anstatt auf ihren Helden aus ihren Reihen stolz zu sein.«[44]

Die Räumlichkeiten der Pagerie im Maximilianeum, dort, wo heute die Zimmer der Landtagspräsidenten sind, waren mehr als bescheiden, ja geradezu spartanisch. Die Pagen schliefen in einem gemeinsamen Saal, in der Mitte stand ein langer Waschtisch. Gegessen wurde im Speisesaal an einer gemeinsamen Tafel. Die Beleuchtung war primitiv, jeder Page hatte auf seinem Pult eine Kerze stehen. Zur Eliteerziehung zählte auch die Kargheit der Verpflegung. Die Mahlzeiten waren so dürftig bemessen, dass die Zöglinge »immer argen Hunger hatten«, ja der »Pagenappetit« war in ganz München sprichwörtlich.[45] Dennoch kostete die jährliche Pension für Unterricht und Verpflegung die stolze Summe von 6000 Gulden, berechnet für die zehn voll zahlenden Pagen. Die anderen hatten Freistellen oder zahlten die Hälfte. Dazu kamen Nebenkosten (Kleider, Wäsche, Bücher, Taschengeld u. a.) von 260 Gulden. Von 1799 bis 1918 wurden 590 Pagen am königlichen Hof in München gezählt. Von ihnen entschied sich etwa die Hälfte für die militärische Laufbahn (unter ihnen 46 Generäle), 120 Pageriezöglinge wurden Beamte, meist in hohen Stellungen. Selten gab es die Wahl geistlicher Berufe, zu den wenigen Künstlern zählten der Maler Hugo von Habermann und die Schriftsteller Walter von Rummel und Hanns von Gumppenberg.

Die Satzung bestimmte: »Die königlichen Edelknaben sind sowohl bei Tage als während der Nacht beaufsichtigt. Dieselben haben ein gemeinschaftliches Studirzimmer, worin sie unter beständiger Aufsicht ihren Studien obliegen, und schlafen in einem gehörig erhellten, geräumigen Saale, so solche Anstalten getroffen sind, dass Sittlichkeit und Schamhaftigkeit nicht verletzt werden können, indem der dienstthuende Inspector die Zöglinge während der Nachtzeit keinen Augenblick allein lässt, und darüber wacht, dass nach verrichtetem Abendgebete die größte Ordnung, Stille und Ruhe herrschen.«[46] Völlig unsinnig war die Vorschrift, dass ein Page kein Augenglas, also kei-

Gewöhnliche Uniform der Edelknaben   *Galauniform der Edelknaben*

ne Brille tragen durfte, was zumal im Theater den Kunstgenuss beeinträchtigte, wie Carl Graf Moy bitter beklagt.[47] Denn die wöchentlichen Besuche im Hof- oder Residenztheater waren ebenso wie die jährlichen Bildungsreisen[48], etwa nach Oberitalien, an den Rhein, nach Dresden, Berlin, Wien oder Prag, die einzigen großen Abwechslungen im Alltagsleben eines Pagen.

Hieß es doch, sommers wie winters um 5 Uhr aufstehen, Aufgaben machen von 6 bis 7. Die einzige Freistunde war von 4 bis 5 Uhr nachmittags, wenn wegen erwiesener Unmusikalität der Unterricht ausfiel.

Mehr als zehn Jahre nach der Fertigstellung des Wohngebäudes zog die Pagerie im Herbst 1877 ins Maximilianeum ein, da im gleichen Jahr der Neubau für das Wilhelmsgymnasium, nur wenige Hundert Meter entfernt, fertiggestellt wurde. Zuvor bewohnten die Edelknaben einen bescheidenen, ja primitiven Gebäudeteil der Herzog-Maxburg und besuchten das Ludwigsgymnasium. Im Maximilianeum hatte die Pagerie dagegen »große, luftige, gesunde Räume zur Verfügung, sie besaß einen eigenen, geräumigen Turnsaal« und einen »großen schönen Garten«. Ganz zufrieden war der Pagenhofmeister August von Lerchenfeld mit dem neuen Domizil dennoch nicht: Der Speisesaal lag zwei Etagen tiefer als die Wohnräume, es gab kein Badezimmer, die Krankenzimmer waren zu klein. Erst 1888 wurden die Mängel behoben. Gleichzeitig erhielt die Pagerie eine eigene Kapelle im Maximilianeum, sodass »an Sonn- und Feiertagen Predigt und Gottesdienst im Hause selbst abgehalten« werden konnten, während bisher die Gasteig-Kapelle besucht wurde.[49]

Den ersten Vorstand des Maximilianeums, Anton Hannecker, Inspektor der »kgl. Pagerie« bis 1852, hatte König Max II. im Jahr 1854 beauftragt, ein Bauprogramm auch für die Zwecke des adeligen Erziehungsinstituts im Stiftungsgebäude auszuarbeiten. Bei der Grundsteinlegung 1857 verfügte der Monarch, dass im Maximilianeum die Pagerie ihr Heim finden solle, ohne dass diese Einrichtung zu verändern sei. Damit war die Überlegung Hanneckers vom Tisch, die Pagerie nach dem Vorbild des Theresianums in Wien einzurichten und neben adeligen Jünglingen auch hervorragende Abkömmlinge aus Beamtenfamilien oder Familien des höheren Bürgertums aufzunehmen. Der Auftrag des Königs lautete, ein Raumkonzept für voneinander getrennte Institutionen unter einem Dach, für Pagerie und Maximilianeum, zu entwickeln.

Kurz nach dem Tode des Monarchen äußerte Pagenhofmeister August von Lerchenfeld eifersüchtige Bedenken wegen des gemeinsamen Daches: Er verlangte deshalb, dass sich die Pagerie künftig »nicht blos in praktischer Weise, sondern mit gleicher Berechtigung in diesem Haus befinde wie die Bildungsanstalt des k. Maximilianeums«.⁵⁰ Ludwig II. ordnete dann am 4. Dezember 1869 die Verlagerung der Pagerie in das Maximilianeum an, ohne damit manche praktischen Probleme zu lösen. Jedenfalls erhielt die Pagerie laut Stiftungsurkunde von 1876 den unentgeltlichen, nicht übertragbaren Nießbrauch für das Hochparterre und das Entresol zugewiesen, und zwar für Säle, Lesezimmer und Wohnungen für Vorstand und Instruktoren. Für beide Institutionen verfügbar waren die Fest- und Repräsentationsräume im ersten Obergeschoss des Maximilianeums. Alle übrigen Räume wurden der Stiftung zur alleinigen Nutzung zugeteilt. Die Pagerie hatte die Kosten der »kleineren Baufälle« zu tragen, während die Kosten der großen der Eigentümerin des Gebäudes, der Stiftung, oblagen. Der Nießbrauch der Pagerie war deshalb unübertragbar, weil ihr Einzug geraume Zeit nicht gesichert erschien, die Räume aber weder ungenutzt bleiben noch an Dritte vermietet werden sollten. Die Idee, Stiftung und Pagerie unter einer einheitlichen Leitung zusammenzufassen, wurde nur kurze Zeit erwogen und wieder aufgegeben, weil die beiden Anstalten als in »jeder Beziehung verschiedenartig« betrachtet wurden.

2.3 Historische Bildergalerie

Dem allgemeinen Publikum standen die Pforten das Maximilianeums erst seit 1877 offen, aber auch nur dann, wenn es die »Historische Bildergalerie« des Stifters in Augenschein nehmen wollte. Und zwar jeden Mittwoch und Samstag von 10 bis 12 Uhr, im Sommer auch am Montag. Der Eintritt zu den dreißig Gemälden der Geschichte der Menschheit und zu zwei Dutzend Marmorbüsten berühmter Männer in den »Loggien« war bis zum Ende der Monarchie frei. Bereits Anfang 1879 wurde wegen des geringen Interesses im Winter in den Monaten Dezember, Januar und Februar geschlossen. Schuld waren möglicherweise auch die Lichtverhältnisse, denn es gab natürlich keine ausreichende künstliche Beleuchtung. Im Süd- wie im Nordsaal kam spärliches Oberlicht nur über die Glasdachöffnungen. Lediglich im Mittelsaal strömt auch heute noch von der fensteroffenen Westfront Helligkeit herein. Mit dem Ende der Monarchie und den Geldnöten der Stiftung wurde notgedrungen Eintritt erhoben, und zwar regulär eine Mark pro Besucher. Der Betrag war so hoch, dass die Besucherzahlen drastisch zurückgingen. Deshalb ermäßigte man 1932 die Eintrittsgebühr auf 50 Pfennig, an Sonn- und Feiertagen auf 30 Pfennig, ohne dass das Interesse an den »historischen Schinken«,

Ausstellungskatalog (1913) auf Französisch

wie der Volksmund lästerte, gestiegen wäre.

An die Besucher wurde »von den Aufsehern ein recht übersichtlicher, brauchbarer Katalog käuflich abgelassen«, berichtete im Eröffnungsjahr 1877 »Die Wartburg«, eine Münchner Zeitschrift für Kunst und Kunstgewerbe. Den Katalog, besser gesagt ein 15-seitiges bilderloses Heft in Postkartengröße zum Preis von 20 Pfennig, gab es auch auf Französisch (»Exposé des Taubleaux et Statues du Maximilianeum-Royal«). Die Kunstzeitschrift dankte mit überschwänglichen Worten der »Huld und Gnade des hohen edlen Mäcens« König Ludwig II., dass nun endlich der »Bann gelöst« sei und das, was »bisher nur vom Hörensagen, durch Überlieferung, im besten Falle durch einzelne wenige Kunstreproduktionen« bekannt gewesen, man »nunmehr im Original, eingehend, persönlich besichtigen, genießen und bewundern« könne. Jährlich dürften etwa 10 000 Kunstfreunde die Treppen zur neuen Galerie hochgestiegen sein.[51] Jacob Burckhardt, der bereits kurz nach der Eröffnung in die Galerie kam, schätzte »all das Gemalte« dort nicht besonders, wie er am 29. August 1877 seinem Freund Robert Grüninger mitteilte. Frank Wedekind dagegen war als 20-jähriger von den »unbeschreiblichen Schönheiten« der Gemälde geradezu verzückt und schilderte euphorisch in einem Brief an seine Mutter Kaulbachs »Seeschlacht von Salamis« und Alexandre Cabanels »Adam und Eva« (gemeint »Der Sündenfall«). In wenigen Zeilen und betont nüchtern schrieb der Kunstkritiker Hermann Nasse in seinem München-Führer von 1922 über die Sammlung im Maximilianeum: »Gemälde meistens sehr großen Umfanges der bekanntesten Münchener Geschichtsmaler. Das Gegenständliche interessant. Wichtig für das Geschichtsstudium«. Lobende Erwähnung fand in seiner Kurzbeschreibung der »Sündenfall« des »vortrefflich zeichnenden, weichen,

Michael Echter: »Ungarnschlacht 955 auf dem Lechfeld«
(Gemälde im Festsaal der Studienstiftung)

glatten Franzosen Cabanel«. Bei der »Kreuzigung Christi« (Wilhelm Hauschild) fielen ihm »die sehr naturalistischen Juden« auf, »Das Zeitalter des Perikles« (Philipp Foltz) war »etwas theatralisch« geraten, »Kaiser Friedrich II. und sein Hofstaat im Palermo« (Artur von Ramberg) war zwar »elegant und anmutig gemalt«, aber »doch äußerlich«.[52]

Das Bildprogramm der Galerie ergänzen Wandgemälde, die zum Teil heute noch sichtbar sind. An erster Stelle steht die »Versammlung von Notabilitäten der Wissenschaft und Kunst«, ein Fresko von Engelbert Seibertz, an der Ostwand des Konferenzzimmers. Im Mittelpunkt des fiktiven Treffens steht der Naturforscher Alexander von Humboldt, der von den beiden bayerischen Akademiepräsidenten, dem Chemiker Justus von Liebig (Wissenschaften) und dem Maler Wilhelm von Kaulbach (Bildende Künste) eingeführt wird. Um diese drei Männer sind versammelt der Theologe Ignaz von Döllinger, der Nationalökonom Friedrich

Engelbert Seibertz: Einführung Alexander von Humboldts in einen Kreis berühmter Männer aus Kunst und Wissenschaft in Bayern (Fresko im Konferenzzimmer), im Hintergrund das Maximilianeum mit gotizistischen Formen

von Hermann, der Architekt Leo von Klenze, der Optiker Josef von Fraunhofer, der Historiker Lorenz von Westenrieder, der Jurist Johann Georg von Lori, der Philologe Friedrich von Thiersch, der Philosoph Friedrich Wilhelm von Schelling, der Geograph Carl Ritter, der Historiker Wilhelm von Doenniges, der das Bildprogramm der »Historischen Galerie« für Max II. entwarf, sein Lehrer Leopold von Ranke, der Dichter Emmanuel von Geibel, der Bildhauer Ludwig von Schwanthaler, der Schriftsteller August Graf von Platen, der Generalmusikdirektor Franz Lachner, Komponist des Festliedes bei der Grundsteinlegung), der Philosoph Franz Xaver Baader und der Mineraloge Franz von Kobell.

Das Gegenstück an der Ostwand des Lesesaals wurde im Krieg bzw. beim Umbau für den Landtag zerstört. Das Fresko, ebenfalls von Engelbert Seibertz, zeigte »in der mittleren Abteilung, um einen Tisch herum, teils sitzend, teils stehend, die staatslenkenden Diplomaten der Restaurationsperiode, zu einer politischen Konferenz versammelt, zunächst links vom Beschauer Talleyrand, neben ihm Montgelas, sodann Hardenberg, Metternich und ein wenig im Hintergrund Gentz«.

Das Konzept für die »Historische Galerie« von Max II. geht bis auf das Jahr 1837 zurück, als der Kronprinz dem Münchner Hofmaler Wilhelm von Kaulbach den Auftrag erteilte, Entwürfe für ein »großes Kunstwerk der geschichtlichen Gattung ins Leben zu rufen«. Kaulbach wollte mit dem Schwerpunkt Mittelalter die Bilder so anlegen, dass sie auch als Kupferstich oder Holzschnitt in einem Volksbuch abgedruckt werden konnten, damit sie »die Liebe im Volke zu seinem Glauben, seinem Fürsten und seinem Vaterland wecken«.[53] Kaulbachs Entwürfe gingen in den von ihm im Treppenhaus des Berliner Neuen Museums gestalteten Weltgeschichtszyklus ein. Mit der Historischen Galerie im Maximilianeum war 1850 Wilhelm von Doenniges, einflussreicher Berater des Monarchen, befasst, der im Mai ein Programm vorlegte. Bei der Bauausschreibung im gleichen Jahr war erstmals von einer Galerie die Rede: »Außerdem ist mit dem Hauptgebäude eine geräumige, zur Aufnahme von mindestens 80 größeren und kleineren historischen Oelgemälden bestimmte Halle oder ein Säulengang in Verbindung zu bringen«. Die Galerie sollte ein weltgeschichtliches Bildungsprogramm für die Stipendiaten darstellen, aber auch einem breiteren Publikum offen stehen. Das Programm von Doenniges wollte 21 Themen berücksichtigen und enthielt »Instructionen für die Künstler« und »Grundregeln für die Ausführung der Malerei«.

In den »Instructionen« ist zu lesen: »Die Auffassung und Ausführung der historischen Bilder soll die eines ernsten und strengen und hohen Styles seyn. Wenn auch die Schönheit die erste Regel seyn muß, so darf sie sich doch nie von der Wahrheit entfernen. Alles Genreartige, Kleinliche, selbst Niedliche und Manirierte ist daher zu vermeiden, sowie das ganze Costüme (Kleidung, Waffen, Ausstattung der Umgebungen, Zimmer und Häuser) der Zeit festzuhalten. Die Künstler sind gebunden, sich streng an die Aufgabe zu halten, d.h. den historischen Gedanken wahrhaft darzustellen.« Ganz besonders wichtig war die Auflage: »Etwaigen Ausstellungen an der Skizze oder Wünschen Seiner Majestaet, namentlich, wenn sich dieselben auf die historisch getreue Darstellung des Gegenstandes beziehen, haben sich die Künstler zu fügen.« In den »Grundregeln« war festgelegt: »Es soll eine Reihe von Bildern (Oelgemälden) ausgeführt werden, zu dem Zwecke, die Hauptmomente der Weltgeschichte durch die Kunst zu veranschaulichen. – Sowohl Bildung des Volkes als Ausbildung der Kunst selbst in einer bestimmt gegebenen Richtung (der Historienmalerei) ist die Aufgabe. – Die Geschichte ist nicht nur das Weltgericht, sondern auch die Erzieherin des Menschengeschlechts.«[54] Der künstlerischen Freiheit waren also von vornherein

Fesseln angelegt, und der Monarch bzw. sein Beauftragter nahmen das vertraglich verbriefte Recht der Einflussnahme auf die Fantasie der Künstler auch wahr.

Beim Fresko »Die Staatsmänner« trug beispielsweise der König in einem »allerhöchsten Signat« am 31. Oktober 1858 dem Maler Engelbert Seibertz auf, es solle »anstatt des Fürsten Schwarzenberg der preußische Staatsmann Hardenberg, anstatt des Nationalökonomen List der Engländer Adam Smith und außerdem noch als Zusatzbild der bayerische Staatsmann Kreitmayr genommen werden«.[55] Der Änderungsauftrag, den der Nürnberger Akademiedirektor August Kreling empfing, war eindeutig politisch motiviert. Als Wittelsbacher Gegenstück zur Krönung Kaiser Karls des Großen sollte er die Kaiserkrönung Ludwigs des Bayern im Jahr 1328 in Rom darstellen. Dem König war beim Studium von Krelings Skizze aufgefallen, dass die Figur des Kaisers wohl zu klein erscheine im Vergleich mit den im Vordergrund stehenden Kurfürsten. Leo von Klenze prüfte im Atelier Krelings die Beschwerde und berichtete seinem Auftraggeber: »Nachdem ich nun Herrn Kreling erschöpfend über dieses Missverhältnis gesprochen, hat er sich selbst ganz davon überzeugt und sogleich in meiner Gegenwart die gewünschten Änderungen mit Kohle eingezeichnet.«[56]

Als Wilhelm von Doenniges wegen Differenzen mit dem mächtigen Staatsminister des königlichen Hauses, Ludwig von der Pfordten, 1852 von München weggehen musste, übertrug Max II. dem 67-jährigen Architekten Leo von Klenze die Aufgabe, das Galerieprojekt voranzutreiben. Klenze reduzierte die Anzahl der geplanten Bilder und versuchte, durch die Gewinnung namhafter Künstler »einen Panoramablick über die Kunstströmungen der Zeit« zu geben.[57] Hinderlich war für Klenzes Planungen, dass die architektonische Gestalt der Bildersäle lange Zeit unklar blieb. Zudem schätzte er den Architekten Bürklein nicht sonderlich, sodass die Kommunikation zwischen den beiden gestört war und erst 1858 das Raumkonzept und damit die Hängung der Bilder endgültig festgelegt werden konnte. Ein Teil der bereits fertigen Fundamente musste danach abgebrochen und nach neuen Plänen errichtet werden.

Leo von Klenze gelang es, prominente Maler Münchens für die neue Galerie zu gewinnen: Friedrich Gunkel, Ernst Deger, Peter Hess, Heinrich Hess, August Kreling, Georg Hiltensperger, Moritz von Schwind und vor allem Wilhelm von Kaulbach, dessen »Seeschlacht bei Salamis«, 5,5 zu 9,8 Meter groß, die größte Aufmerksamkeit, auch in der Presse, erregte. Das Gemälde zeigt die Entscheidungsschlacht zwischen Griechen und Persern im Jahr 480 vor Christus in der Meerenge bei der Insel Salamis. Für die siegreichen Griechen, zusammengeschlossen in einem Bund von Stadtstaaten, begann eine glanzvolle Blütezeit. Das Bildthema war eine nicht zu übersehende Anspielung auf die zeitgenössische Diskussion um die Zukunft des Deutschen Bundes, an der sich auch König Max II. aktiv beteiligte (»Trias«). Das in Aussicht genommene Honorar von 10 000 Gulden erschien Kaulbach als viel zu gering, weil er für seinen Entwurf fast die doppelte Größe der Standardvorgabe benötigte. Leo von Klenze, überzeugt vom Genie des Künstlers, setzte beim König die Summe von 35 000 Gulden durch, was mehr als ein Sechstel der für die gesamte Galerie zur Verfügung stehenden 200 000 Gulden ausmachte.

Frohgemut kommentierte der Monarch: »Übrigens, was liegt für einen solchen Zweck an ein paar tausend Gulden mehr! Wenn nur der

Blick von Süden in die Wandelgänge mit den Marmorbüsten berühmter Männer der Weltgeschichte (bis zum Zweiten Weltkrieg)

Hauptzweck erreicht wird lauter treffliche Meister zu erhalten.«[58] Auch die im Februar 1858 vorgestellte Skizze begeisterte den königlichen Auftraggeber, was ihn nicht hinderte, kurze Zeit später über die hohen Kosten zu lamentieren. Trotz des Protestes von Klenze wurde das Geld für die Galerie zusammengestrichen, sodass auch mittelmäßige Maler beauftragt wurden und die Qualität der Bilder entsprechend abnahm. Mit seiner schwankenden Meinung unterband der König »das Entstehen eines einheitlichen Gesamtkunstwerkes«.[59] Über ein Gespräch mit Max II. im April 1858 notierte sich Leo von Klenze, der König »habe jetzt nicht mehr im Sinne bei dieser Sammlung einen artistischen, sondern nur noch einen pädagogischen Zweck zu verfolgen«.[60] Die von Klenze nun beauftragten Maler waren Schüler der Münchner Akademie. Zu ihnen zählten Eduard Schwoiser, Alexander von Kotzebue, Andreas Müller, Georg Conräder, Julius Köckert, Michael Echter, Eugen Hess, Albrecht Adam, Carl Otto und Ferdinand Piloty. In einer dritten Phase der Galerieentstehung konnte Klenze den König bewegen, vom strikten Sparen Abschied zu nehmen. Nun ergingen Aufträge an Karl Theodor von Piloty, Arthur Ramberg, Philipp Foltz, Georg Hiltensperger, Julius Schnorr von Carolsfeld, Gustav Richter und Ferdinand Pauwels.

»Maximilians Einstellung, dass durch Kunst pädagogische Ziele verfolgt werden sollten, sie also zweckgebunden ist, brachte Schwierigkeiten in der Akzeptanz der Bilder mit sich«, schreibt die Kunsthistorikerin Dietlind von Pfeffer.[61] Erschwerend sei hinzugekommen, dass der zeitgenössische Ruf nach »Autonomie der Kunst« mit der Programmatik des Monarchen kollidierte und sich mit der Reichsgründung 1871 die politischen Werte erneut verschoben, sodass »der im Maximilianeum dargestellte Triasgedanke und die an einem dynastischen Kleinstaat festhaltenden Geschichtsansätze nicht mehr zeitgemäß waren«.
Der Buchwert der »Historischen Galerie«, maßgeblich für die Berechnung der Versicherungssumme, betrug 20 Jahre nach ihrer Eröffnung im Jahr 1897 exakt 438 285 Mark.[62] Im März 1938 wurde der Anschaffungswert der 30 Gemälde von den Bayerischen Staatsgemäldesammlungen auf 418 285 Reichsmark beziffert. Der Schätzwert wurde mit nur 182 000 Reichsmark angegeben. »In die Pinakothek verbracht«, so der handschriftliche Vermerk auf der Bilderliste, waren Kaulbachs »Schlacht bei Salamis« (auf 30 000 RM geschätzt) und »Die Schlacht bei Leipzig« von Peter Heß (Schätzwert 15 000 RM).[63] Nach dieser Berechnung der staatlichen Fachleute war also der Wert der Gemälde seit ihrer Anschaffung um mehr als die Hälfte gesunken.

Jahrzehntelang in den Keller verbannt

Ausschnitt des Mosaiks im Mittelrisalit: Gründung des Klosters Ettal durch Kaiser Ludwig den Bayern

Die im Krieg ausgelagerten und geretteten Bilder kamen Anfang der Fünfzigerjahre in die Stiftung zurück. In den Sälen des Landtags befinden sich bis heute die Krönung Karls des Großen und Ludwigs des Bayern (im Steinernen Saal) sowie Kaiser Friedrich Barbarossa und Herzog

Heinrich der Löwe in Chiavenna und die Seeschlacht von Salamis, die beide bis zum Umbau des Plenarsaals hinter einem Vorhang verborgen waren und nun im Senatssaal wieder ständig gezeigt werden. Die übrigen Bilder sind in den Räumen der Stiftung aufgehängt, abgesehen vom »Gemälde Kaiser Friedrich II.«, das in der Neuen Pinakothek zu besichtigen ist. Die 24 Marmorbüsten von Johann Halbig und Peter Schöpf, die jahrzehntelang in den Keller verbannt waren, stehen nun im Landtag und im Foyer des Stiftungsneubaus.

Das Interesse an den Bildwerken der einstigen Galerie im Maximilianeum hat in der zweiten Hälfte des 20. Jahrhunderts unerwartet zugenommen. Den baulichen und bildlichen Schöpfungen des Historismus wurde nun zugebilligt, qualitätsvolle originäre Zeugnisse einer Epoche zu sein, die neben dem Aufbruch in die Moderne auch künstlerischen Halt in der Tradition gesucht hatte. Zahlreiche Anfragen aus dem In- und Ausland an die Stiftung mit der Bitte um Leihgaben oder Fotos für Ausstellungen belegen bis heute diesen Trend, der verstärkt wird durch das Diktat der Illustration. Als die US-Zeitschrift »Military History« eine Studie zur »Battle of Lechfeld« veröffentlichte, bat sie um den Abdruck der »Hunnenschlacht« von Michael Echter, ein Gemälde, das in der Stiftung hängt. Dem Leser sollte ein Bildeindruck vermittelt werden, obwohl er mit der Realität nichts gemein haben konnte. In einer historischen Serie überschrieb das Magazin »Stern« das Kapitel über Kaiser Heinrich IV. mit »Kalte Füße in Canossa« und wählte zwangsläufig für die ganzseitige Bebilderung das Gemälde von Eduard Schwoiser – auch hier eine Lösung, die eine eingängige Authentizität suggeriert, die es so nicht geben kann. Der Drang der modernen Medienwelt, Texte mit erläuternden Bildern aufzubereiten, stößt gerade in der Geschichte an Grenzen. Die Fantasie der so oft geschmähten Maler des Historismus schließt hier manche Lücke der Illustrationsmöglichkeit, was wiederum für die Werke der Künstler eine späte Wertschätzung darstellt.

Als das »Deutsche Historische Museum« im Berliner Zeughaus vor zehn Jahren die Ausstellung »Mythen der Nationen« plante, war die Historienmalerei die entscheidende Bildquelle. Für Deutschland standen die Herrmannschlacht, Barbarossas Tod, Luther und das Verbrennen der Bannandrohungsbulle, die Leipziger Völkerschlacht und die Kaiserkrönung von 1871 im Mittelpunkt des Konzepts. Von der Stiftung Maximilianeum wurde deshalb die »Arminschlacht im Teutoburger Wald« erbeten. Das Gemälde sollte bei der Darstellung der Ereignisse eine zentrale Rolle spielen, da es »auf einzigartige Weise die Reflektionsebene des 19. Jahrhunderts beschreibt«. Insofern, teilte die Ausstellungsleitung der Stiftung mit, »sind wir gerade auf dieses Bild angewiesen«. Die Mythen-Schau musste ohne Friedrich Gunkels Darstellung auskommen. Das 562 zu 980 Zentimeter große Werk zählt zusammen mit weiteren zwölf Gemälden zu den Kriegsverlusten.

3. Zwischen Revolution und Diktatur

3.1 Kanonendonner an der Isar

Völlig unspektakulär, ja für Beteiligte wie Beobachter geradezu unheimlich geräuschlos verschwand mit der Ausrufung der Republik durch Kurt Eisner am 7. November 1918 die Monarchie und damit die alte Ordnung in Bayern. König Ludwig III. floh mit seiner Familie bei Nacht und Nebel aus der Haupt- und Residenzstadt München, eine provisorische Regierung übernahm die Macht und der Monarch entband die Beamten und Soldaten vom Treueid, ohne einen Thronverzicht auszusprechen. Ein Erlass des Ministerrats unter Eisners Vorsitz verfügte am 15. November, dass die königliche Gewalt in Staatsführung und Verwaltung auf die jeweils beteiligten Ministerien übergegangen sei. Die Amtsübergabe der ehemaligen königlichen Minister auf ihre durch die Revolution legitimierten Nachfolger verlief reibungslos, die Beamtenschaft arbeitete nahtlos weiter.

Die Schutzherrlichkeit des Königs für die Stiftung Maximilianeum ging gemäß Stifterwillen auf die Universität München über, lag de facto für einige Jahre aber bei der Kultusbehörde. Die Pagerie, Teil des höfischen Gepränges, war spätestens mit dem Tag der Revolution überflüssig geworden. Das frühere Staatsministerium des Innern für Kirchen- und Schulangelegenheiten, nun Bayerisches Staatsministerium für Unterricht und Kultus, forderte am 27. November 1918 den Verwaltungsausschuss der Universität auf, über die Verwendung der Pagerieräume zu berichten. Der letzte Pagenhofmeister hatte bereits zwei Wochen zuvor nach Auflösung der Anstalt die Räume der Leitung des Roten Kreuzes für ein Lazarett zur Verfügung gestellt. Die Rotkreuzfahne kennzeichnete deshalb in den ersten Revolutionswochen das Maximilianeum, was dem Gebäude, wie Stiftungsvorstand Siegmund von Riezler mit Befriedigung feststellte, zum Schutze gereichte.[64] Bereits seit dem 1. Februar gab es im Keller des Maximilianeums ein 600 Quadratmeter großes Sammel-Sanitätsdepot, für das die Stiftung jährlich 600 Mark berechnete.

In einem kultusministeriellen Schreiben, unterzeichnet von Minister Johannes Hoffmann, vertrat der neue Ressortchef, Repräsentant der

Die alte Ostpforte

Mehrheitssozialisten, die Meinung, »dass die Räume vom Roten Kreuz vermutlich nicht für einen vordringlichen Zweck benötigt werden«. Sie sollten stattdessen zur Milderung der studentischen Wohnungsnot oder für die Unterbringung einer Kriegswirtschaftsstelle zur Verfügung stehen. »Für das Maximilianeum selbst«, so schrieb Hoffmann, »werden die Räume wenigstens vorerst wohl nicht in Betracht kommen in Hinblick darauf, dass sein Betrieb in gewisser Weise durch die Stiftungsmittel begrenzt ist.« Die Wohnungsnot in München, schon vor Kriegsende ein Problem, verschärfte sich drastisch mit der Demobilisierung. Die Einwohnerzahl stieg von 1918 bis 1919 um mehr als 40 000 auf 645 000. Deshalb machte sich auch das Universitätsbauamt Gedanken, wie die frei gewordenen Räume im Maximilianeum zu nutzen seien.

Die Errichtung von Studentenheimen sei »außerordentlich wünschenswert«, und zwar von mittleren und kleinen Heimen mit acht bis 100 Plätzen, schrieb Bauamtsleiter Theodor Kollmann. Eine teilweise Lösung sei nun durch die Aufhebung der Pagerie gegeben, deren Räume für ungefähr 60 bis 70 Studierende geeignet seien. Das Universitätsbauamt dachte dabei an 32 Einzelzimmer und sechs Mehrbettzimmer. Der Schlafsaal der Pagenanstalt mit rund 25 Betten könne mit Zwischenwänden in Einzelzimmer unterteilt werden. Notwendig sei der Einbau von Baderäumen im Kellergeschoss. Der an der Ostseite des Maximilianeums gelegene Garten der Pagerie biete die Möglichkeit für Turn- und Spielplätze und zu »gärtnerischer Betätigung« der Studierenden. Offen ließ die Behörde die Frage, ob das Studentenheim dem Betrieb des Maximilianeums anzugliedern sei. Die Leitung des neuen Heimes sei aber Sache der Universität bzw. seines Verwaltungsausschusses. Wegen der Raumaufteilung sollten nur männliche Studierende aufgenommen werden. Die »großen unbenützten Säle der Gemäldegalerie«, so lautete ein weiterer Vorschlag, könnten für Veranstaltungen, Festlichkeiten oder Vorträge der Heiminsassen zur Verfügung gestellt werden. Da all diese Maßnahmen angesichts des Mangels an Baumaterial und ungeheurer Preissteigerungen auf Schwierigkeiten stießen, schlug das Unibauamt als ersten Schritt vor, die Räume der Pagerie wegen der immer drückender werdenden Wohnungsnot der Studenten als »vorübergehende Unterkunft« sofort freizugeben.

Stiftungsvorstand Siegmund von Riezler konnte in seiner Rolle als eigentlicher Hausherr den Überlegungen im Universitäts-Bauamt wenig abgewinnen. An erster Stelle erwähnte er die hohen Personalkosten des neuen Heims (Hausmeister, Pförtner, Hausdiener und ein Gärtner, da der Pageriegarten bisher von Hofgärtnern gepflegt worden sei). Mit der

Liquidation der Pagerie sei die »Verwaltung des Krongutes« betraut, die auch über die Verwendung des Inventars zu befinden habe. Der letzte Pageriedirektor habe es für die Stiftung vorgesehen. Sollte es dem neuen Studentenheim zufallen, würde es bei Weitem nicht ausreichen, schrieb Riezler. Die Anregung, Zimmer für Bedürftige und Kriegsverletzte unentgeltlich oder zu einem geringen Preis bereitzustellen, lobte der Stiftungsvorstand, empfahl aber auch die Berücksichtigung von Studierenden, die für das Maximilianeum vorgeschlagen waren, jedoch nicht aufgenommen werden konnten. Im Falle der Einrichtung von »Massenquartieren« befürchtete Riezler »Reibereien« vor allem dann, wenn nächtliche Heimkehrer die Ruhe der Schlafenden störten.

Die Frage eines Studentenheimes in der einstigen Pagerie erübrigte sich mit der Einquartierung von Truppen im Mai 1919 und dem Einzug der staatlichen Polizeiwehr Ende des Jahres. Die dem vormaligen Krongut gehörenden Einrichtungsgegenstände blieben in den vom Militär genutzten Räumen. Vermietet wurde ab 1. Juni 1919 die Wohnung des früheren Pageriedirektors (bestehend aus 5 Zimmern, 1 Dienstbotenzimmer, 1 Schrankzimmer, 1 Küche, Abort, Vorplatz, Kellerabteil und Speicheranteil). Zu einem jährlichen Mietzins von 1500 Mark zog der Astronom Prof. Dr. Julius Bauschinger, bisher Direktor der Sternwarte in Straßburg, ein. Vorher waren in der Wohnung für kurze Zeit Büros der Münchner Dienststelle des Reichsausgleichsamts untergebracht. Die 3. Abteilung der staatlichen Polizeiwehr, später Landespolizei, blieb bis Ende 1926 im Haus. Sie hatte einen Schlafsaal und eine Stallung im Untergeschoss, im Erdgeschoss sechs Dienstzimmer für Wache, Ordonanzen und Offiziere, sämtliche Räume der einstigen Pagerie im 1. Stock und noch zehn Räume unter dem Dach.

Nach der Ermordung Kurt Eisners durch den fanatischen Nationalisten Anton Graf Arco-Valley am 21. Februar 1919 überschlugen sich die revolutionären Ereignisse in München. Am 7. April wurde vom »Revolutionären Zentralrat« die Räterepublik ausgerufen, die Regierung Johannes Hoffmann flüchtete nach Bamberg ins Exil. Vom 13. bis 27. April lenkten Kommunisten die »zweite« Räterepublik, eine »Rote Armee« wurde zu ihrer Verteidigung zusammengetrommelt, es kam zu Geiselerschießungen. Am 1. Mai rückten Freicorps-Verbände und Regierungstruppen in der Landeshauptstadt ein, einen Tag später wurde das Standrecht verkündet und die Räteherrschaft brutal beseitigt. Der »weiße Schrecken«, eine blutige Jagd auf die »roten« Umstürzler, gipfelte in willkürlichen Hinrichtungen. Im Hofbräukeller in Sichtweite des Maximilianeums wurden zwölf Arbeiter aus Perlach, die als

Kommunisten denunziert worden waren, von Mitgliedern des Freicorps »Lützow« erschossen.

Das Maximilianeum, das strategisch günstig zwischen dem Stadtzentrum und den von den Revolutionären dominierten Stadtvierteln Haidhausen und Au lag, diente als Zentrale der Gegenrevolution. Dort wurden Truppen des Freicorps »Oberland«, später Truppenteile der Reichswehr und dann Abteilungen des Münchner Wehrregiments in den leer stehenden Räumen der Pagerie untergebracht. Die frühere Hauskapelle der Pagerie unter den Südarkaden diente nun als Pferdestall, die Kirchenbänke wurden als Schlagbäume benutzt. Am 1. Mai 1919 eroberten Weißgardisten den Max-Weber-Platz im Rücken des Maximilianeums. Die von Kommunisten besetzte nahe Volksschule an der Kirchenstraße wurde gestürmt, es kam zu Straßenkämpfen mit den Aufständischen, einen Tag später war auch das »rote« Giesing in der Hand der Regierungstruppen.

Die blutigen Tage rund um das Maximilianeum hielt der Stiftungssekretär Gustav Lang in seinem Tagebuch fest.[65] Am 1. Mai gegen Mittag, es ist ein kalter und regnerischer Donnerstag, werden die Pagerieräume von Regierungstruppen belegt: etwa 150 freiwillige Jäger aus Freising mit Hauptmann Scharff an der Spitze. An den Fenstern des Gebäudes und an der Ringmauer werden fünf Maschinengewehre im Hof und im Garten zwei 7,7-Zentimeter-Geschütze aufgestellt. Ein Stab von fünf Offizieren nimmt Quartier im Dienstzimmer des Pförtners. Dort ist auch die Kontrollstelle für die Passanten der mittlerweile abgesperrten Maximilianbrücke. Im Laufe des Nachmittags kommen noch etwa 60 Reiter des 3. Chevauleger-Regiments (»Leichte Reiter«) an, die im Garten östlich des Gebäudes in Bereitschaft lagern. Gegen Abend geht ein weiteres Geschütz im südlichen Zipfel des Gartens zur »Bestreichung der Isar aufwärts gelegenen Brücke« in Stellung. Die Artilleriemunition, geliefert von zwei Lastwagen, lagert man im östlichen Keller, die Munition für Gewehre und Maschinengewehre im Krankenzimmer der Pagerie. Pferde und Mannschaften nächtigen zum Teil in den Kellergängen und in den Räumen des Sammelsanitätsdepots, zum Teil im Freien. Am Nachmittag des 1. Mai führen die Patrouillen etwa »40 verdächtige Personen beiderlei Geschlechts« vor, die in der Kontrollstelle verhört und zumeist in Haft genommen werden. Dafür dienen sechs Zimmer im 2. Stock der Pagerie. Zwei Verhaftete, die gestehen, auf Regierungstruppen »hinterhältig geschossen« zu haben, werden noch nachmittags am Isarhang beim Maximilianeum erschossen. »Die Leichen lagen bis Freitag früh an der Richtstätte«, notiert Sekretär Lang.

Geschützstellung der »Weißen« an der Hochstraße

Am Freitag wird der Turnsaal der Pagerie von einer Kompanie Freiwilliger aus Regensburg belegt. Ein Soldat mit Fernsprecher bezieht am Dach bei der Nike Stellung und beobachtet die Geschosseinschläge von zwei 15-Zentimeter-Geschützen, die am »Siegesdenkmal« (gemeint Friedensengel) aufgestellt, gegen die Theresienwiese feuern. Spartakisten beschießen am Vormittag aus Dachluken der Häuser an der Widenmayerstraße jenseits der Isar das Maximilianeum, ohne Schaden anzurichten. Ihre Artillerie feuert ebenfalls auf das Gebäude. Ein Volltreffer geht ins Gesims des Nordturms zwischen dem oberen und dem mittleren Bogen, ein zweiter reißt ein Stück der Umfriedungsmauer nahe der Westauffahrt weg, ein etwa drei Pfund schwerer Granatsplitter durchschlägt ein Fenster der Gemäldegalerie. Das Maximilianeum wird von je einem Geschütz am Wasserbecken des Springbrunnens im Westen und am südlichen Ende des Pageriegartens und von Maschinengewehren gesichert, die auf der Auffahrtsrampe, in Zimmern des 2. Stocks, im Lesesaal der Pagerie und im Schlafzimmer der Vorstandswohnung stationiert waren. Gegen Abend beginnt von der Maximiliansbrücke

Freicorps Werdenfels

her heftiges Gewehrfeuer, das die Truppen im Gebäude erwidern. Zwei Mann werden an den Füßen verletzt, an der Rückwand der Galerien, wo die Büsten standen, werden sechs Infanterietreffer gezählt. Unversehrt bleiben die Mosaiken der Westfront. Für die in Haidhausen, Au und Giesing beschlagnahmten Waffen wird eine Sammelstelle eingerichtet. Sekretär Lang macht dafür die fünf Zimmer des früheren Pagenhofmeisters frei, während die Möbelwagen des neuen Mieters, Prof. Julius Bauschinger, unausgepackt im Osthof stehen. Innerhalb von zwei Tagen kommen rund 800 Gewehre, acht Maschinengewehre, Handgranaten, Revolver, Pistolen und Munition zusammen.

Am Samstag, 3. Mai, und in den folgenden Tagen bleibt es ruhig um das Maximilianeum, lediglich vom Ostbahnhof her ist noch lebhaftes Maschinengewehrfeuer zu vernehmen. Stiftungssekretär Lang macht sich nun an die Arbeit, die Schäden zu protokollieren, die im Haus angerichtet wurden. »Zucht und Ordnung der Truppen lassen leider zu wünschen übrig«, schreibt er: Es wurden Matratzen, Kissen und Wolldecken aus dem Schlafsaal der Pagerie weggeschleppt, der Weinkeller der Vorstandswohnung wurde erbrochen, die Wege, Gartenanlagen und Obstbäume wurden von Fahrzeugen und Pferden beschädigt. Feldküchen und beschlagnahmte Räume beheizte das Militär mit dem Holzvorrat der Stiftung, »wegen des andauern kalten und nassen Wetters nach fünf Tagen bereits vier Klafter«. Lang vergisst nicht zu erwähnen, dass rund 300 Flaschen Mineralwasser aus dem Sammelsanitätsdepot leer getrunken wurden. Erleichtert schreibt er am 8. Mai, eine Woche nach dem Beginn der Einquartierung, dass die aufgebrochenen Kellerräume nun von den Pferden geräumt worden seien. Da die Belegung mit Truppen verschiedener Gattungen weitergeht, hat Lang immer wieder Grund zur Klage: Ständig wurden Schlösser aufgebrochen, an einem Turnpferd wurde das Leder abgeschnitten, fünf Fechthandschuhe samt drei Armstulpen der einstigen Pagerie kamen abhanden, Mobiliar wurde weggeschleppt. Zu allem Überdruss wurden ihm auch noch zwei Masthühner aus seinem versperrten Hühnerstall gestohlen, der mit einem Nachschlüssel geöffnet worden war. Doch die Beschwerden des Stiftungssekretärs bei den Kommandeuren verlaufen meist im Sande. Gustav Lang beklagt sich im Kultusministerium: »Die Truppen (Offiziere) fühlen sich allmählich als Herrn des Gebäudes und das Maximilianeum kommt trotz heftigen Sträubens meinerseits immer mehr ins Hintertreffen.«[66] Die ständigen Reibereien gipfeln schließlich in der Drohung des Militärs, den Stiftungssekretär zu verhaften.

Versuche, die Reichswehrsoldaten und später die Mitglieder des Münchner Wehrregiments aus dem Maximilianeum zu verlegen, wurden vom Militär mit der Begründung abgelehnt, aus taktischen Gründen müsse eine größere Truppenabteilung im Gebäude bleiben. Das Universitätsbauamt bezifferte in einem Schreiben an das Staatsministerium für Unterrichtung und Kultus die gesamten Reparaturkosten auf 26 000 Mark.[67] Zu den baulichen Schäden zählten durchnässte oder durchfaulte Böden in den Toiletten, aufgesprengte Türen, Beschädigung der Torpfeiler und vor allem Löcher im Zinkbelag der Bedachung, verursacht durch die Nagelschuhe der Funker. Dort nutzte auch die staatliche Polizeiwehr die exponierte Stellung hoch über der Stadt mehrmals pro Woche für »Blinkerübungen«.

3.2 Pleitegeier über der Stiftung

Mit dem Auszug der Landespolizei aus dem Maximilianeum Ende 1926 verschärfte sich die Finanzkrise der Stiftung, mit der sie seit der Inflation zu kämpfen hatte, denn fast vier Jahre lang fand sich kein neuer Mieter.

Die Einnahmen aus der Vermietung der früheren Kapelle der Pagerie als Lager für einen Weinhändler waren ebenso dürftig wie die Überlassung des einstigen Kuratoriumssaales an die Tanzkünstlerin Frances Metz, die dort mehr oder weniger diskret höhere Töchter in die Ballettkunst einführte. Die Studenten bekamen die Elevinnen kaum zu Gesicht. Nur einmal, so munkelte man in der Stiftung, soll es »ein verwegener, allerdings als alpiner Bergsteiger geübter Hausgenosse gewagt haben, über die Feuerleiter von oben zu den Fenstern der Tanzschule hinabzusteigen und dort einen Blumentopf zu deponieren, was kreischendes Erstaunen auslöste«.[68]

Eine kleine, wenn auch nur indirekte Entlastung für die Stiftungskasse brachte die feierliche Grundsteinlegung für den Studienbau des Deutschen Museums (Bibliothek und Kongresssaal) am 4. September 1928. Die Museumsdirektion wollte 800 Ehrengäste mit Reichspräsident Paul von Hindenburg an der Spitze bei einem Festbankett im Maximilianeum bewirten, und zwar in den beiden großen Galeriesälen. Doch die Stiftung musste als Erstes abwirken: »Der bauliche Zustand des Maximilianeums ist bekanntlich sehr schlecht«, erfuhr das Deutsche Museum und erhielt mit gleicher Post eine Liste mit notwendigen Instandsetzungsarbeiten.[69] So sei die Fassade zu überprüfen, »lockere und absturzdrohende Gesimsteile und Verblendsteine müssten entfernt werden«, in den Galeriesälen seien Ausbesserungen erforderlich, die Abortanlagen seien unzureichend und in schlechtem Zustand, und die steile Auffahrtsrampe würde den Autoverkehr nicht ohne Beschädigung vertragen. Sämtliche Renovierungsarbeiten wurden von den Veranstaltern kostenlos übernommen, der feierliche Rahmen war gesichert.

»Die Wahl des Maximilianeums erwies sich als glücklicher Gedanke«, schrieb nach dem Fest die »München-Augsburger Abendzeitung«. Der Reporter lobte die geschmackvolle Ausschmückung des Hauses, »die Tafeln voll Blumen, eigenartigen Aufsätzen, Geräten technischer Art aus dem Deutschen Museum, an den Wänden große alte Münchner Meister«. So sei es kein Wunder, dass sich der Gäste in den beiden Sälen »die beste Stimmung bemächtigte«. An jenem Septembertag durften die Stipendiaten das Maximilianeum nur durch den rückwärtigen Eingang betreten, das große Treppenhaus war ihnen versperrt. Einer von ihnen, der 23-jährige Kurt Pranz, Maximilianeer von 1925 bis 1929, fand einen Ausweg und hielt damit auf Fotos zumindest die feierlich gedeckten Tafeln fest. Pranz erinnerte sich später: »Wir hatten entdeckt, dass von einem der Stockwerke des rückwärtigen Mittelbaues eine Verbindung zum großen Treppenhaus bestand. Da diese Türe nicht verschlossen war, konnten wir die Ankunft der Gäste beobachten.«⁷⁰ Er hielt auch fest, was Meisterkoch Alfred Walterspiel vom Hotel »Vier Jahreszeiten« den erlauchten Gästen bot: »Ostender Pastete«, »Klare Ochsenschwanzsuppe«, »Kalten Rheinsalm auf norwegische Art«, »Junges Rebhuhn im Weinblatt mit Sauerkraut und Kartoffelbrei«, »Fürst Pückler Halbgefrorenes samt feinem Backwerk« und »Mocca«. Einige »besonders Clevere« unter den Stipendiaten, so Pranz, »brachten es fertig, sich aus der Küche ›Schmankerl‹ von dieser Speisekarte verabreichen zu lassen«.

Das große »vaterländische Ereignis« mit Rundfunkübertragung, Festumzug, Festspiel im Prinzregententheater und mit einer Uraufführung von Max Halbe im Staatsschauspiel (»Meister Jörg und seine Gesellen«) hatte als Begleiteffekt eine in ganz München bewunderte Premiere: An den beiden Festtagen erstrahlte das Maximilianeum in den

Südlicher Galeriesaal mit der Festtafel vom 4. September 1928 (rechts an der Wand Kaulbachs »Seeschlacht von Salamis«)

Abend- und Nachtstunden im Licht von 41 Scheinwerfern, montiert auf sechs Masten und mit einer »Stärke von 120 000 Kerzen«, wie in den »Münchner Neuesten Nachrichten« zu lesen war. Erst später wurden auch andere Bauwerke mit Flutlicht angestrahlt, um den Münchnern und Fremden »die architektonisch einwandfreie Wirkung der künstlichen Lichtüberflutung« zu zeigen. »München kann Feste feiern«, lautete das allgemeine Resümee der Grundsteinlegung, auch die Gäste aus Berlin hätten das anerkannt. Nur ein einziger Eklat erregte die Gemüter: Der sozialdemokratische Reichsinnenminister Carl Severing trug bei der Grundsteinlegung eine rote Nelke im Knopfloch, was allgemein als »Misston« empfunden wurde.

Die unruhiger werdenden Zeiten zum Ende der Weimarer Republik hielten auch im Maximilianeum Einzug und dauerten die ersten Monate nach der Machtergreifung Hitlers an. Anfang Juli 1932 mietete die Bayernwacht (Kreis München), die Selbstschutzorganisation der Bayerischen Volkspartei (BVP), den Turnsaal im Untergeschoss des Südflügels zur »abendlichen Benützung« an Werktagen für jährlich 360 Reichsmark. Es standen aber kaum Kameradschaftsabende oder Leibesübungen der Jungmannschaft auf dem Programm. Trainiert wurde der Schutz der BVP-Versammlungen vor den gewaltsamen Störungen der SA, wozu auch Schießübungen mit Kleinkalibergewehren zählten. Hans Ritter von Lex, Landesführer der Bayernwacht und selbst Maximilianeer, war mitunter höchstpersönlich bei den Schulungen anwesend.[71] Das Mietverhältnis dauerte exakt zehn Monate, bis Lex am 13. April 1933 dem Verbot der Bayernwacht durch die Selbstauflösung zuvorkam. Bereits im März hatten SA-Leute, begleitet von einem Schutzmann in Uniform, das Maximilianeum mehrmals nach Waffen durchsucht.[72] »Die der Bayernwacht gehörenden Waffen wurden aus den versperrten Schränken im Turnsaal mitgenommen«, berichtete Gustav Lang dem Universitätsbauamt. Vor allem erregten den Hausverwalter wiederum die entstandenen Schäden: Türen aufgerissen, Schlösser beschädigt, eine Mauer sowie Holzverschläge durchbrochen, und »eine große Flagge in den Farben schwarz-rot-gold wurde mitgenommen«, die der Stiftung gehörte. Am 14. März besetzten SA- und Stahlhelmleute zusammen mit der Polizei das Haus. Im Auftrag des kommissarischen Innenministers Adolf Wagner wollten sie Räume im Maximilianeum beschlagnahmen. Bei der vierten Durchsuchung am 30. März wurden die Kellerräume nochmals gründlich und gewaltsam durchkämmt. Lang, der nicht dabei war, notierte: »Die Anstaltsköchin glaubt, dass ein Teil der Äpfel fehlt«, außerdem habe sie angegeben, »dass ihr 18 Flaschen Beerenwein abhanden gekommen sind«, was der Verwalter aber nicht glauben kann, denn »sämtliche Herren waren immer durchaus anständig, höflich und korrekt«. Am 1. April nisteten sich dann die SA-Leute in der Turnhalle und in den anschließenden Räumen ein. Am östlichen Einfahrtstor postierten sie Tag und Nacht einen Doppelposten.

Die Studenten durften die »braunen Posten« nur gegen Angabe einer »Parole« passieren.[73] Arno Günther erinnerte sich: »Die Parole »hieß – und zwar sinnigerweise stets unverändert – ›Sauruss‹ (eine Verballhornung von ›Thesaurus‹?) und wurde von uns den Posten mit ingrimmigem Vergnügen entgegengeschleudert.« Weniger harmlos waren in den kommenden Wochen die vielfältigen militärischen Übungen im Gebäude und im Gelände. Im Garten fanden Turnspiele der Hitlerjugend statt, im Hof gab es Motorradfahrertreffen mit lautem Namensaufruf und Trommelwirbel und im Keller wurde Schießen mit Maschinengewehren geübt. Der Verwaltungsausschuss der Universität, vertreten durch den Rektor Leo von Zumbusch, beschwerte sich nun beim Sicherheitskommissar im Innenministerium über die »Belegung des Maximilianeums mit SA-Mannschaften«. Das Haus sei an Private vermietet, zum weitaus größeren Teil aber »eine Stätte gelehrter Arbeit«. Mehrere Mieter drohten mit Kündigung, eine »Neuvermietung würde jetzt so gut wie unmöglich sein«, argumentierte der Rektor. Sein Vorstoß dürfte verpufft sein, während das Bemühen des zuständigen Beamten im Kultusministerium, Ministerialrat Eugen Mayer (von 1902 bis 1906 Stipendiat der Stiftung), beim neuen Unterrichtsminister Hans Schemm offensichtlich erfolgreich war, denn bald darauf kehrte im Maximilianeum die gewohnte Ruhe ein.

An seinen Vortrag beim Minister erinnerte sich Mayer nach dem Krieg[74]: »Im Frühjahr 1933 wurde ich aus dem Maximilianeum als der damalige Ministerialreferent für die Stiftung zu Hilfe gerufen. Ein SA-Sturm hatte sich im Maximilianeum eingefunden und verlangte gebieterisch den Abzug des Thesaurus linguae Latinae, der einen ordnungsmäßigen Mietvertrag mit der Maximilianeumsstiftung hatte. Die SA wollte die Räume des Thesaurus für sich selbst haben.« Mayer legte Schemm dar, bei der Stiftung handle es sich um eine eigene Rechtspersönlichkeit, die den gleichen Rechtsschutz für ihr Haus beanspruchen könne wie jeder Privateigentümer. Der Wille des Stifter, Max II., werde nach seinem Tod vom Staat hochgehalten, »ein anderes Verhalten des Staates wäre nicht bloß unrechtmäßig, sondern auch unklug, da es künftigen Stifterwillen ertöten würde, sehr zum Nachteile der öffentlichen Budgets«. Der Minister folgte der Bitte Mayers, »verfügte den Abzug der SA und gab Weisung, dass das Maximilianeum in jeder Weise zu schützen sei«, hielt Mayer fest. Wirkung zeigte möglicherweise auch die Demarche des »Parteigenossen« Fritz Kempfler, von 1938 bis 1945 Oberbürgermeister von Bayreuth und selbst Maximilianeer, der später bekundete, den Ministerpräsidenten Siebert »beim weiß-blauen Portepee genommen« zu haben, als es um die Zukunft der Stiftung im eigenen Hause ging.[75]

Eine Schützenstandarte der SA blieb gleichwohl im Maximilianeum, allerdings mit einem ordentlichen Mietvertrag. Zudem richtete die SA im ehemaligen Fechtsaal im Südostteil des Gebäudes, neben dem Speicher, eine Versuchsfunkanlage für Senden und Empfang von Kurzwellen ein. Als Mitte 1936 die Burschenschaft Danubia die ehemalige Pagerieküche als Fecht- und Gymnastikraum aufgab, interessierte sich ein Jung-Volk-Fähnlein der Hitlerjugend für das Lokal und bat um unentgeltliche Benutzung. Wegen der finanziellen Lage der Stiftung lehnte Vorstand Walter Roemer den Wunsch ab, da man auch auf kleinste Einnahmen angewiesen sei. Deshalb wurde auch der große Keller regelmäßig im Winter an ein nahes Gartenbaugeschäft für 100 Reichsmark vermietet, das dort seine Blattpflanzen zur Überwinterung einstellte. Ebenfalls in den Kellerräumen durfte das Bayerische Staatsschauspiel für jährlich 480 Reichsmark Theaterdekorationen lagern. In einer als »geheim« deklarierten Genehmigung vom 5. November 1936 erhielt die Flugwache München-Ost die Möglichkeit, auf zehn Quadratmetern beim nördlichen Speicher einen Aufenthalts- und Schlafraum einzurichten.[76] Zusammen mit den Räumen, die der Thesaurus linguae Latinae und die Deutsche Akademie angemietet hatten und die allein zusammen schon 11 000 Reichsmark zahlten, betrugen die Jahresmieteinnahmen Ende 1938 exakt 15 388 Reichsmark[77]. Nicht zustande kamen der Einzug der Akademie der Tonkunst und die Vermietung von Räumen an die Deutsche Gesellschaft für Röntgenforschung. Die Finanzlage der Stiftung hatte sich ein wenig stabilisiert, doch der Staat musste jährlich immer noch ein Finanzloch von 16 000 Reichsmark stopfen.

Der 24. Juni 1931 symbolisierte für die Stiftung einen finanziellen Lichtblick: Der Thesaurus linguae Latinae, besser gesagt, der wissenschaftliche Mitarbeiterstab des Forschungsprojekts, übernahm die Räume der ehemaligen Pagerie und feierte dies in Anwesenheit von Kultusminister Franz Goldenberger mit einem großen Festakt im Maximilianeum.⁷⁸ Der »Thesaurus«, das umfassendste Wörterbuch des antiken Lateins, war bei der Gründung ein Gemeinschaftsprojekt der Akademien von Berlin, Göttingen, Leipzig, München und Wien (heute sind es rund 30 wissenschaftliche Institutionen in aller Welt, in Europa, in den USA und sogar in Japan). »Ein würdiges, schönes und zweckmäßiges Heim« sei gefunden worden, freute sich die Thesauruskommission der Bayerischen Akademie der Wissenschaften. Die Bibliothek fand im Kleinen Saal Aufstellung (heute Präsidentenzimmer des Landtags), die umfangreiche Zettelsammlung im Großen nördlichen Saal, dem einstigen Schlafsaal der Pagen (heute aufgeteilt in zwei Sitzungssäle).

Im Vergleich mit dem vorhergehenden Domizil in der Thierschstraße 11 (4. Stock), wo auch der nationalsozialistische Franz-Eher-Verlag beheimatet war, hatten die Räume im Maximilianeum gleich mehrere Vorteile: Der Verbleib der Forschungseinrichtung in München war in einem repräsentativen Rahmen gesichert, die Benutzung einfacher geworden, und vor allem waren die Zettelkästen, der eigentliche Schatz des Unternehmens, besser gesichert als unter dem Dach eines Bürogebäudes. Dem Start am neuen Ort folgte ein warmer Geldregen aus Amerika, der die Arbeit für ein Jahrzehnt immens beflügelte: Die Rockefeller-Foundation stiftete dem Thesaurus von 1933 bis 1937 insgesamt 20 000 Dollar, in der damaligen Zeit eine Riesensumme. Dank zusätzlicher Mitarbeiter erschienen 1933 bis 1939 24 Faszikel des Wörterbuchs (1930 bis 1932 waren es nur vier). Die Arbeit der Latinisten war in den Kriegsjahren ständig bedroht von den Raumansprüchen der expandierenden Deutschen Akademie, die ebenfalls im Maximilianeum ansässig war. Dazu kam die Sorge um das leicht brennbare Archivmaterial.

Der Thesaurus linguae Latinae war 1893 für die Aufgabe gegründet worden, eine vollständige, auf wissenschaftlichen Grundlagen ruhende Sammlung und Sichtung des lateinischen Sprachschatzes von seinen Anfängen bis zum Übergang in die romanischen Sprachen zu Beginn des 7. Jahrhunderts zu erstellen. In sechsjähriger Arbeit, von 1894 bis 1899, wurde unter Leitung des geistigen Begründers des Projekts, des Schweizer Altphilologen Eduard Wölfflin (1831–1908) die Grundlage des künftigen Wörterbuches geschaffen: Auf knapp zehn Millionen Zetteln, gesammelt in braunen, 15 Zentimeter breiten Pappschachteln, verzeichneten die Forscher sämtliche lateinischen Begriffe. Zur Jahrhundertwende kalkulierte man noch optimistisch mit einer Arbeitszeit von 15 Jahren bis zur Fertigstellung des Wörterbuchs. Heute haben die

*Materialsaal des Thesaurus linguae Latinae mit den Zettelkästen
(bis 1918 Schlafsaal der Pagerie)*

Philologen den lateinischen Wortschatz bis zum Buchstaben P fast vollständig erfasst und damit etwa zwei Drittel ihrer Forschungsarbeit erledigt. Bis zum Jahr 2025 ist das Forschungsprojekt finanziell gesichert, beim bisherigen Arbeitsrhythmus wird es wohl noch fast ein halbes Jahrhundert dauern, bis der letzte Faszikel abgeschlossen ist.

Das Fundament des Thesaurus linguae Latinae ist bis heute die bereits vor mehr als hundert Jahren abgeschlossene Worterfassung, gesammelt in einer gigantischen handschriftlichen Datei. Bereits am 5. und 6. September 1939, also wenige Tage nach Ausbruch des Zweiten Weltkriegs, schleppten die Mitarbeiter des Thesaurus »über 3000 Materialkästen der noch nicht bearbeiteten Buchstaben L bis Z drei Stockwerke tiefer in ein als ›bombensicher‹ geltendes Kellergewölbe des Maximilianeums«.[79] Um gegen alle möglichen Schäden gewappnet zu sein, wurde Mitte 1943 ein Ausweichdomizil im Kloster Scheyern nordwestlich von München gefunden, wo bereits Teile der Staatsbibliothek und der Antikensammlungen lagerten, ohne dass die Arbeitsräume im Maximilianeum aufgegeben wurden.[80]

Die Deutsche Akademie[81] war bei ihrer Gründung 1925 eine deutschnational ausgerichtete private Organisation mit dem Ziel, die internationale Stellung des Reiches auf dem Gebiet der Kulturpolitik zu stärken. Zu den maßgeblichen Gründern zählten der Geopolitiker Karl Haushofer und die Historiker Hermann Oncken und Karl Alexander von Müller. Neben der »Wissenschaftlichen Abteilung« gewann der Sprachunterricht zunehmend an Bedeutung, sodass 1932 ein Institut zur Fortbildung ausländischer Deutschlehrer (»Goethe-Institut«) gegründet wurde. Ihre weltanschauliche Orientierung führte bei Hitlers Machtübernahme zur »Selbstgleichschaltung« (Eckard Michels). Auf der Hauptversammlung der Akademie im Oktober 1933 freute sich Karl Haushofer, dass »dieser Wurzelschoß (...) untrennbar eingehen kann in die gewaltige Laubkrone der Eiche des Dritten Reiches«, denn »wir waren auf das gleiche Ziel eingestellt vom Tag unserer Gründung an«[82]. Die ersten Jahre brachten zwar einen Aufschwung, lösten aber die finanziellen Probleme noch nicht, da der Verein nach wie vor auf Spenden von Privatpersonen und aus der Wirtschaft angewiesen war.

Erst als der bayerische Ministerpräsident Ludwig Siebert 1939 die Präsidentschaft übernahm, Gelder aus dem Reichshaushalt flossen und 1941 die Umwandlung in eine Körperschaft des öffentlichen Rechts erfolgte, wuchs die Akademie explosionsartig. Der Kriegausbruch definierte für die auswärtige Kulturpolitik des Dritten Reiches neue Ziele, deren praktische Umsetzung in der Deutschen Akademie als »kriegswichtig« galt. Bis Sommer 1944 stieg die Zahl der Mitarbeiter von anfangs weniger als 100 auf etwa 1000, der Haushalt erreichte mit neun Millionen Reichsmark das 18-fache der Preußischen Akademie, die die größte deutsche Wissenschaftsakademie war. In dieser expansiven Phase drängte die Akademie auch auf Ausweitung ihrer Räumlichkeiten im Maximilianeum und blickte dabei auf den Nachbarn Thesaurus.

Die »Akademie zur wissenschaftlichen Erforschung und zur Pflege des Deutschtums«, so der offizielle Name der Deutschen Akademie, hatte im Frühjahr 1932 von der Stiftung Maximilianeum Büroräume mit einer Fläche von etwa 700 Quadratmetern gemietet, in die auch das 1928 der Akademie angegliederte »Indien-Institut«[83] einzog. Zwei Jahre später kam im Südflügel der ehemalige Pagerieturnsaal mit 346 Quadratmetern dazu, der mit »Leichtwänden« aufgeteilt wurde. Ende 1940 setzte sich der Thesaurus in einem Schreiben an die Bayerische Akademie der Wissenschaften gegen die Raumwünsche der Deutschen Akademie zur Wehr und forderte gleichwertigen Ersatz, denn nur dann sei »die Vollendung des Werkes in der jetzt dafür anzunehmenden Zeit von rund 30 Jahren« möglich.[84] Gleichwohl erhielt der Thesaurus die Kündigung, angeordnet vom Kultusministerium und ausgesprochen vom Universitätsbauamt, zum 31. Mai 1942. Auf Grund einer Intervention der Preußischen Akademie der Wissenschaften und des Reichsministers für Wissenschaft wurde die Kündigung dann zurückgenommen. Der Thesaurus konnte nicht umhin, dennoch Räume abzugeben, da die Zahl der Mitarbeiter infolge des Krieges schrumpfte. Als erstes ging der Katalogsaal an die Wehrmacht. Die Deutsche Akademie übernahm als Untermieter drei Räume mit der Auflage, sie spätestens drei Monate nach der »gesetzlichen Beendigung des gegenwärtigen Krieges« wieder zu räumen.

Ein Eichenblatt als Signet der Deutschen Akademie

Mit dem Kriegsende Anfang Mai 1945 entstand die kuriose Situation, dass die Deutsche Akademie die politisch unklare Situation ausnutzen und weiterarbeiten, ja sogar neue Forschungsziele anvisieren konnte. Das Kultusministerium war mit ihrem einstweiligen Verbleib im Maximilianeum einverstanden,[85] währenddessen die US-Militärregierung die Auflösung der Deutschen Akademie wegen der Propagandatätigkeit im Krieg verfolgte. Der frühere Generalsekretär Franz Thierfelder, der das Amt nun kommissarisch ausübte, beharrte gegenüber der Stiftung auf seinem Mietverhältnis und ging daran, die nach auswärts verlagerte Bibliothek und Einrichtungsgegenstände zurückzuschaffen. Dem Ministerium und der Militärregierung legte Thierfelder zur Genehmigung einen neuen Forschungsauftrag vor mit dem Ziel,»dass die Deutsche Akademie ein Institut zur wissenschaftlichen Erforschung der Grundlagen des Nationalsozialismus« werden solle. Wesentlicher Teil dieses neuen Instituts bilde die »Schaffung einer nationalsozialistischen Bibliothek und eines Archivs«, welche beide im Maximilianeum unterzubringen seien.[86] Der Untermietvertrag mit der Deutschen Akademie wurde vom Thesaurus zum 7. August 1945 gekündigt. Dieser Termin wurde damit begründet, dass es keine

»gesetzliche Beendigung des Krieges« gebe, sondern nur ein »Ende de facto«, und zwar am 8. Mai 1945. Drei Monate später trat deshalb die Kündigung in Kraft. Die amerikanische Militärregierung löste die Deutsche Akademie zum 31. Dezember 1945 auf.

4. Nationalsozialisten entdecken das Haus

4.1 Propagandacoup 1934/35

Vom bescheidenen Heim eines SA-Sturms (ab Ende 1938: 11/L »Andreas Bauriedl«) im Raum der einstigen Pageriekapelle abgesehen, für den die Stiftung 240 Reichsmark im Jahr verlangte, gab es im Maximilianeum keine NS-Einrichtung. Doch für die Nationalsozialisten war das Gebäude nach der Machtergreifung eine willkommene Gelegenheit, ihr Engagement für die Bewahrung nationalen Kulturgutes zu demonstrieren. Kultusminister Hans Schemm ebnete der Stiftung den Weg ins Reichsfinanzministerium, um zusätzliche öffentliche Gelder für das Maximilianeum zu erhalten. Die Begründung in Form eines Hilferufs kam vom Universitätsbauamt. Oberbaurat Franz Geiger warnte, »ohne durchgreifende Instandsetzung« werde das Maximilianeum »in beschleunigtem Maße eine Ruine« und rechnete gleichzeitig vor, dass die Stiftung praktisch mittellos sei.[87] Allein die unaufschiebbare Renovierung der Umfassungsmauer 1932 hatte die Stiftung überfordert. Von der Ringmauer, 25 Jahre zuvor bereits erneuert und seither aus 20 leeren Gewölben bestehend, drohten die Muschelkalkplatten herabzufallen. Der größte Teil des total durchfeuchteten Backsteinmauerwerks musste abgetragen und neu aufgebaut werden. Inzwischen drohte auch von der Westfassade akute Gefahr, wo sich Teile der Terrakottaverkleidung gelockert hatten. Die nördliche Auffahrtsrampe war ganz gesperrt, beim Südteil wurde wegen der »Steinschlaggefahr« ein Stacheldrahtzaun gezogen.

Der Fürsprache von Kultusminister Hans Schemm und Ministerpräsident Ludwig Siebert gewiss, wandte sich der Verwaltungsausschuss der Universität an den Staatssekretär im Reichsfinanzministerium, Fritz Reinhardt (1928–1930 Gauleiter von Oberbayern), mit der Bitte, 500000 Reichsmark aus Mitteln des Arbeitsbeschaffungsprogramms bereitzustellen. Das »Gesetz zur Verminderung der Arbeitslosigkeit«, nach seinem Initiator »Reinhardt-Programm« benannt, hatte für eine Milliarde Reichsmark Arbeitschatzanweisungen für »volkswirtschaftlich wertvolle Arbeit« aufgelegt. Es gehe »um nichts Geringeres als um

Erneuerung der Ringmauer 1932

Erhaltung oder Untergang zunächst der Schauseite, dann des ganzen Gebäudes«, schrieb Universitätsrektor Leo von Zumbusch nach Berlin. Er erbat »hochherziges Entgegenkommen des Reiches«, um ein »Wahrzeichen von München« zu retten, das auch ein »würdiges Seitenstück zur Schaffung des Hauses der deutschen Kunst wäre«.⁸⁸ Bereits drei Wochen später erhielt das Kultusministerium die Bewilligung der Mittel aus »Spenden zur Förderung der nationalen Arbeit« als unverzinsliches Darlehen.⁸⁹

Der »Völkische Beobachter«⁹⁰ schrieb bei Baubeginn im März 1934 von einem »Entgegenkommen großzügigster Art« der Reichsregierung. Dem entstehenden Haus der Deutschen Kunst werde das wiederhergestellte Maximilianeum »würdig zur Seite treten als ein Denkmal von des neuen Deutschlands Willen, Werte auch dadurch zu schaffen, dass es Werte erhält«. Das Maximilianeum sei »im besten Sinne ein ›populäres‹ Bauwerk«. Das Blatt erinnerte an das »verheißungsvolle Wort« von Reichskanzler Hitler wenige Monate zuvor, »er wolle die Tradition der bayerischen Könige wieder aufnehmen und die bayerische Hauptstadt, die Ausgangsstätte seines Freiheitskampfes und für immer bestimmte Hauptstadt der Nationalsozialistischen Deutschern Arbeiterpartei, mit Werken der Kunst schmücken«. Und bei Fertigstellung der Westfassade, rechtzeitig zur Feier des 9. November 1935 fielen die Gerüste, jubelte der »Völkische Beobachter«: »Der Nationalsozialismus hat den alten Monumentalbau vor dem Verfall bewahrt.« Am Westeingang wurden das Hoheitszeichen des NS-Staates mit Adler und Hakenkreuz und die Inschrift angebracht: »1934–1935 ERNEUERT AUS DER SPENDE ZUR FÖRDERUNG DER NATIONALEN ARBEIT«.

In einer Dokumentation zum Abschluss der Fassadensanierung 1935 schrieb Oberbaurat Franz Geiger[91]: »Der Bau des Maximilianeums

Tafel an der Westfassade zur Erinnerung an die Renovierung 1934/35

war schon in der Zeit seiner Errichtung nicht gerade vom Schicksal begünstigt, er hat im Verlaufe seines Bestandes viele technische Mängel gezeigt und schon viele Instandsetzungskosten verursacht.« Das »Hauptproblem« sei die Wiederherstellung der Terrakottaverkleidung der Westfront gewesen. Die Schäden, abgesehen von den Geschosseinschlägen bei der »Befreiung Münchens von der Räteherrschaft 1919«, rührten vom Frost her. Deshalb mussten Steine wie Mörtel so frostbeständig sein, dass das Eindringen von Wasser unmöglich gemacht wurde. Bei der Farbe der Terrakotten musste in Kauf genommen werden, dass ihre Farbe nicht gleichmäßig ausfiel, ein Problem, das auch bei den Renovierungen nach dem Zweiten Weltkrieg nicht zu lösen war.

Der Terrakotta-Auftrag ging an die Nymphenburger Porzellan-Manufaktur in München, die nun nicht mehr den Ton der Umgebung verwendete, sondern Mischungen aus verschiedenen deutschen Tonvorkommen. Die Manufaktur erhielt mit rund 32 000 Stücken ihren größten Auftrag der Dreißigerjahre, eine Arbeitsbeschaffung auch für München, wie Geiger ausdrücklich lobte. Die zwei bis drei Meter hohen Terrakottafiguren, die das Dach zieren, zerbröckelten bei der Abnahme so stark, dass für die Wiederherstellung kein brauchbares Modell gewonnen werden konnte. Glücklicherweise fanden sich im Stadel der früheren Terrakottafabrik noch zwei Gipsmodelle und ein überzähliges Figurenpaar, die als Modelle dienen konnten. Bildhauer übernahmen die Neumodellierung, die Ausführung in Terrakotta oblag wiederum der Nymphenburger Manufaktur. Die Mosaiken am Mittelbau und den beiden seitlichen Vorbauten, 1902 anstelle der zerstörten Malerei angebracht, mussten mit Zementmörtel neu verfugt werden. Um den Glanz der Glassteinchen zu dämpfen, wurden sie mit Steinbeize behandelt. Damit sollte die Bildwirkung dem Aussehen der früheren Fresken angenähert werden. Notwendig war auch die Sanierung der Gewölbe in den offenen Bogengängen. Anschließend rekonstruierte man die Malereien »sorgfältig nach Zeichnung und Farbe«. Erneuert wurden auch die Dächer an der Westfront. Die Instandsetzung des östlichen Baukörpers, des Wohntrakts, war trotz ebenfalls vorhandener größerer Schäden am Dach und an der Fassade vom Bauprogramm ausgeschlossen, weil er »mehr oder weniger rentierlichen Zwecken« (Geiger) diente. Das Darlehen in Höhe von 500 000 Reichsmark für die Instandsetzungsarbeiten wurde bis auf den letzten Pfennig ausgegeben.

4.2 Ausstellungen, Aufbahrungen, Kreisburg

Das Maximilianeum »thront wie ein aufgeschlagener Flügelaltar«, schwelgte der NS-Dichter Ludwig Friedrich Barthel ein halbes Jahr nach der Fassadenerneuerung und lud die Bevölkerung zum Besuch auf dem »Feldherrnhügel der Stadt« ein.[92] In München fand im Frühsommer 1936 die 4. Reichstagung der NS-Kulturgemeinde statt, im Maximilianeum eröffnete Alfred Rosenberg die Urkunden- und Buchausstellungen »Das wehrhafte Deutschland« und »Der Kampf um das Reich«. Barthel empfahl, »wie zu einer Kaaba« dorthin zu wandern, wo man die »Urkunden und Unterschriften Kaiser Karls, Ottos I., Luthers, Wallensteins, Gustav Adolfs, Friedrich Wilhelms, Blüchers, Gneisenaus, Bismarcks, Hindenburgs« und des »Führers« bewundern könne. Anfang 1939 war im Maximilianeum die Ausstellung »Europas Schicksalskampf im Osten« zu sehen, wobei den Besuchern vor allem der »Anteil der bayerischen Volksstämme an der Ostkolonisation« ans Herz gelegt wurde. In »leicht verständlicher und eindrucksvoller Form« wurden das »Bild des Schicksalskampfes der Vergangenheit« und die »Aufgaben zur Sicherung der gesamteuropäischen Kultur« gezeichnet.[93]

Anlässlich des »Tages der Deutschen Kunst 1937« sollte die »in- und ausländische Presse in besonders feierlicher Weise« empfangen werden, und zwar in der »Galerie des Maximilianeums«, wünschte Gaupropagandaleiter Karl Wenzl.[94] Es war das Jahr sommerlicher Großereignisse in München: Eröffnung des Hauses der Deutschen Kunst,[95] der »Großen Deutschen Kunstausstellung« mit dem begleitenden »Tag der Deutschen Kunst« und der Ausstellung »Entartete Kunst«, mit dem Festzug »2000 Jahre deutsche Kultur« samt Künstlerfesten und Festvorstellungen. Auch diesmal war die Festivität im Maximilianeum Anlass für die Stiftung, Baumängel zu beklagen und zu betonen, die Kosten »auch nicht zum Teil« tragen zu können.[96] Mit einem staatlichen Sonderzuschuss von mehr als 12 000 Reichsmark wurde ein Teil der Rampe neu gepflastert, wurden Eingangshalle und Treppenhaus neu angestrichen und Wand- und Deckenschäden in den Galerieräumen beseitigt. Der groß inszenierte Presseempfang bekam so seine »künstlerisch festliche Note«, »von den Zinnen des hochragendes Baues grüßten die bunten

Trauerzug Gauleiter Wagner

Banner«. Beim Betreten der Vorhalle bot sich den Gästen von Otto Dietrich, Reichspresseschef der NSDAP, und Gauleiter Adolf Wagner ein »reizvolles Bild« mit »jugendlichen Mädchengestalten aus dem BDM, in weißer Toga, wie Vestalinnen das Feuer der Kunst hütend«, die sich die beiden Doppeltreppen emporreihten. Der Raum zwischen den beiden Galeriesälen war »mit erlesenem Geschmack würdig geschmückt«, wo Dietrich in seiner Begrüßung über die »Aufgaben der Kunst und der Kunstbetrachtung im neuen Reich im Gegensatz zur Kunstkritik einer vergangenen Ära« aufklärte.[97]

Die »Große Deutsche Kunstausstellung« erhielt 1938 eine kleine Schwester namens »Münchener Kunstausstellung e. V.« im Maximilianeum. Bis 1943 veranstaltete dort die »Kameradschaft der Künstler München e. V.«, die »Gleichschaltung« traditioneller Künstlervereinigungen wie der »Secession« oder der »Münchner Künstlergenossenschaft«, jährlich von Mai bis Oktober Verkaufsausstellungen. Zu diesem Zweck wurden in den Galeriesälen und im Mittelsaal mit Stoff bespannte Lattenwände aufgestellt und Räume für die Geschäftsstelle reserviert. Anziehungspunkt bei schönem Wetter war das »Ausstellungs-Café« unter den offenen Südarkaden, betrieben von der Gaupropagandaleitung, das als »höchstgelegenes Café Münchens mit prächtigem Rundblick auf die Stadt und Fernblick ins Gebirge« in der Presse angepriesen wurde.

Der »Münchener Kunstausstellung« hatte Gauleiter Wagner, »beauftragter« Kultusminister, als »würdige Stätte« 13 Räume im Maximilianeum, zur Verfügung gestellt. Die »Fortführung der altehrwürdigen Tradition«, wie im »Völkischen Beobachter« zu lesen war, knüpfte an die Ausstellungen im durch Brand 1931 zerstörten Glaspalast an.[98] Ausdrücklich betonte das Blatt, es handle sich um »keine Konkurrenz« zur »Großen Deutschen Kunstausstellung«. Und doch stand die von Gauleiter Adolf Wagner ausgerichtete Schau unter einer gewissen Rivalität, angeheizt vom persönlichen Zwiespalt zwischen dem Kunstfreund Wagner und dem »Leibfotografen« und »Kunstexperten« Hitlers, Heinrich Hoffmann, der die »Große Deutsche Kunstausstellung« unterstützte.

Zur feierlichen Eröffnung am 1. Mai 1938 – auf der Treppe standen wieder die BDM-Mädel als Lichtträgerinnen Spalier – kamen die Staatssekretäre Ernst Boepple und Hans Dauser, der Präsident der Akademie der Bildenden Künste, German Bestelmeyer, der Präsident der Bayerischen Akademie der Wissenschaften, Karl Alexander von Müller, und Münchens Oberbürgermeister Karl Fiehler. Staatssekretär Max Köglmaier, der die Schau eröffnete, sah im Maximilianeum wegen der beengten Platzverhältnisse allerdings nur ein Provisorium. Neben dem Haus der

Deutschen Kunst müsse »auch ein Heim der Münchner Kunst als endgültige, würdige Ausstellungsstätte geschaffen werden«, forderte er.

Das Besucherinteresse war so gering, dass »Volkstage« mit ermäßigtem Eintritt (Samstagnachmittag und Sonntag statt 50 nur 30 Pfennig) eingeführt wurden. Mit der Zugkraft der »Großen Deutschen Kunstausstellung« konnte sich die »Münchener Kunstausstellung« nicht annähernd messen: Während ins Haus der Deutschen Kunst pro Jahr zwischen 500 000 und 800 000 Besucher kamen, waren es im Maximilianeum gerade mal 25 000 bis 30 000.[99]

Von der obligatorischen Hitler-Büste beim Eingang abgesehen, waren die Gemälde, Zeichnungen und Plastiken der

Ausstellungskatalog

»Münchener Kunstausstellung« weniger politisch ausgerichtet als im Haus der Deutschen Kunst, militärische Motive gab es selbst während des Krieges kaum. Zu den Juroren für die erste Ausstellung 1938 zählten die prominenten Künstler Hermann Kaspar, Toni Roth und Bernhard Bleeker. Im Gegensatz zur Großen Ausstellung, in der Künstler aus dem ganzen Reich vertreten waren, dominierte im Maximilianeum die Künstlerschaft aus der Region München-Oberbayern. Unter den ausstellenden Künstlern findet man Olaf Gulbransson, Paul Matthias Padua, Leo Samberger, Josef Wackerle, Hans Wimmer, Willi Döhler, Willi Preetorius, Fritz Koelle und den Expressionisten Willi Geiger, der mit Landschaftsaquarellen vertreten war, sowie seinen Sohn Rupprecht Geiger.[100] Die Veranstaltung war kein künstlerisches »Gegenunternehmen« zum Haus der Deutschen Kunst noch wurde von »Parteigewaltigen« mehrmals versucht, sie abzuwürgen, wie kolportiert wurde.[101] Gauleiter Adolf Wagner, der die »Kameradschaft der Künstler« gegründet hatte, hielt als Förderer der Bildenden Kunst in München seine schützende Hand über die Ausstellung und eröffnete sie jedes Jahr mit großem Pomp unter Fanfarenschall: Aufmarsch der Ehrenabteilungen der SA, der Politischen Leiter, des NSKK, des Musikzugs der SA-Schützenstandarte, der Hitlerjugend, und, nicht zu vergessen, des BDM-Spaliers.[102] Die letzte Ausstellung fand 1943 statt, ein Jahr später waren die Galerieräume nicht mehr benutzbar, während im Haus der Deutschen Kunst die gewohnte Ausstellung nochmals ablief.

Zweimal war das Maximilianeum Schauplatz des nationalsozialistischen Trauerkults. Die beiden prominenten Toten, Ministerpräsident Ludwig Siebert und Gauleiter Adolf Wagner, wurden zum Defilee der Bevölkerung in dem Gebäude aufgebahrt, zu dem beide eine persönliche Beziehung hatten, Siebert als Präsident der Deutschen Akademie und Wagner als Kultusminister und Schirmherr der Münchener Kunstausstellung.

Ludwig Siebert, seit 1933 Regierungschef und Finanzminister, starb am 1. November 1942. Sein Sarg wurde vier Tage später auf einer motorisierten Lafette unter Geleit der Wehrmacht vom Münchner Nordfriedhof zur Aufbahrung in das Maximilianeum überführt. An der Auffahrt warteten Staats- und Parteiprominenz und geleiteten den von einer Hakenkreuzfahne umhüllten Sarg mit der Mütze des verstorbenen SA-Obergruppenführers durch ein Spalier der Hitlerjugend in das Gebäude, während das Musikkorps den Präsentiermarsch spielte. »Die Helle des strahlenden Lichts wandelte die Halle des Maximilianeums, dessen Wände mit novemberroten Tüchern verhangen und deren Aufgang das goldene Hoheitszeichen der Partei auf dunkelrotem Grunde krönten, zum würdigen Feierraum«, war im »Völkischen Beobachter« zu lesen.[103] Die Trauerfeier fand im Kongresssaal des Deutschen Museums statt, die Beisetzung in Lindau, wo Siebert ab 1924 Oberbürgermeister gewesen war.

Um die Inszenierung im Maximilianeum perfekt zu machen, verlangte die Gaupropagandaleitung einen ungewöhnlichen Akt des Vandalismus: Die beim letzten Fliegerangriff nicht beschädigten Glasscheiben an der Westfront mussten herausgeschlagen werden, »da die Fassade des Gebäudes mit der lückenhaften Verglasung sehr störend wirkt«.[104] Zwar handelte es sich um acht Millimeter starkes wertvolles Tafelglas, doch der »künstlerische Eindruck der Fassade« erschien wichtiger. Da für das Herausschneiden in der Eile kein Gerüst zu beschaffen war, sah man nur die Lösung, die Scheiben gewaltsam herauszubrechen.

Gauleiter Adolf Wagner starb am 12. April 1944. Bereits seit Mitte 1942, als er einen Schlaganfall erlitten hatte, ruhten seine Ämter. Wagner, der »Despot von München«, der berüchtigt war für Alkoholexzesse und seine Neigung zur Gewalt, wurde mit dem gleichen Pomp wie eineinhalb Jahre zuvor Ludwig Siebert im Maximilianeum aufgebahrt. Am 17. April wurde »unter Trommelwirbel« der Sarg Adolf Wagners zu dem Kondukt an der Westeinfahrt hinunter getragen. Der Trauerzug mit einem Ehrengeleit von Waffen-SS und NSKK auf Motorrädern bewegte sich langsam über die Maximiliansbrücke durch die Steinsdorfstraße und über die Ludwigsbrücke zum Deutschen Museum, dessen Eingang von »schwarz verkleideten Pylonen und Adlersäulen« flankiert war.[105] In Anwesenheit von Adolf Hitler – es war sein letzter Besuch »in der »Hauptstadt der Bewegung« – hielt Reichsminister Josef Goebbels die Trauerrede. Wagner war 1923 am Marsch zur Feldherrnhalle beteiligt und zählte zum engsten Kreis um Hitler. Er wurde in einem Grab zwischen dem nördlichen Ehrentempel am Königsplatz und dem Braunen Haus beigesetzt. Der Leichnam wurde gut ein Jahr später von den Amerikanern exhumiert, verbrannt und die Asche an einem unbekannten Ort verstreut.

Adolf Wagner, Gauleiter des »Traditionsgaues München-Oberbayern«, ab 1933 Innenminister und ab 1936 zugleich kommissarischer Kultusminister, hatte 1941 in einem Gespräch mit Ministerpräsident Ludwig Siebert angekündigt, das Maximilianeum solle an die Partei für ihre Kreisleitung München verkauft werden, mit dem Erlös könne der Stiftungszweck besser erfüllt werden.[106] Siebert meinte daraufhin zurückhaltend, angesichts des »warmen Interesses weiter Kreise auch ehemaliger Angehöriger des Maximilianeums« für das Gebäude wolle er an den weiteren Entscheidungen beteiligt werden. Mit einer gewissen Sympathie besuchte der Ministerpräsident die Stiftung und ließ sich die Stipendiaten vorstellen. Die vom Kriegsdienst zur Fortsetzung des Studiums beurlaubten Maximilianeer, sonst in Zivil, schmissen sich dazu in ihre Uniformen.[106] Nicht nur die Ehemaligen machten sich für den Verbleib der Stiftung im angestammten Gebäude stark. Auf Anregung von Stiftungsvorstand Walter Roemer schrieben die Maximilianeer, die im Felde standen, geharnischte Protestbriefe an Gauleiter Wagner. Ob sie damit etwas bewirkten, ist nicht festzustellen. Sicher ist aber, dass der Wink, die Verlegung der Kreisleitung aufzuschieben, von ganz oben kam, von Hitler selbst. Im Zusammenhang mit der Kündigung für den Thesaurus linguae Latinae hielt der Präsident der Preußischen Akademie der Wissenschaften, Prof. Theodor Vahlen, am 1. November 1941 in einem Aktenvermerk fest, »der Führer habe vor einiger Zeit angeordnet, dass eine Verlegung der Kreisleitung der NSDAP in das Maximilianeum bis nach Kriegsende zu unterbleiben habe«.[107]

Die Kreisleitung der NSDAP für München war die Gebietseinheit unterhalb des »Traditionsgaus« München-Oberbayern. Sie hatte zusammen mit anderen Dienststellen ihren Sitz im Gebäude der Bayerischen Gemeindebank in der Ludwigstraße, in dem heute die Landeszentralbank untergebracht ist. Der Umzugsplan ins Maximilianeum als repräsentative »Kreisburg« war jedenfalls soweit gediehen, dass den Mietern, unter ihnen der angesehene Romanist Prof. Karl Voßler, vorsorglich im Frühjahr 1941 gekündigt wurde. Voßler suchte vergeblich nach einer Ersatzwohnung und machte deshalb wie auch die Tanzschule Metz Mieterschutz geltend. Ausgenommen von den Kündigungen waren lediglich die Deutsche Akademie und der SA-Sturm. Immobilienmakler boten der Stiftung Ersatzhäuser an, die aber den Vorstand Walter Roemer nicht zufriedenstellten. Er schrieb dem Kultusministerium, auf Grund der Lage auf dem Wohnungs- und Grundstücksmarkt in München müsse für das Maximilianeum als Preis »ein Betrag von mindestens vier Millionen Reichsmark in Frage kommen«. Maßgebend sei dafür auch der »künstlerische Wert« des Hauses, der »ja wohl auch die eigentlich Ursache für den Entschluss der Partei zum Erwerb des Gebäudes« darstelle.[108]

Gegenüber dem Kultusministerium trug Roemer als Argument gegen den Verkauf auch die kriegswichtigen Einrichtungen vor, die im Maximilianeum einquartiert seien: Im Keller gab es eine Rettungsleitstelle des Luftschutzes mit umfangreichen technischen Anlagen und einen großen öffentlichen Sammelschutzraum. Freie Studentenzimmer waren von Militär- und Schutzmannschaften bewohnt, eine Bedienungsmannschaft kümmerte sich um die militärische Funkanlage auf dem Dach. Die Gemeinschaftsräume der Stiftung waren für eine vorübergehende »Obdachlosensammelstelle« nach Luftangriffen reserviert.

4.3 Luftschutz und Bombentreffer

Noch vor dem deutschen Angriff auf Polen am 1. September 1939 begannen auch im Maximilianeum die Vorkehrungen für einen Luftkrieg. Stiftungsvorstand Walter Roemer als »Betriebsluftschutzleiter im erweiterten Selbstschutz« übermittelte bereits am 23. Juni dem Universitätsbauamt mit dem Vermerk »Geheim« den Luftschutzplan. Das Maximilianeum galt wegen der Holzkonstruktion der Decken in den Galeriesälen als »besonders luftempfindlich«, und die Einschätzung lautete hellsichtig: In den Sälen »einschlagende Brandbomben können wohl nicht mit Erfolg bekämpft, die Galerieflügel voraussichtlich nicht gerettet werden«.[109] Knapp ein Jahr später erst wurden die beiden wertvollsten Gemälde, Kaulbachs »Seeschlacht von Salamis« und die »Schlacht bei Leipzig« von Peter Heß auf Bitten Roemers abgenommen, auf Trommeln gerollt, und in der Neuen Pinakothek in Sicherheit gebracht. Die übrigen Gemälde galten »nicht im gleichen Maße als unersetzliche Kunst«. Zudem erschien ihre vorsorgliche Bergung zu diesem Zeitpunkt nicht möglich, denn dann hätten die Wandbespannungen der im Aufbau befindlichen Münchener Kunstausstellung entfernt werden müssen, was als »erhebliche Störung« nicht in Frage kam, obwohl die Feuerpolizei die Entflammbarkeit des Stoffes beanstandete.[110]

Der »Betriebsluftschutzplan«[111] sah im Keller einen öffentlichen »Sammelschutzraum« mit der Befehlsstelle im Pförtnerzimmer vor. Besonders wertvolle Bilder der Münchener Kunstausstellung waren gekennzeichnet, damit sie bei einem Luftangriff vom Personal in den Festsaal der Stiftung im Erdgeschoss geborgen werden konnten. Die »Betriebsfeuerwehr« stand ebenso bereit wie der »Betriebssanitätstrupp« mit Eilausbildung, darunter auch die Professorengattin Emma Voßler. Als »Melder« war das 17-jährige Küchenmädchen Kunigunde Klein eingeteilt. Ein Merkblatt verordnete im Falle eines Luftangriffs auf das Maximilianeum an erster Stelle »Ruhe und Disziplin«. Als »Entgiftungsstoff« waren fünf Kilogramm Chlorkalk im Pförtnerraum gelagert, es gab drei »Einstellspritzen,« zwei »Minimaxgeräte«, und sechs »Sammelstellen« in den Speichern mit Sand, Wasserkübeln, Eimern, Schaufeln, Hacken und Feuerpatschen. Als Nachbarschaftshilfe wurde »allenfalls« der Werkluftschutz des nahen Hofbräukellers einkalkuliert. Die Deutsche Akademie verzeichnete in ihrem Bergungsplan neben den Schreibmaschinen, der Kartothek und dem Zeitungsarchiv, den Angestelltenversicherungsmarken und den Arbeitsbüchern auch »das Lenbachbild und einen Rundfunkapparat« im Zimmer des Geschäftsführenden Direktors.

Für die Dauer von höchstens fünf Jahren (also bis zum 1. Oktober 1944) genehmigte die Stiftung ein sieben mal fünf Meter großes Podest auf dem Dach, grüngrau angestrichen, das der Aufstellung von Funkgeräten diente. Im Hause befand sich seit September 1942 der Stab der »Eisenbahnflakabteilung 730« mit 80 Mann, und zwar in Räumen der Studenten, im Speisesaal und im einstigen Fechtraum der Stiftung. »Selbstverständlich« hätten die »militärischen Interessen und vor allem der aktive Luftschutz »unbedingten Vorrang«, räumte Vorstand Roemer notgedrungen ein, doch die militärischen Belange nähmen überhand. Er pochte auf einen »stiftungsgemäßen Anstaltsbetrieb«, also die Freihaltung von Studentenzimmern für Stipendiaten, die »als Soldaten, zum größten Teil als Offiziere an der Front stehen«, um ihnen die Fortsetzung ihres Studiums zu ermöglichen.[112]

Aus dem gleichen Grund verstand es Roemer, den lästigen SA-Sturm im Hause in die Schranken zu weisen, der sich auch lärmend im Freigelände breitmachte. »Das Maximilianeum«, schrieb er, »ist für seine Kleintierhaltung dringend auf den Grasertrag des Gartens angewiesen. Die Haltung von Hühnern, Kaninchen und Ziegen dient der Verpflegung unserer Studenten, die, teils verwundet, von der Wehrmacht zum Studium beurlaubt wurden.« Zur »Steigerung des Grasertrages« sei deshalb die große Spielwiese im Garten frisch angesät und eingezäunt worden, sodass das Ballspiel wegfallen müsse.[113] Für die Flakeinheit unterschrieb das Luftgaukommando mit der Stiftung einen zehn Paragrafen umfassenden Vertrag, in dem nicht nur die Raumbelegung vom Kartoffelkeller bis zum Speicher exakt festgelegt wurde, sondern auch die Ausstattung (Papierkörbe, Stehlampen, Eimer und Federkissen und anderes mehr).[114] Ein nächtlicher Aufzug von betrunkenen Offizieren im Kasinozimmer und vor dem Quartier der Flakhelferinnen veranlasste Roemer zu einem scharfen Protest beim Kommandeur der Flakabteilung, die pro Monat immerhin mehr als 1000 Reichsmark für ihre Stationierung berappen musste.[115] Ein wesentlich angenehmerer Mieter war das Statistische Landesamt, das nach der Bombardierung vom 25. April 1944 »total fliegergeschädigt« war und in den Räumen des Maximilianeums Zuflucht fand, »rechtzeitig vor der Feststellung der Ernteaussichten und der tatsächlichen Ernteerträge« im Herbst.[116]

Der »Terrorangriff« (so der Sprachgebrauch der Nationalsozialisten) vom 25. April hatte neben dem Odeon, der Residenz und dem Wittelsbacher Palais auch das Maximilianeum getroffen. In den »Münchner Neuesten Nachrichten« wurden die Zerstörungen propagandistisch überhöht: »Hat das Odeon, hat das Maximilianeum, hat die Staatsbibliothek irgendeine Bedeutung für die deutsche Kriegsführung als die einer seelischen Kraftquelle?«[117] Der Schriftsteller Wilhelm Hausenstein hielt zur gleichen Zeit deprimiert, ja erschüttert nach einem Besuch in der Hauptstadt in seinem Tagebuch fest: »Es ließ sich nicht ermessen, wie viel von dem wohnlich-bürgerlichen und geschäftlichen München zerstört ist: offenbar war, dass von dem monumentalen München zwei Drittel ruiniert sind, wo nicht drei Viertel, da man die älteren Zerstörungen ja mitrechnen muss.«[118] Dem Erdboden gleichgemacht war auch das Gebäude des Bayerischen Landtags, das 1933 von Adolf Wagner als

Sitz seiner Gauleitung für München-Oberbayern mit der Bezeichnung »Haus des Nationalsozialismus« okkupiert worden war. Der englische Fliegerangriff mit 350 bis 400 Flugzeugen konnte bis in das Stadtinnere vordringen. Es war der schwerste Angriff seit Kriegsbeginn und verursachte an 1781 Gebäuden Totalschaden und an 1278 schwere Schäden. Die Flugabwehrkanonen (Flak) konnten nur 13 Maschinen abschießen. Beim Löschen fehlte es an Wasserbehältern, Leitern, Gerät und natürlich an Personal, da es fast nur alte Männer, Frauen und die Hitlerjugend gab, die überfordert waren. Etwa 70 000 Personen wurden obdachlos, 30 000 konnten selbst eine neue Unterkunft finden. Der Wohnbau des Maximilianeums war nicht getroffen, doch Brandbomben schlugen im südlichen Gemäldesaal, der samt Bildern ausbrannte, und im Haupttreppenhaus ein.[119] Das Schlimmste verhinderte eine Löschgruppe der Freiwilligen Feuerwehr aus Baiern (Landkreis Ebersberg), da die Münchner Feuerwehr vollauf mit dem Löschen von Wohngebäuden beschäftigt war. Die Helfer kamen mit einer Motorspritze, die von einem Milchfahrzeug gezogen wurde.

Nach Anforderung des Universitätsbauamtes wurden durch die »OT-Oberbauleitung« Notdächer in Holz sparender Fertigbauweise (»Kroher-Dachstuhl«) aufgesetzt. Damit sollten die unbeschädigten Räume vor dem eindringenden Regenwasser geschützt werden. Zum Aufbau wurden Strafgefangene abkommandiert, da es »mehrere als kriegswichtig anerkannte Stellen« zu schützen galt, nämlich die Deutsche Akademie, das Statistische Landesamt und die Luftschutzrettungsstelle samt Behandlungs- und Operationsräumen unter dem großen Treppenhaus im Keller.

In den Kellerräumen des Maximilianeums, die wegen des ebenerdigen Zugangs von der Ostseite eigentlich gar keine unterirdischen Gewölbe darstellen, suchten bei Bombenangriffen Hunderte von Zivilisten aus der Umgebung Zuflucht. Man vertraute im Falle eines Treffers auf die Baumasse als Schutz, die sich darüber auftürmt. Anni Höchtl aus der nahen Bogenstraße erinnerte sich später, »alles aus dem Viertel lief dorthin, dort war der sicherste Platz«. Ein weiterer Grund: »Es gab für den Fall, dass der Zugang verschüttet war, einen Notausgang zur Isarbrücke, darum fühlten wir uns dort sicher.« In den langen Gängen waren rechts und links Holzbänke aufgestellt, in einem eigenen Raum gab es Rotkreuz-Schwestern im Bereitschaftsdienst, auch eine Nottoilette war eingebaut worden.[120]

Mitte Dezember 1944 beschwerte sich Walter Roemer als Betriebsluftschutzleiter beim Polizeipräsidium München bereits zum zweiten Mal über die »unhaltbaren« Zustände im Maximilianeum: »Bei Tagesalarm strömen Hunderte von Menschen, die im öffentlichen Schutzraum keinen Platz mehr finden, in die anstoßenden unausgebauten Kellerteile und vor allem auch in den untersten langen Kellergang.« Der Ausbau sei »absolut notwendig«, denn jetzt drängten sich in dem dunklen Gang, »der keine Luftdrucksicherung am Eingang, keinen Notausgang, keine Entlüftungsanlage und keine Beleuchtung hat, und der normalerweise 100 Personen fassen könnte, mindestens 300 Menschen«. Dieser Gang war die einzige unterirdische Verbindung von Westen nach Osten und diente bereits beim Bau den Arbeitern als Wegabkürzung. Die Leute kämen von der Steinsdorfstraße, schrieb Roemer, oder aus den Straßenbahnen und Autobussen, die sie unmittelbar vor dem Maximilianeum abgesetzt hätten. Eine Zurückweisung der Zuflucht suchenden Menge sei einfach unmöglich, doch es »spielen sich in dem Gedränge und bei der Aufgeregtheit der Menschen stürmische Szenen ab«.

Der Kommandeur der Flakeinheit im Hause, so schrieb Roemer dem Polizeipräsidium weiter, habe darauf hingewiesen, dass »im Fall von Unruhen« in der Stadt das Maximilianeum »militärischer Stützpunkt« werden könnte, der unter allen Umständen gehalten werden müsse. Dann dürfe das Haus nur noch von der Ostseite her betreten werden, was der Flakkommandeur aber schon seit Längerem verlangte: An der Ostpforte müssten Kontrollen auf Waffen stattfinden, »Ausländer und Gefangene« seien zurückzuweisen. Wenn es auch erhebliches Gedränge am Ostzugang geben werde, so spreche doch einiges für eine Sperrung des Westzugangs unter der Rampe. Roemer warnte auch vor der Gefahr, dass bei Überfüllung der Schutzräume die Gefahr von Diebstählen, ja von Sabotageakten bestehe.[121]

Beim 43. und 44. Angriff von 350 englischen Bombern auf München am 7. Januar 1945 wurde das Maximilianeum erneut getroffen. Wieder waren es Stabbrandbomben, die einschlugen, diesmal im nördlichen Saal. Die dortigen Gemälde waren rechtzeitig entfernt worden. Vom Dach abgesehen waren die Schäden so gering, dass sie in der amtlichen Statistik der Stadt gar nicht auftauchten.

Am schlimmsten waren die Wasserschäden durch das aufgerissene Dach, die den darunter liegenden Küchenbetrieb der Stiftung in Mitleidenschaft zogen. Alles zusammengenommen waren die »baulichen Fliegerschäden«, exakt festgehalten in den Rechnungsbüchern, nicht allzu hoch. Das eigentliche Problem war das fehlende Baumaterial. Von 1942 bis 1944 errechnete das Universitätsbauamt Schäden von exakt 21 622,78 Reichsmark, dazu kamen nochmals 756,59 Reichsmark bis Kriegsende 1945.[122]

Galeriesaal Nord (Senatssaal), Zustand nach Abbruch des Daches

Zwischen dem 4. Juni 1940 und dem 29. April 1945 gab es in München 240 Mal Alarm, es wurden 74 Fliegerangriffe gezählt. Die Bevölkerung schrumpfte in diesen Jahren um ein Viertel auf knapp 480 000 Personen. Mehr als 60 000 Sprengbomben und 3,3 Millionen Stabbrandbomben waren abgeworfen worden, es gab 16 000 Großbrände. Zwei Fünftel der Häuser lagen in Schutt und Asche, 6632 Menschen hatten bei Luftangriffen ihr Leben lassen müssen, 300 000 waren obdachlos.[123]

Als am 30. April 1945 Truppen der 7. US-Armee in München einrückten, passierten sie eine gespenstische Ruinenlandschaft. Um vier Uhr Nachmittag übergab Oberrechtsrat Michael Meister im Rathaus einem Major der 42. Infanteriedivision die Stadt. Am gleichen Tag wurde im Maximilianeum von der Wehrmacht ein Reservelazarett mit etwa 500 Personen, Verwundeten, Genesenden und Sanitätspersonal eingerichtet. An der Fassade prangte nun wie schon bei Kriegsende 1918 ein Transparent mit dem Signum des Roten Kreuzes. Dass nur dank dieses Lazaretts das Maximilianeum vor der Zerstörung bewahrt werden konnte, gehört ins Reich der Legende. Im Haus lag weder eine SS-Einheit noch dachte irgendjemand an einen letzten militärischen Widerstand. Und doch ging das Gerücht um, im Maximilianeum hätten sich Truppen verschanzt, die auf die »Sargverteidigung« warteten. Damit war ein Todeskommando gemeint, das die Särge der »Ehrentempel« am Braunen Haus mit einem allerletzten Einsatz verteidigen sollte.[124] Gauleiter Paul Giesler wollte zwar die Isarbrücken sprengen, es kam aber nur zu unbedeutenden Teilzerstörungen und »wenig wirksamen Sperrmaßnahmen«. Für eine wirkliche Verteidigung war die Zahl der »Ersatztruppenteile« viel zu gering.

Bei spätwinterlicher Witterung stieß am Morgen des Befreiungstages eine US-Infanteriegruppe durch den Englischen Garten auf die Bogenhausener Isarbrücke nahe dem Maximilianeum vor. Ein Trupp bewaffneter Parteimitglieder, angeführt von einem Kreisleiter, räumte angesichts der Übermacht »fluchtartig die Brücke«, sodass die Amerikaner ungehindert mit ihren Panzern vorrücken konnten.[125] Der Tagesbefehl von Dwight D. Eisenhower, dem Oberbefehlshaber der US-Truppen in Europa, lautete einen Tag später: »Die Gesamtheit der Alliierten Expeditionsstreitkräfte gratuliert der 7. Armee zur Einnahme von München, der Wiege der Nazibestie.« Im Maximilianeum hatten die Amerikaner mittlerweile mehrere hundert deutsche Soldaten provisorisch interniert, bevor sie in Kriegsgefangenenlager gebracht wurden. Nur einige wenige, die sich in den Kellern verstecken konnten, entgingen diesem Schicksal.

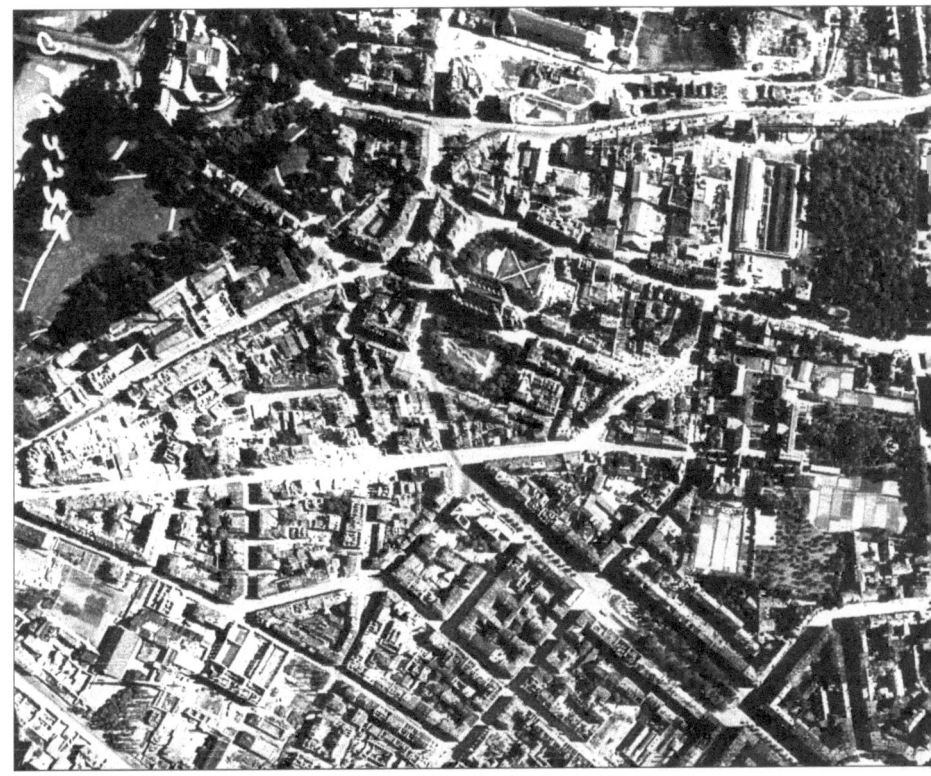

Luftbild (USAF) vom 8. Juni 1945 von Haidhausen (links oben Maximilianeum)

Der Münchner Journalist Karl Stankiewitz, damals ein 16-jähriger Gymnasiast, der in der Widenmayerstraße wohnte, schrieb über seine Erlebnisse am letzten Kriegstag gegenüber dem Maximilianeum: »Unruhe und Neugierde trieben mich, wie viele andere Bewohner des Lehel, zur Maximiliansbrücke. Sollte hier eine letzte Verteidigungslinie aufgebaut werden? Oder wenigstens ein Hinhaltepunkt vor dem Rückzug der deutschen Resttruppen in die sagenhafte ›Alpenfestung‹ Berchtesgaden. Ja, so schien es. Rund um das Maxmonument wurden Straßenbahnwagen zu einer Art Bollwerk rangiert. Dann fuhr ein Wehrmachts-Lkw vor, ein Offizier gab Befehle, mehrere Soldaten luden Stacheldraht ab und fuhren weiter in Richtung Prinzregentenbrücke. Ein Mann wurde zur Bewachung zurückgelassen: Schätzungsweise fünfzig Menschen beobachteten und kommentierten die Szene.« Sie alle zusammen »warfen den ganzen Eisen- und Drahtverhau hinunter in die Isar«. Währenddessen näherte sich ein SS-Mann mit schussbereiter Maschinenpistole. Stankiewitz weiter: »Er kam herunter vom Maximilianeum, über dem ein Transparent mit dem Rotkreuz-Zeichen gespannt war. Und bedrohte die Leute, die sich rasch zurückzogen. Ich fand Deckung hinter dem Aborthäusl. Der Mann mit dem Totenkopfabzeichen zog sich denn auch wieder zurück. Dann waren auch schon die Amis da.«[126]

Im Verwaltungschaos der ersten Tage nach der Befreiung kam von der 7. US-Armee der Befehl, weitergegeben von Major Eugene Keller, dem amerikanischen Stadtkommandanten, dass das Maximilianeum zu beschlagnahmen sei. Am Pfingstsonntag, dem 20. Mai 1945, erging deshalb die Anweisung, das Gebäude innerhalb von zwei Tagen zu räumen. Bereits am Pfingstmontag wurde der Befehl wieder zurückgenommen, da man für die Unterbringung befreiter KZ-Häftlinge »eine geeignetere Kaserne« gefunden habe.[127] Das Lazarett im Maximilianeum war inzwischen verlegt worden, sodass Stiftungsvorstand Walter Roemer den lang gehegten Plan verwirklichen konnte, »schwer fliegergeschädigte Universitätsinstitute« dort unterzubringen. Nachdem die Amerikaner dafür grünes Licht gegeben hatten, konnten in 17 Zimmer die Fakultäten für Philosophie, Naturwissenschaft, Jura und Teile der Universitätsbibliothek einziehen. Die Akademie der Tonkunst bekam ab Januar 1946 dort ihr Domizil mit 44 Zimmern, wo vorher die Deutsche Akademie und der Thesaurus linguae Latinae ihre Büros hatten, im Erdgeschoss und im Zwischengeschoss. Der Kameradschaftsraum des SA-Sturms wurde dem Deutschen Alpenverein für seinen Zweig »Oberland« überlassen.[128]

Diese Spontanbelegungen demonstrieren, dass der gesamte Wohntrakt des Maximilianeums trotz der Kriegsschäden nach kurzer Ausbesserung wieder nutzbar war. Die Instandsetzung mit Notdächern, die allerdings nicht ganz regensicher waren, mit Fenstern, Türen, Verputz, Heizung und Beleuchtung hatte bis Anfang 1946 genau 30 000 Reichsmark gekostet. Kaum verwendbar waren dagegen das Vestibül, das große Treppenhaus, die Galeriesäle mit Vorsaal und die Wandelgänge, obwohl die Westfassade von außen betrachtet fast unversehrt erschien. Das größte Problem waren die Wasserschäden infolge der mangelhaften Bedachung. Das Universitäts-Baumamt kam am 1. Februar 1946 zu der Einschätzung, die Aufwendungen für die Wiederherstellung im repräsentativen Teil könnten von der Stiftung Maximilianeum nicht getragen werden. Das Gebäude könne nur gerettet werden, »wenn die Instandsetzungskosten aus öffentlichen Mitteln bereitgestellt werden«.[129]

5. Ein fast unzerstörter Monumentalbau

5.1 Landtag sucht Bleibe

»Bittere Tränen« kamen dem Sozialdemokraten Wilhelm Hoegner angesichts des Zustands seiner »einst blühenden Vaterstadt«, als er wenige Wochen nach Kriegsende aus dem Schweizer Exil nach München zurückkehrte. Nach tagelangen Wanderungen durch die Straßen gewann er allmählich einen Eindruck vom ganzen Umfang der Zerstörungen: »In der Innenstadt, in Schwabing und Sendling, in Giesing und Neuhausen lagen ganze Stadtviertel in Trümmern oder waren doch ausgebrannt.«[130] Ende September 1945 wurde Hoegner von der amerikanischen Militärregierung zum bayerischen Ministerpräsidenten ernannt. Eines nicht allzu fernen Tages, das ahnte der frischgebackene Regierungschef, werde es wieder einen Bayerischen Landtag geben müssen. Und die Staatsregierung habe dann die Aufgabe, dem Parlament eine angemessene Unterkunft zu schaffen. An einen Wiederaufbau des vom Bomben zerstörten alten Landtagsgebäudes an der Prannerstraße in Münchens Altstadt wagte Hoegner allein schon wegen des Mangels an Baumaterial nicht zu denken.

Eines sonnigen Herbsttags 1945 ging Hoegner mit seinem Freund, dem von ihm gekürten Innenminister Josef Seifried, die Maximilianstraße stadtauswärts. In der Erinnerung Hoegners gewinnt das Bild romantische Züge: »Die Isar rauschte, hoch über ihr prangte das Maximilianeum, das Gold an den Fresken leuchtete, und mir kam plötzlich der Gedanke, dem künftigen bayerischen Parlament diesen erhabenen Bau einzuräumen.«[131] Der dafür zuständige Minister Seifried stimmte begeistert zu und der Ministerpräsident gab den Auftrag, »die nur geringfügigen Schäden auszubessern und die notwendigen Umbauten durchzuführen, insbesondere einen Sitzungssaal einzubauen«, so seine Schilderung. Die Frage, ob die Kriegsschäden tatsächlich nur »geringfügig« waren, löste später einen erbitterten Streit aus. Hoegners Erinnerung wirft ein bezeichnendes Licht auf die Sorglosigkeit, mit der die Vertreter des Staates das Maximilianeum für den Landtag in Beschlag nehmen wollten. Er schrieb zwei Jahrzehnte später noch immer voller Empörung über die Konsequenzen: »Allein ich hatte die Rechnung ohne den Vorstand der Stiftung ›Maximilianeum‹ gemacht. Plötzlich tauchten einige uralte Herren auf, die wohl schon längst nicht mehr mit dem Gebäude gerechnet hatten.« Obwohl der Staat die Stiftung seit der Inflation finanziert habe, »verteidigten die Herren hartnäckig das Eigentum an dem Stiftungsgebäude und wollten sich um keinen Preis mit einem funkelnagelneuen Gebäude abfinden lassen«.

Das erste Landtagsgebäude war ursprünglich das Redoutenhaus der Residenzstadt in der Prannerstraße Nr. 20, das alte Palais des Grafen Seeau, weil der Ballsaal größer war als der Sitzungsraum im einstigen »Landschaftsgebäude« am Marienplatz, wo bis 1669 die Landstände getagt hatten. Am 4. Februar 1819 wurde im Ballhaus die erste Ständeversammlung einberufen wurde, nachdem die Verfassung des Königreichs Bayern in Kraft getreten war. Den Umbau zum Ständehaus plante Leo von Klenze. 1884/85 wurde dann das Landtagsgebäude unter Einbeziehung von Nachbarhäusern, die zum Teil abgerissen wurden, durch Oberbaudirektor Max von Siebert im Stil der deutschen Renaissance als Sitz der beiden Kammern, der Kammer der Reichsräte und der Kammer der Abgeordneten, neu errichtet. Die räumlichen Verhältnisse wurden oft bemängelt und Neubaupläne erwogen. Die erste Kammer fiel mit der republikanischen Verfassung von 1919 weg, der Landtag als alleiniger Repräsentant der Volkssouveränität wurde durch das Gesetz zum »Neuaufbau des Reiches« vom 30. Januar 1934 von den Nationalsozialisten aufgelöst. Auf dem Gelände des einstigen Landtagsgebäudes errichtete nach dem Krieg die Firma Siemens Neubauten.

Neun Monate nach der Kapitulation, am 9. Februar 1946, wurde Ministerpräsident Wilhelm Hoegner von der Militärregierung beauftragt, eine Bayerische Verfassung vorzubereiten. Der nächste Schritt, die Wahl der Verfassunggebenden Landesversammlung, schuf eine parlamentarische Körperschaft, die kein Dach über dem Kopf hatte. Improvisation war nun angesagt. Zu den wenigen Räumlichkeiten, die sich für Vollversammlungen der Verfassungsgeber eigneten, zählte die Große Aula der ansonsten schwer beschädigten Münchner Ludwig-Maximilians-Universität. Dort fand dann auch die konstituierende Sitzung des ersten Nachkriegslandtags am 16. Dezember 1946 statt, ein historisches Datum, das der Landtagsjournalist Bernhard Ücker so beschreibt: »Die Heizkörper der Aula fühlten sich bestenfalls lauwarm an und dementsprechend saßen wir alle – ob Abgeordnete, Regierungsmitglieder oder Presseleute – in Wintermänteln auf unseren Plätzen.«[132] Die Universität hatte ihren Lehrbetrieb Anfang 1946 wieder aufgenommen und benötigte auch die Aula für Vorlesungen, sodass sich der neue

Landtag dringend nach weiteren Notquartieren umsehen musste. Während seiner »Herbergssuche«, wie Ücker die Jahre der Wanderschaft nennt, tagte das Parlament im provisorischen »Brunnenhoftheater« in der zerbombten Residenz – der Tisch des Präsidiums stand auf der Bühne – und im Festsaal der Oberfinanzdirektion an der Sophienstraße 6, immer in zeitlicher Konkurrenz mit den Theater- und Konzertaufführungen. Da nach 20 Uhr keine Straßenbahnen mehr fuhren, begannen die Veranstaltungen um 18 Uhr. Da vorher der Saal noch zu lüften und neu zu bestuhlen war, musste der Landtag schon um 17 Uhr Schluss machen. Noch komplizierter war der Sitzungsrhythmus der Fachausschüsse, die überall dort tagten, wo gerade ein Beratungszimmer für einen Tag oder manchmal auch nur für Stunden frei war. Die Landtagsverwaltung litt ebenso unter Raummangel; dazu kam die Schwierigkeit, Personal zu finden, das den strengen Anforderungen der Entnazifizierung entsprach. Am schwierigsten war der Neuaufbau des Stenografischen Dienstes, da die früheren Mitarbeiter der Parlamentsbüros in alle Welt zerstreut waren und Nachwuchs fehlte.

Ganz so einfach, wie Hoegner seine spontane Entscheidung für das Maximilianeum als Sitz des künftigen Bayerischen Landtags skizzierte, verlief die Standortwahl dann doch nicht. Erst Anfang Juni 1946 beschloss der Ministerrat einstimmig, »die nötigen Schritte zur Sicherung des Maximilianeums für den Landtag« einzuleiten und mit den Bauarbeiten sofort zu beginnen.[133] Zuvor waren alle denkbaren Standorte geprüft worden. Übrig waren nur der sogenannte »Führerbau« in der Arcisstraße 12 (heute Musikhochschule) und das Maximilianeum geblieben. Mit der Freigabe des »Führerbaus« durch die Amerikaner »sei auf Jahre hinaus nicht zu rechnen«, berichtete Staatssekretär Anton Pfeiffer im Ministerrat.[134] Das Armeemuseum, an das kurze Zeit gedacht worden war, kam schließlich wegen der zerstörten Seitenflügel doch nicht in Frage. Pfeiffer schilderte die Situation realistisch, als er vortrug: Ein Bedarf von etwa 50 Räumen könne bis zum November 1946 im Maximilianeum gedeckt werden. Wenn man sich darauf beschränke, könnten die Stiftung und zwei Wohnungen im Hause bleiben, »wenn man das Problem aber gleich richtig lösen wolle, dann müsse man das Maximilianeum ganz heranziehen und die Stiftung in einem anderen Gebäude, das auch besser geeignet sei, unterbringen«. Man solle sich darüber klar werden, forderte Staatssekretär Pfeiffer, ob man »das beschränkte Projekt durchführen oder gleich ganze Arbeit machen wolle«. Für eine »Generalbereinigung« sprach sich daraufhin Innenminister Josef Seifried aus, denn es sei überhaupt nicht zulässig, »dass

Restaurierung der Nike 1948

Sitzungssaal des Landtags in der Prannerstraße (letzte Sitzung am 29. April 1933)

im Gebäude des Landtags noch Studenten untergebracht seien«.[135] Aus Sicht des Kultusministeriums, so Staatssekretär Hans Meinzolt, sei das eigentliche Problem die Akademie der Tonkunst, über eine anderweitige Unterbringung der Stiftung lasse sich reden. Mit dieser Einschätzung und dem Beschluss, den Umbau sofort in Angriff zu nehmen, stellte der Ministerrat die Weichen in Richtung Rechtsunsicherheit und Dauerstreit zwischen Staat und Stiftung.

Die Akademie der Tonkunst (später Hochschule für Musik) mit rund 200 Studenten wurde ohne viel Federlesens vom Ministerium in die Stuck-Villa verlegt, obwohl der Lehrbetrieb dort in äußerst beengten Verhältnissen stattfinden musste. Die Tanzschule Frances Metz erhielt Ersatz in einer Baracke, verschiedene Dienstwohnungen konnten ohne großen Ärger geräumt werden. Übrig blieb nur die Wohnung von Geheimrat Prof. Karl Voßler, für den das Maximilianeum zum sprichwörtlichen »Elfenbeinturm« geworden war und wo in den sieben Zimmern seiner Wohnung auch die berühmte Bibliothek des Romanisten untergebracht war. Der international renommierte Philologe war bereits 1929 in die Wohnung des früheren Pagenhofmeisters gezogen. Victor Klemperer beschreibt in seinen Tagebüchern einen Besuch am 8. April 1945 bei seinem Lehrer Voßler im Maximilianeum: »Ein riesiges elegantes Zimmer, offenbar alles in einem, Arbeitszimmer, Esszimmer, Salon (...). Wir wurden zu einem fürstlichen Friedensmittag dabehalten. Voßlers haben noch ein Dienstmädchen, haben noch Quellen: wir bekamen eine Suppe, ein friedensgroßes Schnitzel (...).«[136] Ein Jahr später besuchte der Übersetzer Karl Jering den Gelehrten und notierte in seinem Tagebuch: »Auch dieser monumentale Bau (gemeint: Maximilianeum) erhielt Bombentreffer, aber die Zerstörungen halten sich in Grenzen. (...) Hinter einer beschädigten Tür läutete eine dünne Glocke. Eine sehr große, noch rüstig wirkende Frau öffnete und lud mich freundlich ein, den Mantel abzulegen. Das Arbeitszimmer ihres Mannes sei geheizt. Nach dem dunklen Gang voller Bücherregale trat ich in einen schönen hellen Raum, der Ruhe und Behagen ausströmte.

Abbau des Notdaches über dem Haupttreppenhaus

Voßler saß an einem kleinen Tisch am Kamin und schrieb in ein gebundenes Heft.«[137] Diese hochherrschaftliche Wohnung samt Dienstbotenkammer und Gartenbenutzung sollte dem Landtag bzw. der Stiftung noch viel Kummer bereiten.

Prof. Voßler hatte 1946 im Alter von 73 Jahren für kurze Zeit das Amt des Rektors der Münchner Universität übernommen. Aus Hochachtung vor seinem Lebenswerk und auch wegen seines schlechten Gesundheitszustandes wurde zunächst, ohne eine förmliche Kündigung auszusprechen, mit seiner Frau über eine Ersatzwohnung gesprochen. Auch nach dem Tod ihres Mannes 1949 weigerte sich Emma Voßler auszuziehen. Nicht weniger als 16 Tauschwohnungen wurden ihr angeboten und bald machte das Wort vom »bösen Geist ihres Widerstands« die Runde. Anfang der Fünfzigerjahre bot sie sogar die Wohnung gegen eine Abfindung in Höhe von mehreren tausend Mark dem Landtag für seine Erweiterungspläne an, obwohl das Einzugsrecht bei Stiftungsvorstand Karl Riedl lag.[138] Die Stipendiaten machten sich damals einen Spaß daraus, vor den Zimmern der »Frau Geheimrat«, einer Tochter des Architekten Friedrich Thiersch, nächtens Gesänge aufzuführen, für die sich Riedl dann stets zu entschuldigen hatte.[139] Erst 1958 verließ Emma Voßler die Wohnung im Maximilianeum. Nach dem Tod von Karl Voßler hatte sie das für die Zeitverhältnisse extrem luxuriöse Domizil über viele Jahre wie ein persönliches Eigentum für sich beansprucht. Das Besitzgehabe der Witwe, abgeleitet lediglich aus einem uralten Mietvertrag und dem Nimbus ihres Mannes, war im Laufe der Jahre im Landtag und vor allem in der Stiftung zunehmend auf Unverständnis, ja Empörung gestoßen.

5.2 Streit zwischen Stiftung und Staat

Dem Beschluss des Ministerrats, das Maximilianeum für den künftigen Landtag in Anspruch zu nehmen und mit den Bauarbeiten sofort zu beginnen, gingen weder offizielle noch inoffizielle Kontakte mit der Stiftung als Eigentümerin des Gebäudes voraus. Drei Tage nach der Entscheidung der Staatsregierung erhielt der »Vorstand des Maximilianeums« ein Schreiben des Bayerischen Staatsministeriums für Unterricht und Kultus, das 14 Zeilen umfasste und eine Art »Beschlagnahme« darzustellen wollte.[140] Es bestehe auf Grund des Ministerratsbeschlusses die »Notwendigkeit, das Gebäude einschließlich der Unterkunftsräume für die Studierenden und der Dienstwohnungen zu räumen«, lautete die knappe Mitteilung mit der Anweisung, »das Erforderliche unverzüglich zu veranlassen«. Im besten Amtsdeutsch heißt es weiter: »Über den Fortgang der Angelegenheit wolle laufend berichtet werden.« Eine Kopie erhielten »der Rektor der Universität München (Verwaltungsausschuss) und das Universitätsbauamt«.

Stiftungsvorstand Walter Roemer geriet mit der Aufforderung des Ministeriums »in die für einen Staatsbeamten peinliche Lage«, den Vollzug verweigern zu müssen.[141] Er teilte dem Ministerpräsidenten und in der Kultusbehörde Staatssekretär Hans Meinzolt mit, dass der Entschließung die gesetzliche Grundlage fehle. Roemer war seit 1945 als Ministerialrat im bayerischen Justizministerium unter anderem mit gesetzlichen Fragen der Entschädigung von NS-Opfern befasst.[142] Die Staatsregierung, an ihrer Spitze stand seit dem 21. Dezember 1946 der CSU-Politiker Hans Ehard, überraschte ganz offensichtlich die Weigerung der Stiftung auszuziehen, während die Handwerker im Maximilianeum längst dabei waren, bauliche Tatsachen zu schaffen. Kultusminister Alois Hundhammer wollte lediglich darüber verhandeln, in welcher Form »das Gebäude in die Verfügungsbefugnis des Bayerischen Landtags überführt werden soll«[143]. Doch Ministerpräsident Ehard äußerte gegenüber Stiftungsvorstand Roemer, die Studenten könnten im Hause bleiben, wenn ein eigener Eingang geschaffen werde.[144] Ehard wünschte keine »unangenehmen Prozesse des Staates mit der Stiftung«, erwähnte aber die Möglichkeit, über einen Gesetzentwurf des Innenministeriums die »Inanspruchnahme des Maximianeums« für den Landtag zu regeln.

Mit dem Gebäude Maximilianeum, dessen Nutzung infolge der Kriegsschäden nur in seinen repräsentativen Räumen beeinträchtigt war, winkte der Stiftung in einer Zeit allgemeiner Raumnot erstmals seit Jahrzehnten die Chance, durch Einnahmen aus Vermietung an den Landtag wieder auf eigenen Beinen zu stehen. Walter Roemer machte folgende Rechnung auf: Die verbliebenen Barmittel der Stiftung waren dahingeschmolzen, weil sie dem Staat rund 23 000 Mark für die vordringliche Reparatur von Kriegsschäden erstatten musste. Somit zeichnete sich Mitte 1947 bereits die Notwendigkeit weiterer Staatszuschüsse ab. Die Vermietung des Maximilianeums an den Landtag begründe eine Rechtsverpflichtung für Zahlungen an die Stiftung, die so saniert werden könnte, malte sich Roemer aus. Ein Auszug aus dem Gebäude sei an die Bedingung zu knüpfen, »dass der Staat sich zur Bereitstellung eines angemessenen, dem Ansehen der Stiftung entsprechenden Gebäudes in kürzester Frist rechtlich verpflichtet«.[145] Roemer war gleichzeitig klar: Die Entscheidung hätten jedoch das Kuratorium und die Universität zu treffen. Das Kultusressort sei daran nicht beteiligt, ihm obliege lediglich die Aufsicht, unterstrich der Stiftungsvorstand die Rechtslage gegenüber dem Ministerium.

Roemer wies also für seine Person kurzfristig den Gedanken des Auszugs nicht ganz von sich, ahnte aber bereits die harte Opposition von Seiten der Betroffenen, der Stipendiaten, als er den »derzeitigen Mitgliedern der Maximilianeums-Stiftung« knapp mitteilte, dass sie »voraussichtlich Ende dieses Semesters vom Maximilianeum in eine Baracke übersiedeln sollen, da das Gebäude vom Landtag in Anspruch genommen« werde. Die Maximilianeer wurden prompt aktiv und fanden gewichtige Bündnispartner, bei der Universität und vor allem auch in der Öffentlichkeit. Der studentische Appell »an die bayerische Staatsregierung« und »an die Herren Abgeordneten des bayerischen Landtags«[146] war verbindlich im Ton und deutlich in der Aussage: Selbst die »nationalsozialistischen Machthaber«, die das Haus dem Stiftungszweck entfremden wollten, hätten sich dann doch gescheut, »diesen offenen Rechtsbruch zu begehen und den Willen des Stifters zu missachten«.

Die bescheidene Bitte der Stipendiaten lautete, die Stiftung im Hause zu belassen und ihr »einen kleinen Teil«, nämlich das Untergeschoss, zur Verfügung zu stellen, »das durch geringe bauliche Veränderungen völlig abgeschlossen werden könnte«. Mit Absicht habe König Maximilian der Stiftung ein so prächtiges Gebäude errichtet, »er wollte damit der Idee der Jugendbildung, dem Gedanken der Begabtenförderung ohne Rücksicht auf Stand und Herkommen ein Denkmal setzen«. Die Stiftung sei unter dem Namen »Maximilianeum« in ganz Bayern bekannt geworden und sie habe den sozialen Gedanken der Begabtenförderung »trotz vielen Schwierigkeiten im Wandel der Zeiten getreulich verwirklicht«. Somit sei die Stiftung »zu einem Teil bester bayerischer Tradition geworden«. Die Fortführung dieser Tradition, so die Stipendiaten weiter, würde in einer Baracke das Ansehen der Stiftung schwer schädigen »und damit eine Herabsetzung des Gedankens einer sozialen Jugendbildung und Begabtenförderung überhaupt« bedeuten. »Die Entfernung aus dem Hause würde die Stiftung ihres eigentlichen Wesens berauben und ihr moralisches Erbe bedeuten«, warnten die Unterzeichner in ihrem Appell, der als »Offener Brief« konzipiert war. Sie nahmen die trotz aller Widrigkeiten später gefundene einvernehmliche Lösung vorweg, als sie schrieben: »Das Gebäude ist groß und weiträumig genug, (…) sodass Landtag und Stiftung gut nebeneinander Platz haben.« Die Verwirklichung dieses Gedankens »wäre ein sichtbarer Ausdruck der Verbindung der jungen bayerischen Demokratie mit altbewährter bayerischer Tradition« und eine Anerkennung des Gedankens der Begabtenförderung, wie er in Art. 128 der neuen Bayerischen Verfassung niedergelegt sei. Allerdings irrten sich die Studenten mit der Aussage, das Maximilianeum sei »wesentlich größer als das frühere Landtagsgebäude«.

Die Maximalposition als Opposition zu den maßvollen Überlegungen der Stipendiaten nahm ein Gesetzentwurf des Innenministeriums ein. Er trug zwar den harmlos klingenden Titel »Gesetz über die Benützung des Maximilianeumsgebäudes durch den Bayerischen Landtag«, hatte aber Fallstricke.[147] Die Vorlage, ausgearbeitet auf Wunsch des Landtags, enthielt lediglich vier Paragrafen und sollte bereits zum 1. Juli 1947 in Kraft treten. Paragraf 1 lautete: »Die Maximilianeumsstiftung in München ist verpflichtet, das ihr gehörende Gebäude, Äußere Maximilianstraße 20 in München, dem Bayerischen Staat zur uneingeschränkten Benützung durch den Bayerischen Landtag zur Verfügung zu stellen.« Als Gegenleistung sollte der Staat der Stiftung »in spätestens fünf Jahren kostenlos ein Gebäude« errichten, »bis dahin räumt der Bayerische Staat der Stiftung Holzhäuser zur unentgeltlichen Benützung ein«. Als »weiteres Entgelt« sollte der Staat die Baulast am Maximilianeum übernehmen und der Stiftung einen jährlichen Zuschuss leisten.

Ein alternativer Gesetzentwurf »zur Behebung der Raumnot des Landtags und des Senats« ging so weit, dass unter bestimmten Voraussetzungen und nach einer Frist von drei Jahren das Eigentum am Stiftungsgebäude gegen Zahlung des Zeitwerts auf den Staat übergehen sollte. Das hätte nichts anderes als eine Enteignung gegen Entschädigung bedeutet.[148] Das »Benützungsgesetz« wählte zwar einen ähnlichen Weg, also den erzwungenen Landtagseinzug und Stiftungsauszug bei Abfindung mit einem Neubau, verzichtete aber ausdrücklich auf eine »Zwangsenteignung«. Diese sei laut Art. 159 der Bayerischen Verfassung zwar möglich, scheitere aber an der Vorschrift, dass die Entschädigung nur in Geld gegeben werden könnte. Bei den »heutigen Währungsverhältnissen« könne dies aber »nicht als angemessene und gerechte Entschädigung bezeichnet« werden, war im Gesetzentwurf zu lesen.[149] Aus »sicherheitspolizeilichen Gründen« hielt es das Innenministerium für unmöglich, den Landtag in einem Haus unterzubringen, in dem »andere Personen wohnen«. Dann wäre nämlich »eine Kontrolle der ein- und ausgehenden Besucher unmöglich, die Sicherheit des Landtags und der Abgeordneten wäre in Gefahr«. Die eigentliche Begründung für das Exklusivrecht des Parlaments wurde allerdings vom Ministerium im nächsten Satz gleich nachgeschoben: »Im Übrigen benötigt der Landtag für seinen umfangreichen Betrieb das gesamte Gebäude.«

Konferenzzimmer während der Ausbauarbeiten

Der Bayerische Verwaltungsgerichtshof kam bei seiner Begutachtung des Gesetzentwurfs »zur Benützung des Maximilianeums durch den bayerischen Landtag« zu einem niederschmetternden Ergebnis.[150] Es handle sich um ein »Ausnahmegesetz«, das gegen den Gleichheitsgrundsatz verstoße. Allein schon seine Beantragung sei unzulässig, da es den demokratischen Grundgedanken der Verfassung widerspreche. Sollte der Landtag trotzdem das geplante Gesetz erlassen, so könnte die Maximilianeumsstiftung den Verfassungsgerichtshof anrufen. Die Richter prüften auch die Frage, ob der Zweck des Gesetzentwurfs auf Grund bestehenden Rechts zu erreichen sei. Sie vertraten die Ansicht, dass das Kultusministerium als Aufsichtsbehörde die Verwendung des Maximilianeums nicht gegen den Willen des Kuratoriums per Verfügung festlegen könne. Das »Ergebnis« des Gutachtens lautete schlicht, »dass nichts übrig bleibt, als eine gütliche Einigung anzustreben«, es sei denn, eine allgemeine gesetzliche Regelung könne durch Änderung des Zwangsabtretungsgesetzes für staatliche Zwecke »nach der jetzigen rechtspolitischen Lage« verantwortet werden. Opfer zur Behebung der allgemeinen Notstände seien zu billigen, solange dadurch das Recht nicht verletzt werde. Und als letzten Satz schrieben die Richter dem Parlament ins Stammbuch: »Insbesondere ist es höchste Aufgabe des Staates, dem Recht zu dienen, das über ihm steht.«

Das Kuratorium des Maximilianeums mit dem Vorsitzenden Prof. Hans Rheinfelder an der Spitze lehnte Mitte Juli 1947 einstimmig die Eigentumsübertragung wie die ausschließliche Überlassung an den Staat ab.[151] In Frage komme nur eine Vermietung, wenn gleichzeitig die erforderlichen Räume für die Erfüllung des Stiftungszwecks zur Verfügung stünden. Das Maximilianeum sei »mit dem Stiftungszweck so eng verbunden«, dass seine Erfüllung, »solange das Gebäude steht, ordnungsgemäß nur innerhalb des Hauses erfolgen kann.« Dies sei der klare Wille des Stifters gewesen. Dem Kuratorium obliege die Fürsorge dafür, dass der Stiftungszweck »jederzeit unverändert und vollständig im Geiste des Stifters zur Ausführung« komme. Jeder Versuch, das Eigentum am Maximilianeum zu übertragen oder ausschließlich dem Landtag zu überlassen, im Wege der Gesetzgebung oder als Verwaltungsakt, stelle »eine schwere Verletzung der verfassungsmäßigen Rechte der Stiftung« dar. Das Kuratorium monierte zudem, »dass die tatsächliche Inangriffnahme und Durchführung der Umbauarbeiten ohne Genehmigung der zuständigen Stiftungsorgane widerrechtlich ist«. Das Kuratorium werde zur Wahrung der Stiftungsrechte alle ihm zustehenden Rechtsbehelfe anwenden.

Völlig unbeeindruckt von dieser Rechtsposition wie von der Stellungnahme der höchsten Verwaltungsrichter Bayerns zeigte sich die Spitze des Landtags. Ihre schier hilflose juristische Ausflucht mündete in einen kuriosen »Parlamentsabsolutismus«.[152] Präsident Michael Horlacher meinte, »nach der Verfassung sei der Landtag das oberste Organ des Staates, und sein Recht gehe allen anderen Privatrechten vor«. Er fügte an: »Zweifellos hätte eine Diktatur in der Frage kurzen Prozess gemacht und das Problem längst gelöst. Man täte gut daran, die Geduld der Demokratie und ihrer Organe nicht über Gebühr anzuspannen.« Der zweite Vizepräsident Konrad Kübler forderte »eine klare, präzise, endgültige Entscheidung«. Der Landtag »habe die Macht dazu, der Landtag könne auch die Verfassung ändern, er sei souverän. So sei der Landtag auch in der Lage, den Streitfall durch ein Gesetz aus der Welt zu schaffen.« Die prekäre finanzielle Situation der Stiftung als Druckmittel sprach der stellvertretende Ministerpräsident Wilhelm Hoegner an: »Zweifellos sei der Landtag in der Lage, der Stiftung durch Versagung der Zuschüsse die Existenzmittel abzuschneiden.« Sie müsste dann das schwer beschädigte Gebäude verkaufen »und sich ein bescheideneres Unterkommen suchen«. Offenbar hegte Hoegner eine tiefe Abneigung gegen die Institution Maximilianeum, denn er ergänzte polemisch: »Übrigens sind die Leistungen und Erfolge der Stiftung nicht gerade überwältigend. Der gute Zweck könne auch auf andere Weise erreicht werden. Die Stiftung sei heute auf das Wohlwollen des Landtags angewiesen und ohne staatliche Zuschüsse nicht mehr lebensfähig.« Das sah auch Kultusminister Alois Hundhammer so und er ergänzte, »eine rechtliche Verpflichtung des bayerischen Staates, durch Zuschüsse das Gebäude instand zu setzen, besteht nicht«.

In der Stellungnahme des Landtagspräsidiums hieß es dann, dass der Stiftungszweck mangels Kapital gar nicht mehr erfüllbar sei. Zudem sei bereits vor Beginn der Arbeiten das Maximilianeum so erheblich zerstört, dass eine Fortführung der Stiftung im Gebäude nicht mehr gewährleistet gewesen sei. Der Bau sei »mit Beschleunigung weiterzuführen und zur Vollendung zu bringen«. Der Ministerrat solle so schnell wie möglich eine Entscheidung treffen und diese der Universität und dem Kuratorium vorlegen.[153] Ministerpräsident Hans Ehard setzte weiterhin auf eine Einigung, diskutierte aber die Causa Maximilianeum im Kabinett nicht mehr. Doch Finanzminister Hans Kraus verfolgte weiterhin einen harten Kurs, als er erklärte, »wenn die Stiftung sich nicht füge, solle man ihr einfach die Zuschüsse des Staates sperren, von denen sie lebe. Wenn ein höherer Staatszweck vorliege, müsse der geringe Zweck zurückweichen.«[154]

Gobelin im alten Plenarsaal mit dem Großen Bayerischen Staatswappen

In der Presse erschienen ab Mitte 1947 Artikel, die die Vorgänge um das Maximilianeum kritisch aufspießten. Die »Süddeutsche Zeitung« dokumentierte auf ihren wenigen Seiten, die damals erscheinen konnten, die Meinung aller Betroffenen allein deshalb, weil das öffentliche Interesse sich nun zunehmend mit der Bedeutung des Gebäudes beschäftigte.[155] Landtagspräsident Michael Horlacher vertrat unverzagt den Standpunkt seines Hauses und verkündete vollmundig, »dass das Parlament wegen des Anspruchs einiger Schüler nicht auf das Maximilianeum verzichten könne«. Schließlich habe es der Landtag »durch seine Initiative und die schnelle Inangriffnahme der Bauarbeiten vor dem gänzlichen Verfall bewahrt«. Kultusminister Alois Hundhammer hoffte auf einen Ausgleich der Interessen. Ob die Studenten neben dem Landtagsbetrieb im Hause bleiben könnten, sei noch nicht endgültig geklärt. Und Stiftungsvorstand Walter Roemer wiederum berief sich auf das mittlerweile allgemein bekannte Gutachten des Verwaltungsgerichtshofs. Die »Süddeutsche Zeitung« nahm all die Stellungnahmen zum Anlass, an den Bayerischen Landtag zu appellieren, er solle »sein neues Haus nicht mit einem Unrecht einweihen«. Was für die Wähler gelte, »kann man in bescheidenem Maße auch den Abgeordneten zumuten, nämlich sich zu bescheiden und zusammenzurücken und sich mit den Studenten den Platz zu teilen. Das wäre wahrhaft demokratisch gedacht!« Der »Münchner Mittag« (der spätere »Münchner Merkur«) war sich in seiner Einschätzung sicher: »Das Recht steht höher als der Gesetzgeber.«

Unglaublich viel Staub wirbelte ein Kommentar mit dem Titel »Die bayerische Mühle« in der von der US-Militärregierung herausgegebenen »Neuen Zeitung« auf.[156] Darin wurde an die in die deutschen Schulbücher eingegangene Anekdote angeknüpft, wonach Friedrich II. von Preußen sich die Mühle von Sanssouci habe aneignen wollen, weil sie seinen Ausblick störte. Der Müller zog dagegen vor Gericht und gewann, und der König beugte sich dem Richterspruch. Diese Mühle als Symbol des Rechts sah die Zeitung in Preußen ab- und in Bayern wieder aufgebaut, oder kurz gesagt, »sie dreht sich auf dem Maximilianeum in München«. Empörten Protest des Landtags lösten allein die Sätze aus, »seit zwei Jahren befinden sich die Studenten in einem Kampf, der ihnen schlimmer als der Bombenkrieg erscheint«. Die jungen Männer müssten sich gegen den Bayerischen Landtag verteidigen, »der drauf und dran ist, sich widerrechtlich in den Besitz des Maximilianeums zu bringen«. Vor zwei Jahren seien Bauarbeiter in das Haus gezogen, »schlugen die Platanen im Garten um, rissen die Notdächer herunter und die Installationen heraus und begannen das Haus umzubauen«. Die Anklage der Zeitung, inspiriert offensichtlich von betroffener Seite, gipfelte in der Frage, »ob der derzeitige Zustand des Staates sich nicht am würdigsten in einer Baracke repräsentiere«. Diese polemischen Sätze eines anonymen Autors wurden vor allem deshalb ernst genommen, weil sie in einem unter amerikanischer Ägide erscheinenden Blatt abgedruckt waren.

Für das Parlament nahm Präsident Michael Horlacher vor dem Landtagsplenum öffentlich zu dem Artikel Stellung, der seit Wochen in der Presse diskutiert wurde.[157] Unter »lauter Zustimmung« des Hauses wies er die Vorwürfe zurück und betonte erneut, ohne den Landtag »wäre das Gebäude der Stiftung restlos zusammengebrochen«. Scharf attackierte Horlacher Stiftungsvorstand Walter Roemer, der in einem Rundfunkinterview die Meinung vertreten hatte, Stiftung und Landtag könnten unter einem Dach leben. Ein Stenograf hatte die Sendung von »Radio München« im Auftrag der Parlamentsverwaltung mitschreiben und ein Protokoll anfertigen müssen. Erbost waren die Parlamentarier vor allem über Roemers Aussage, der Landtag habe im Maximilianeum natürlich nicht so viel Platz wie in der Prannerstraße. »Aber für die heutigen Verhältnisse ist es ausreichend und sehr reichlich im Verhältnis zu dem, womit die Universität, kirchliche und staatliche Behörden und erst recht jeder Privatmann sich begnügen müssen.«[158] Von der Staatsregierung verlangte Präsident Horlacher daraufhin die Abberufung Roemers als Vorstand der Stiftung, was allerdings nicht nach außen drang. Das Ansinnen wurde von der Universität natürlich ebenso abgelehnt wie von der Aufsichtsbehörde, dem Kultusministerium.[159]

Auch ein Schreiben von Kronprinz Rupprecht an Prof. Hans Rheinfelder, den Vorsitzenden des Kuratoriums, kam nicht an die Öffentlichkeit, da es der Chef des Hauses Wittelsbach nach 1945 stets vermied, sich in die Politik einzumischen.[160] Seine aufmunternden Worte für Rheinfelder und das Kuratorium ließen allerdings an Deutlichkeit nichts zu wünschen übrig. Rupprecht schrieb: »Mit Bedauern habe ich vernommen, dass der bayerische Landtag von dem Gebäude des Maximilianeums Besitz ergriffen hat«, das von seinem Großonkel, König Maximilian II., eigens für die Stiftung erbaut worden und mit ihr »unlösbar« verbunden sei. Wenn der Landtag »in der Not der Zeit ein Obdach im Maximilianeum suchen will, so kann er das nur als Gast der Stiftung tun«. Die Stiftung könne sich einschränken, sie könne die Räume an den Landtag vermieten, sie müsse aber selbst im Hause bleiben. »Ich würde es bedauern«, äußerte Rupprecht mit der ihm gebotenen Zurückhaltung, »wenn der Landtag von seiner Macht in einer Weise Gebrauch machen würde, die den klaren Bestimmungen der Stiftung widerspricht.«

Hans Rheinfelder, ordentlicher Professor für Romanistik in München und gleichzeitig Leiter des Hochschulreferats im Kultusministerium (1947–1952), war als Vorsitzender des Kuratoriums in einer heiklen Situation. Das »furchtbare Erlebnis des Kampfes zwischen Landtag und Maximilianeum« raube ihm die »Arbeitsbasis« im Ministerium, klagte er. Sein Rücktrittsgesuch erläuterte er in einem persönlich gehaltenen Schreiben an Minister Hundhammer.[161] Doch der Bitte Rheinfelders, von seinem Amt enthoben zu werden, kam Hundhammer nicht nach. Rheinfelder konstatierte bitter: »Das Rechtsempfinden ist so weit gesunken, dass man entweder ›Freiwilligkeit‹ erzwingt oder jedes beliebige Unrecht, das der Volksvertretung (früher hieß es ›dem Volke‹!) nützt – durch ein eigenes Gesetz in Recht umzuwandeln bereit ist. (...) Wenn einmal dieses Staatswesen und dieser Landtag zusammenbricht (...), dann soll man in den Akten des bayerischen Kultusministeriums dieses Schreiben finden und feststellen, dass der Hochschulreferent aus verletztem Rechtsempfinden und aus Ohnmacht gegenüber einem gefährlichen, von Staatswegen geduldeten und autorisierten Geist um Enthebung von seinem Amt gebeten hat.«

Während Walter Roemer nun die Parole zum Durchhalten ausgab, die Stiftung wäre »zur Wahrung ihrer Rechte am und im Hause und zum Durchhalten sowohl rechtlich wie finanziell in der Lage«, selbst »bei Streichung des Staatszuschusses«[162], zeigte sich hinter den Kulissen der Schimmer einer Einigung. In der Staatskanzlei fand am 19. November 1947 ein Treffen unter Vorsitz von Ministerpräsident Hans Ehard statt. Basis der Verhandlungen war, dass der Landtag die Rechtsgrundlagen auch für ihn als verbindlich ansehen solle und die Stiftung den Bedürfnissen des Parlaments gerecht zu werden suche.[163] Dem entsprechend wurde vereinbart, dass sich Landtag und Stiftung das Maximilianeum so lange teilen, bis es zu einem einvernehmlichen Gebäudetausch kommt. Unklar blieb der Umfang der für das Parlament bereitzustellenden Räume. Die Stiftung lehnte einen vorübergehenden Auszug aller Studenten für die Zeit des Umbaus ab und wurde darin vom Rektor der Universität unterstützt: »Eine völlige Räumung des Hauses« erscheine »nicht tragbar«.[164]

Die »Münchner Studentenzeitung«, ohne Kenntnis der sich abzeichnenden Einigung, nahm mit der Überschrift »Willkür oder Recht – Bayerischer Landtag missachtet Verfassung« Partei für die Stiftung und warnte vor »totalitären Gewaltmaßnahmen« gegen das Recht.[165] Den Studenten bleibe immer noch die Möglichkeit, »entweder das Maximilianeum demonstrativ zu besetzen, um den gewaltsamen und unrechtmäßigen Einzug des Landtages zu verhindern, oder aber bei General Clay (...) zu interpellieren, oder die Illegalität der Handlungsweise des Landtagspräsidenten vom Verfassungsgerichtshof bestätigen zu lassen«. Das Studentenblatt schrieb von einem »prinzipiellen Kampf« in dem Bemühen, »gesunde Rechtsprinzipien« durchzusetzen. Vorsichtig geworden, gewährte nun Landtagspräsident Michael Horlacher der »Münchner Studentenzeitung« eine »Unterredung« und die Januar-Ausgabe 1948 konnte mit dem Titel aufmachen: »Studenten bleiben im Maximilianeum«. Horlacher rechtfertigte darin das Vorgehen des Landtags mit der Ausflucht, man habe das Einverständnis der Stiftung »stillschweigend« vorausgesetzt. Er erkannte die Eigentumsrechte der Stiftung ausdrücklich an und schlug vor, durch eine Zusatzstiftung die Zahl der Plätze von 26 auf 200 bis 250 zu erhöhen.

Noch einmal ging die Studentenzeitung für die Belange der Stiftung auf die Barrikaden, diesmal mit polemischen, ja parlamentsfeindlichen Tönen wegen des Tauziehens um einen Mietvertrag für das »schönste Parlament Europas«.[166] »Fernheizanlage und Lederprachtsessel (...) werden unsere väterlichen Herren Abgeordneten in die richtige Stimmung versetzen, wenn sie über die sowieso nur unbedeutende Flüchtlingsnot und Kriegsschädenprobleme beraten.« Rektor Prof. Walther Gerlach steuerte dem Blatt Überlegungen zum Thema »Landtag am Scheideweg« bei und befürchtete, dass das »Primat des Rechts« in den Plänen des Landtagspräsidenten fehle.[167] Er warnte davor, dass alle Stipendiaten während des Umbaus in das Provisorium auf dem Gelände der Kunstakademie umzögen, da man »leicht irgendwo hinaus, aber nur sehr schwer wieder hinein kann«. In der »Süddeutschen Zeitung« erschien aus der Feder von Rektor Gerlach anonym ein »Filser-Brief« mit »Grüßen aus dem Maximilianeum«.[168] Darin berichtete »Josef filser« seinem »liben freind«: »woaßtas ja eh das mir wegn dem hitler seinem verlohrenen krig sparen missen an alen egen und enten, zwegn dem haben wir auch auf ein neies landtagsgbeide verziechtet wo das alte verbompt ist das koa stoa mer auf dem andernen stet, sondern haben ins einpfach des Maximiläums bemechtigt was der hochselige kini Maxl fir seine kadeten und die fleißign Stutenten erriechtet hat (...) und jetz haben wir ein gesuntes stats- und abgeordnetenempfinden und das sagt beim maximiläum: gherst scho mei! Da solen ins die gestolen bleiben mit ihrem rechtsstat und recht muß recht bleiben wo ich fier meine sau auch niecht bekome was recht ist.«

Im Kabinett zeigte sich Ministerpräsident Hans Ehard gut vier Wochen vor dem Einzug des Landtags ungehalten, dass der Vertrag »mit dem Maximilianeum immer noch nicht abgeschlossen« sei und »sowohl der Rektor der Universität München, Professor Gerlach, wie Herr Professor Rheinfelder nach wie vor Schwierigkeiten machten«.[169] Der Grund für die Verzögerung war schlicht der Streit ums Geld. Als Jahresmiete waren 32 000 DM in Aussicht gestellt, zu denen noch Staatszuschüsse für die Stiftung in Höhe von 16 000 DM kommen sollten. Gegen diese zu geringen Summen protestierte Prof. Rheinfelder scharf, wie im Landtagspräsidium bekannt wurde.[170] Umstritten war auch die Wertsteigerung des Gebäudes infolge der Renovierung. Die Stiftung vertrat den Standpunkt, für eigene Zwecke hätte sie es selbst wieder herstellen können. Rektor Gerlach drohte sogar für den Fall, dass es zu keiner Einigung komme, mit einer polizeilichen Verfügung, ja er wollte sogar mit Polizeigewalt den Abgeordneten den Zutritt zum Maximilianeum verwehren lassen.[171]

Rechtzeitig vor dem Beginn des Weihnachtsfriedens wurde dann am 22. Dezember der Mietvertrag unterzeichnet.[172] Der Staat zahlte eine jährliche Miete von 70 000 DM und übernahm die völlige Instandsetzung des Bauwerks und seinen Unterhalt. Eine beschränkte Zahl von Studierenden durfte auch während der Baumaßnahmen im Maximilianeum bleiben, für den Rest wurde im Garten der Hochschule der bildenden Künste ein Gebäude errichtet. Die Stiftung verzichtete auf das Recht der ordentlichen Kündigung. Sie wurde zur Rückerstattung der Gelder verpflichtet, welche sie selbst hätte aufwenden müssen, um »das Gebäude wieder für seine früheren Verwendungszwecke geeignet zu machen«. Diese Schuld wurde bis zur Rückgabe des ganzen Gebäudes an die Stiftung zur freien Verwendung zinslos gestundet. Falls keine Einigung über die Höhe der zu erstattenden Aufwendungen oder die Einzelheiten der Rückerstattung zustande käme, sollte ein Schiedsgericht entscheiden. Der Vertrag wurde vom Rektor der Universität, Prof. Walther Gerlach, und von Finanzminister Hans Kraus unterzeichnet und noch am gleichen Tag von Kultusminister Alois Hundhammer genehmigt. Die Stiftung hatte also mit Rückendeckung der Universität und der Öffentlichkeit ihre Position weitgehend durchsetzen können.

An der Landtagsspitze kehrte nach dem langwierigen Rechtsgerangel und den Staub aufwirbelnden Umbaumaßnahmen ein resignatives Umdenken ein. Im Präsidium bezeichnete Innenminister Willi Ankermüller den »Plan, das Maximilianeum zum Landtagsgebäude zu machen, als den vielleicht nicht gerade glücklichsten«. Der Staat »müsse alles tun, um aus der Affäre herauszukommen«. Präsident Michael Horlacher kritisierte, »die Regierung habe 1946 den Fehler gemacht, die Rechtsverhältnisse nicht vorher geordnet zu haben«.[173] Bei seiner Schuldzuweisung vergaß Horlacher allerdings, dass Ministerpräsident Wilhelm Hoegner von der Militärregierung eingesetzt war und es noch keinen Landtag und damit keine Parlamentsverantwortlichkeit der Regierung gab. Im Haushaltsausschuss des Landtags, der das Geld für die Miete zu bewilligen hatte, sagte der Abgeordnete Walter Held, es sei zu überlegen, »ob nicht sofort ein neues Landtagsgebäude« errichtet werden solle, da jetzt schon der Platz knapp sei. Otto Bezold entdeckte den grundlegenden Fehler darin, »dass man sich nicht vor Inangriffnahme der Bauarbeiten mit den Vertretern der Stiftung auseinandergesetzt habe«. Dem pflichtete der Ausschussvorsitzende Georg Stang bei: Man sei »von Anfang an nicht mit genügender Sorgfalt vorgegangen«, ja man habe sogar geglaubt, »der Staat könne mit dem Gebäude machen, was er wolle und habe übersehen, dass es sich bei Stiftung und Staat um zwei verschiedene Rechtspersönlichkeiten handelt«.[174]

5.3 Umbau für das Parlament

»Bestmöglichst« sollte das Maximilianeum nach dem Wunsch des ersten Landtagspräsidenten Michael Horlacher baulich wieder Instand gesetzt werden, und zwar »in friedensmäßiger Ausstattung unter Berücksichtigung aller neuzeitlichen technischen Einrichtungen«. Und dabei müsse es »für die besonderen Bedürfnisse des Bayerischen Landtags neu gestaltet werden«. So lautete seine – an den Zeitverhältnissen gemessen – mehr als anspruchsvolle Maxime für die Oberste Baubehörde im Innenministerium, der die gesamte Bauleitung oblag.[175] Als Horlacher am 16. Dezember 1946 in der Aula der Münchner Universität gewählt worden war, lag der Bauauftrag für die Wiederherstellung des Maximilianeums und seinen Umbau knapp ein halbes Jahr zurück. Viel war noch nicht geschehen, denn es fehlte wie überall wegen der Beschlagnahmen durch die Besatzungsmacht an Baumaterial. Diese Situation wurde durch Horlachers Auflage verschärft, »friedensmäßig«, also mit einem hohen Standard zu bauen. Geld spielte keine große Rolle, zumindest vor der Währungsreform im Juni 1948. Den Baufortschritt behinderte auch der Mangel an qualifizierten Arbeitskräften. Genau so sah es an allen anderen Münchner Baustellen aus, wo als Erstes nur die schlimmsten Kriegsschäden notdürftig repariert werden konnten.

Ab Ende Oktober 1946 kamen täglich rund tausend im Moosburger Internierungslager inhaftierte ehemalige Nationalsozialisten nach München zur »freiwilligen« Arbeitsleistung, deren »Entnazifizierung« nicht abgeschlossen war. Sie wurden beim Wiederaufbau der Straßenbahnhöfe, am Schlacht- und Viehhof und eben auch im Maximilianeum eingesetzt. Bereits wenige Wochen später wurde das »Moosburger Kommando« mit rund hundert Mann von den Aufräumarbeiten im Maximilianeum wieder abgezogen. Voraussetzung für einen neuen Hilfstrupp aus dem Moosburger Lager waren nämlich Wohnmöglichkeiten auf der Baustelle, die dann auch vor Ort geschaffen wurden. Die fünfzig bald darauf fest einquartierten Arbeiter wurden von fünf Wachleuten der unbewaffneten Münchner Hilfspolizei beaufsichtigt. Als drei Internierte entflohen, gab Sonderminister Alfred Loritz, im bayerischen Kabinett zuständig für Entnazifizierung und damit auch für die Internierungslager, den Wachmannschaften die Schuld: Sie würden schließlich schlechter verpflegt als die Inhaftierten mit ihrer Nazivergangenheit.[176] Baustaatssekretär Franz Fischer weigerte sich daraufhin, die von der Militärregierung ultimativ geforderte persönliche Haftung als Voraussetzung für den Verbleib der einstigen NS-Chargen im Maximilianeum zu übernehmen, deren Anteil am Baufortschritt ohnehin nur minimal war.

Angesichts dauernder Beschwerden über den schleppenden Baufortschritt entschuldigte sich Ministerialrat Emil Berndt, im Innenministerium für den Bau verantwortlich, mit dem Hinweis, dass die Arbeiter zusätzliche Kost bräuchten. Präsident Horlacher löste das Problem kurzerhand mit »Sonderzulagen in Gestalt eines ordentlichen Mittagessens und besseren Bieres«.[177] Im Mai 1948 wurden dann 200 bis 300 Studierende der Bauschulen ins Maximilianeum geschickt, um den Ausbau endlich voranzubringen mit dem Ziel, die Plenarsäle von Landtag und Senat, die Präsidentenzimmer und zwei große Sitzungssäle für die Fraktionen vor Jahresfrist beziehbar zu machen. Doch selbst dieser Termin wurde um Monate überschritten. Bis Ende Dezember gab der Staat für Wiederherstellung und Umbau des Maximilianeums, des »schönsten Parlaments Europas«, wie die Presse mehr spottete als lobte, 2,5 Millionen Reichsmark und 1,5 Millionen D-Mark aus.[178]

Schneller als bei Mauerwerk und Installationen schritten die Arbeiten an der Inneneinrichtung voran, die zum größten Teil von den Vereinigten Werkstätten für Kunst im Handwerk in München erstellt wurden. Die Traditionsfirma, in München ansässig und mit Großaufträgen nicht zuletzt seit der Zusammenarbeit mit dem Atelier des Hitler-Architekten Paul Ludwig Troost und seiner Ehefrau Gerdy Troost vertraut, hatte ihre Blütezeit während des Nationalsozialismus. Sie war nicht ausgebombt und verfügte deshalb über Produktionsräume und das notwendige Material. Das Kunsthandwerk der Vereinigten Werkstätten wiederholte bei der Innengestaltung des Maximilianeums bekannte und allseits beliebte Formen der Zwanziger- und Dreißigerjahre, eine Mischung aus moderner Sachlichkeit und Heimatstil. Im Firmenarchiv erhalten geblieben sind die sorgsam gezeichneten Entwürfe für Türen, Garderoben, Rednerpult und Bestuhlung im Plenarsaal, für Einbauschränke und Heizkörperverkleidungen. Die soliden Arbeiten, gefertigt aus edlen Hölzern, entnahmen mitunter deckungsgleich die Aufrisse für den »Führerbau« in der Arcisstraße, wie die Planzeichnungen für die Telefonzellen belegen.[179]

Da mit der Beseitigung der Kriegsschäden und gleichzeitig mit dem Umbau des Maximilianeums überstürzt und planlos begonnen worden war, musste notgedrungen auf eine exakte Baubeschreibung verzichtet werden. Der unbekannt gebliebene Status untermauerte einerseits die Behauptung, der Landtag habe das Monumentalgebäude vor dem tota-

Anlieferung der Möbel am 10. Januar 1949

len Zusammenbruch gerettet, öffnete aber auch Mutmaßungen über echte oder vermeintliche Kriegsschäden Tür und Tor. Laut Mietvertrag war die Rückerstattungsschuld der Stiftung erst nach einem Auszug des Landtags fällig, doch sollte sie vorher bereits ermittelt werden. Die Summe von etwa vier Millionen Mark, von der allgemein die Rede war, stellte die Stiftung in Frage. Das Kuratorium bat deshalb 1957 alle einstigen Stipendiaten, die im Maximilianeum bei Kriegsende und in den Jahren danach dort gelebt hatten, um eine Schilderung des baulichen Zustands. Die knapp 20 eingegangenen Antworten zeichnen zwar ein subjektives Bild vom Ausmaß der Schäden, stimmen aber alle überein in der Aussage, dass der Wohntrakt kaum Schäden aufgewiesen habe und Zerstörungen auf den Westteil beschränkt geblieben seien.[180] Infolge der fixen Landtagsmiete von jährlich nur 70 000 Mark, so rechnete die Stiftung vor, seien ihr bis 1957 rund 1,2 Millionen Mark entgangen, eine Summe, die allein ausgereicht hätte, alle Renovierungsschulden zu decken.

Friedrich Käfer, ab März 1946 wieder im Hause, berichtet von derartig umfangreichen Arbeiten, »dass ich beim besten Willen nicht mehr genau auseinander zu halten vermag, wer das Gebäude mehr zerstört hat, der Krieg oder – im Zuge des Umbaus – der Landtag«. Das »Häuflein von Studikern«, das damals im Maximilianeum wohnte, habe oft davon gesprochen, das Umbauen mache viel mehr kaputt, als es die Bomben vermocht hätten. Es sei »ohne Rücksicht auf Verluste« niedergerissen und abgeändert worden, »wir hatten ja gerade damals sehr wenig Verständnis dafür, dass in dieser Notzeit mit einer solchen (milde ausgedrückt) Großzügigkeit gebaut wurde – dazu noch auf einem fremden Grundstück«.

Theo Tempelmeier schreibt: »Keinesfalls kann das Maß der Zerstörungen als außerordentlich groß bezeichnet werden; der Betrachter, der das Haus während der Umbauzeit gesehen hat, musste den Eindruck großer Zerstörung haben, weil zu Umbauzwecken ganze Mauerpartien unter großem Schuttanfall eingerissen wurden.« Einen ähnlichen Eindruck hat Karl Bertzel: Der Bauherr sei wohl von keinem »vorgefassten einheitlichen Gesamtplan« ausgegangen, »denn öfters wurden Mauern wieder eingerissen, die eben erst aufgebaut waren«. Als Erstes ging es ums »Einreißen«, erinnert sich Werner Eisenhut, sodass manches, was später als »Aufbau« erschienen sei, »nicht auf Kriegszerstörungen zurückzuführen ist«. Gemessen an den sonstigen Zerstörungen in München waren die Schäden am Maximilianeum »noch sehr gering«, antwortet Fritz Schmeissner, der seinen Eindruck mit seinem Kollegen

Hubert Aumer teilt: »Im Vergleich zu den Zerstörungen im Stadtkern« machte das Gebäude einen »noch verhältnismäßig guten Eindruck«. Gleich nach dem Krieg hätte man mit verhältnismäßig geringen Mitteln »und vor allem durch eine gründliche Instandsetzung des Daches viel erreichen können«.

Mit einem geharnischten Protest verbindet Nepomuk Zöllner seine Schilderung: Er sei »empört« über den Versuch des Landtags, »heute (also 1957, Anm. d. Verf.) seine großzügigen Bauausgaben durch die Notwendigkeit der Behebung von Bombenfolgen zu entschuldigen«. Zöllner war von Herbst 1940 bis zum Sommer 1948 Mitglied der Stiftung und hatte »die Zerstörungen alle miterlebt«. Wirklich zerstört seien nur die Mittelhalle und die nördliche Galerie gewesen. Der Eindruck größerer Schäden sei allein dadurch entstanden, »dass das Haus durch militärische Besetzung, Umquartierung innerhalb des Hauses, mangelhafte Pflege im Zusammenhang mit den Kriegsereignissen an sich etwas heruntergekommen war«. Verglichen mit den Kosten für den Neuaufbau und Umbau, wie vom Landtag durchgeführt, »wäre eine Wiederherstellung des Hauses für die Zwecke seiner Stiftung finanziell keine große Angelegenheit gewesen«, schreibt Zöllner.

Die akribisch von der Bauverwaltung aufgelisteten »Räume, Anlagen und Einrichtungen«, die für den Landtag benötigt und in Auftrag gegeben wurden[181], geben Zöllners Vermutung Recht, dass das allermeiste Geld für den eigentlichen Parlamentsausbau ausgegeben wurde. Im Keller wurden neben der Heizzentrale, der Wasserenthärtungsanlage, neben Einrichtungen für die Metzgerei samt »Räucheranlage« auch eine Rohrpoststelle zur Hauptpost in der Innenstadt installiert, nicht zu vergessen die »Friseuranlagen für den Bayerischen Landtag«. Ins Untergeschoss kamen die Bibliothek mit immerhin 105 000 Bänden, das Archiv, die Küche der Landtagsgaststätte mit Weinkeller und zwei Speiseaufzügen, die Kantine und die Wäscherei mit Trockenraum und Bügelzimmer. Poststelle, Botenzimmer, Garderobe, drei Speisesäle und das Buffet fanden im Erdgeschoss Platz, das 1. Stockwerk bot Raum für drei Fraktionssäle und elf Zimmer für das Landtagspräsidium und die Verwaltung. Im 2. Stockwerk, wo die Galeriesäle waren, tagten nun Landtag und Senat. Dazu kamen der Lesesaal, das Konferenzzimmer und 14 Büros für den Senat, für Verwaltung und Presse. Im 3. Obergeschoss gab es eine Dienstwohnung für den Landtag, Ausschusszimmer und die Telefonzentrale. Zwischen den beiden Eckbauten im 4. Stock wurde der Speicher für die Stenografenbüros und eine Mietwohnung ausgebaut.

»Zur Erfüllung einer völlig neuen Zweckbestimmung«, so die Bauverwaltung, waren im Inneren und Äußeren »wesentliche bauliche Änderungen« notwendig. Die beiden Auffahrtsrampen mussten für den gesteigerten Kraftwagenverkehr verbreitert werden. Das Haupttreppenhaus und die Plenarsäle erhielten Eisendachstühle, im Landtagssaal wurden Tribünen für die Presse und Besucher eingebaut und das Dach wurde in der ganzen Raumgröße als Oberlicht gestaltet. Die Uhrenanlage des Plenarsaals wurde von einer Spezialfirma gemietet, dem Landtag gehörten allerdings die Bronzezifferblätter mit Löwen, Putten und Tierkreiszeichen.

Der Einbau des Senatssaals veränderte deutlich sichtbar die Ostfassade: Die Mauer, an der früher Gemälde hingen, wurde mit hohen Fenstern geöffnet. »Außerordentliche Eingriffe« im gesamten Mauerwerk, so die offizielle Baubilanz, waren auch zur »unsichtbaren Verlegung und Führung der technischen Versorgungsleitungen« notwendig. Eine spezielle Herausforderung war die Erbschaft des Krieges im Keller, wo die öffentlichen Luftschutzräume lagen: Die »zum Teil in bestem Eisenbeton erstellten Einbauten« mussten mühsam herausgebrochen werden, um Lagerräume zu schaffen. Namensgebend wurde der Bodenbelag der großen Vorhalle der Plenarsäle mit dem Panoramafenster zur Stadt. Dort wurde roter Ruhpoldinger Marmor verlegt, sodass seither vom »Steinernen Saal« die Rede ist, wie auch der Name des Festsaals im Nymphenburger Schloss lautet. Die Beheizung des Gebäudes erfolgte damals durch das Städtische Muffatwerk beim Müllerschen Volksbad. Dazu wurde eine 700 Meter lange unterirdische Fernleitung durch die Gasteiganlagen gelegt, wofür allein 50 Arbeiter benötigt wurden und die heute noch begehbar ist.

Dem Wunsch von Landtagspräsident Michael Horlacher, das Maximilianeum mit einer Bannmeile zu umgeben, entsprach die Staatsregierung anfangs nicht, obwohl das Innenministerium bereits einen Gesetzentwurf über die Befriedigung des Landtagsgebäudes konzipiert hatte. Eine spontane Demonstration Jugendlicher, die im November 1948 am Tagungsort des Landtags den Ministerpräsidenten angepöbelt hatten, war die Ursache für die Bannmeilenüberlegung.[182] Hans Ehard hatte gleichwohl politische Bedenken und vermutete zudem, dass die Militärregierung ein solches Gesetz kaum genehmigen würde. Der Entwurf des Innenressorts hatte sich an das 1934 von den Nationalsozialisten aufgehobene Reichsgesetz über die Befriedung der Gebäude des Reichstags und der Landtage vom 8. Mai 1920 angelehnt. Erst 1952 beschloss der Landtag dann ein Gesetz über die Befriedung des Landtagsgebäudes, mit dem eine Bannmeile um das Maximilianeum gezogen wurde.[183] Danach dürfen innerhalb des befriedeten Kreises Versammlungen unter freiem Himmel nicht stattfinden. Ausnahmen kann der Innenminister im Einvernehmen mit dem Landtagspräsidenten zulassen. Der Halbmesser darf einen Kilometer nicht überschreiten. Den genauen Verlauf der Bannmeile legte das Innenministerium fest und wählte die Maximallösung, die bis heute gilt: Sie umschreibt einen lang gestreckten Bezirk zwischen Prinzregenten- und Ludwigsbrücke und zwischen Max-Weber-Platz und Maximiliansbrücke.

Bewusst zweckentfremdet wurde die Bannmeile 1972, um demonstrierende Studenten daran zu hindern, Sitzungen des akademischen Senats in der Ludwig-Maximilians-Universität zu sprengen. Der damalige Rektor Prof. Nikolaus Lobkowicz, der als persönliche Zielscheibe im Mittelpunkt der studentischen Attacken stand, hatte ein ideales exterritoriales Tagungsexil gefunden: »Glücklicherweise gehörte das große Gebäude, in dem der bayerische Landtag untergebracht ist, der Universität München«, erinnerte er sich später, wenn auch nicht ganz korrekt. In der Konsequenz war der Ausweg klug gewählt: »Da Demonstrationen um ein deutsches Parlamentsgebäude herum nicht erlaubt sind, hatten die Radikalen keinerlei Chancen, uns zu stören.«[184] Dazu gehörte die diskrete Mitteilung der Direktion der Schutzpolizei an das Polizeiamt Ost, dass im Landtagsgebäude bei der Sitzung des Universitätssenats »das neue Hochschulgesetz zur Sprache kommen« werde. Das Hausrecht sei vom Vorsitzenden der Stiftung (das war der Amtschef des Innenministeriums Karl Riedl, Anm. d. Verf.) an Rektor Lobkowicz übertragen worden. Zur »Sicherstellung eines störungsfreien Verlaufs der Beratung« wurde vorsorglich eine »gezielte Aufklärung im Landtagsbereich zur Feststellung etwaiger Personenansammlungen« angeordnet.

Die Bannmeilenverletzung muss als Gefährdungsdelikt von der Polizei verfolgt werden. Dem entsprechend aufwendig sind die Ermittlungen selbst in Fällen, die entweder als harmlos oder aber gezielt von Politikern angezettelt wurden, um Aufmerksamkeit auf sich zu ziehen.[185] So wurden wegen einer »Bannkreisverletzung« die früheren Abgeordneten Hans-Günther Schramm und Raimund Kamm angeklagt, weil sie sich ganz bewusst an einer Demonstration gegen »Tiefflugterror« beteiligt hatte. Die Protestanten, denen sie in den »Bannbereich« solidarisch folgten, zogen von der Isarbrücke mit großen hellblauen Ballons, auf denen die Friedenstaube prangte, zum Maximilianeum und drangen trickreich ein. Als Erstes waren die beiden Parlamentarier vor der Strafverfolgung durch ihre Immunität geschützt. Nach seinem

Ausscheiden aus dem Landtag nahm Schramm den Strafbefehl für die Verletzung der Bannmeile ohne Widerspruch hin, sein einstiger Fraktionskollege Kamm beharrte auf einer richterlichen Entscheidung: Doch der Amtsrichter sah die Sache locker – seit der Demonstration waren bereits zehn Jahre vergangen – und stellte das Verfahren gegen eine Geldbuße ein.

5.4 Einzug der Volksvertreter

»Die Presse hat uns auf dem Weg ins Maximilianeum nicht immer Blumen gestreut«, sagte Landtagspräsident Michael Horlacher vor Vertretern eben dieser Presse, die einen Tag vor Sitzungseröffnung auf den Stühlen der Abgeordneten im Plenarsaal Platz neben durften. Horlacher lobte die Ausstattung des neues Hauses: »Es wurde eine einfache und gediegene Gestaltung erreicht, wie sie der Repräsentationsbau aus früheren Zeiten vielfach vorgezeichnet hat.« Die »Blumen« reichte Edmund Goldschagg, Herausgeber und Chefredakteur der »Süddeutschen Zeitung«, mit seinen Kommentarzeilen wenig später nach: »Endlich hat es der bayerische Landtag geschafft und konnte seinen Einzug in das neue Heim im Maximilianeum halten. Presse und Öffentlichkeit hatten bei den Feiern der letzten Tage Gelegenheit, die neu erstandenen Räume zu besichtigen und sich davon zu überzeugen, dass von Pomp und Luxus nicht die Rede sein kann, aber von einer gediegenen Werkarbeit, die auf Dauer berechnet ist.«[186] In der Stunde des Feierns kamen von Horlacher neue, aber ganz und erstaunliche Töne: »Niemand hat daran gedacht, das möchte ich ausdrücklich betonen, irgendwie die Rechte der Stiftung beeinträchtigen zu wollen«, versicherte er den Pressevertretern.

Beim offiziellen Festakt zum Einzug am 11. Januar 1949[187] war, wie bei solchen Anlässen üblich, zur Schau getragene Harmonie angesagt. Nur Konrad Adenauer, der Präsident des Parlamentarischen Rates, konnte es sich nicht verkneifen, mit einer spitzen Bemerkung Ministerpräsident Hans Ehard zu provozieren, der ihm in Bonn mit seinem prononciert bayerisch-föderalistischen Kurs bei den Beratungen des Grundgesetzes gehörig auf die Nerven ging. Adenauer war bereits zum zweiten Mal im Maximilianeum, jedes Mal mit dem Ziel, die CSU auf ein Ja zum Grundgesetzentwurf einzuschwören und so eng wie möglich an die CDU zu binden. Deshalb warnte er in der Fraktion mit drastischen Worten vor einer möglichen SPD-geführten ersten Bundesregierung, bevor er dem Festakt im Steinernen Saal zur Eröffnung des Maximilianeums beiwohnte.

Landtagspräsident Horlacher beim Festakt zum Einzug am 11. Januar 1949

Als erster Redner wurde Ministerpräsident Hans Ehard sehr salbungsvoll mit den Worten: »So ist der Tag des Einzugs des Bayerischen Landtags in den hochragenden Bau, der unsere Stadt wie eine erhabene Stadtkrone überragt, gleichsam auch ein Friedenstag. Welch besseren Wahlspruch könnte man über das Haustor eines Parlaments setzen als das Wort: ›Haus des Friedens‹! – Und so heißt mein Wahlspruch: Möge alles, was in diesem Hause geschieht und geredet wird, dem Frieden dienen und mithelfen, dass bei uns Friede wird!« Konrad Adenauer widersprach prompt seinem »Freund« Ehard, »dass das ein Haus des Friedens sein wird«. Das solle es auch überhaupt nicht, denn »Gegensätze sind – so ist einmal die Erde und so sind die Menschen erschaffen – vorhanden. Warum sollte man das leugnen? Sie sind da und müssen ausgetragen werden«, sagte der Präsident des Parlamentarischen Rates, und fügte schmunzelnd an, sein Gremium erfreue sich ja hier in München auch »nicht gerade besonderer Beliebtheit«.[188] Adenauers Hinweis, dass Parlamente Orte harter Auseinandersetzungen seien, bewahrheitete sich im Plenarsaal des Bayerischen Landtags prompt vier Monate später, als nach 15-stündiger harter und stellenweise tumultartiger Debatte das Parlament mehrheitlich »Nein« zum Grund-

Festgäste mit Konrad Adenauer

gesetz der Bundesrepublik Deutschland sagte, im Sinne Adenauers aber zumindest seine Rechtsverbindlichkeit anerkannte.[189]

Präsident Horlacher fand bei der Einweihung für die Maximilianeer, die er früher öfters abschätzig als »Schüler« tituliert hatte, überraschend warmherzige Worte: Es sei »vielleicht ganz gut, wenn die Studenten der Stiftung Maximilianeum bei uns im Hause sind; dann können unter Umständen ausgesuchte Leute, die über hervorragende Kenntnisse verfügen, später für den Neubau unseres Vaterlandes ausgezeichnete Dienste leisten«. Und Horlacher gestand: »Wir stehen hier auf gut bayerischem Boden. Wir haben hier gute bayerische Tradition zu beachten, unsere Verhältnisse auf gute bayerische Tradition auszurichten.« Das »Parlament im Umherziehen« habe sein Ende gefunden, »von nun haben die Abgeordneten ihren Raum, haben die Zuhörer ihren Raum und hat die Presse ihren Raum«.

Horlacher vergaß anzufügen, dass auch die »Fraktion Weißwurst« wieder ihr Zuhause gefunden hatte. Im Erdgeschoss gab es die Gaststätte samt Bierstube mit dem Pächter des nahen Hofbräukellers als Landtagswirt. »Ebenso gut bürgerlich wie die Ausstattung der Räume ist die Küche des Hauses«, lobte der »Münchner Merkur«.[190] Das Bedienungspersonal kenne bereits die Wünsche »seiner« Abgeordneten, und so komme es kaum vor, dass »zum Beispiel dem Hauptsprecher der SPD, einem überzeugten Vegetarier und Alkoholverächter, etwa ein Kalbsbraten empfohlen oder eine ›Halbe‹ auf den Tisch gestellt wird.« Und der »Zenzi oder Anni« falle auch nicht ein, »einem fränkischen Abgeordneten ein Glas Hofbräu aufzudrängen, da sie genau wissen, dass die Vertreter Nordbayerns zum Essen einen Schoppen ›Würzburger Stein‹ bevorzugen«. Die »interfraktionelle Verbrüderung«, eben die »Fraktion Weißwurst«, für die schon der Landtag an der Prannerstraße berühmt war, tagte immer dann, wenn das »Biermädel die Karten bringt, das Tischtuch abnimmt und ein zünftiger Schafkopf beginnt«.

Josef Ackermann, Herausgeber des »Münchener Stadtanzeigers«, vermutete, vielleicht sei die politische Atmosphäre der vergangenen Jahre nur deshalb so oft gereizt gewesen, weil es keine »Restauration« für die »Fraktion Weißwurst« gegeben habe.[191] Sich an die Prannerstraße im Herzen der Altstadt erinnernd, gefiel Ackermann die neue Lage ganz und gar nicht, so »am Ende der Welt über der Isar und eigentlich recht außerhalb der Stadt«. Und so drängte sich ihm die Frage auf, ob es bei den hohen Ausbaukosten und einer jährlichen Miete von 70 000 Mark für die Stiftung doch nicht »sehr viel vernünftiger« gewesen wäre, das alte Gebäude wieder zu errichten, »was bestimmt nicht teurer gekommen wäre als der kostspielige Umbau des Maximilianeums«.

Ein Blick über Bayerns Grenzen hinaus zeigt, dass die Parlamente der anderen deutschen Länder ganz ähnliche Probleme bei der Herbergssuche hatten wie der Bayerische Landtag, mit dem einzigen Unterschied, dass in München ein Gebäude auf Dauer angemietet werden musste. Die Volksvertretung in Stuttgart lebte bis 1961 in einer »Arbeiterhalle, in einem Armenhaus, wie man ohne Übertreibung sagen kann«, beklagte sich der Regierungschef von Württemberg-Baden, Reinhold Maier[192], mit einiger Übertreibung und blickte neidvoll nach München: »Das bayerische Parlament verfügte in den ersten Anfangsjahren sofort über das umgebaute Maximilianeum; wir zahlen, die Bayern bauen. Sie bauten der Repräsentation wegen, wo wir noch nicht daran denken konnten, und sie bauten unzweifelhaft schön.« Die Abgeordneten in Stuttgart tagten von 1947 bis 1961, bis zur Fertigstellung eines neuen Landtagsgebäudes, im »Eduard-Pfeiffer-Haus« der »Stiftung Arbeiterheim«, also offensichtlich nicht in einem »Armenhaus«.[193]

In Wiesbaden bezog der Hessische Landtag 1947 das Residenzschloss des einstigen Herzogtums Nassau. Das Leineschloss in Hannover, erbaut ab 1636, war bis auf die Grundmauern von Bomben niedergebrannt und dient erst seit 1962 als Sitz des Landesparlaments von Niedersachsen. Von 1946 bis 1949 wurde in Düsseldorf das ebenfalls im Krieg zerstörte Ständehaus am Schwanenteich, die Tagungsstätte der Provinzialständeversammlung der preußischen Rheinprovinz, wieder aufgebaut. In dieser Zeit war der Landtag von Nordrhein-Westfalen provisorisch in der »Gesolei-Halle« auf dem Henkel-Werksgelände in Düsseldorf-Holthausen untergebracht. Erst 1988 bezog das Parlament in Düsseldorf einen 280 Millionen Mark teuren Neubau mit einem kreisrunden Plenarsaal direkt am Ufer des Rheins. Auch das »Deutschhaus« am Mainzer Rheinufer machten Bomben dem Erdboden gleich. Das Deutschordensgebäude wurde originalgetreu wiedererrichtet und konnte vom Rheinland-Pfälzischen Landtag erst 1951 bezogen werden. Das »Haus an der Förde« in Kiel, Sitz der Marinestation Ostsee, wurde 1950 als Landeshaus für den Schleswig-Holsteinischen Landtag mit einem neuen Plenarsaal eingeweiht.

6. Abgeordnete und Studenten unter einem Dach

6.1 Sticheleien und Reibereien

Die Euphorie des Einzugs wich bald allgemeinem Katzenjammer wegen der Raumnot, die erst bei der parlamentarischen Alltagsarbeit allen Beteiligten, Abgeordneten wie Mitarbeitern, so richtig bewusst wurde. Dabei war schon während der Ausbauzeit immer klar gewesen, dass beim Verbleiben der Stiftung nur 4300 Quadratmeter Fläche zur Verfügung stehen würden, also rund 2000 Quadratmeter weniger als im zerbombten Landtagsgebäude der Prannerstraße, wo angeblich auch Platznot geherrscht habe. Die Idee, den Bayerischen Senat, die Zweite Kammer des bayerischen Parlaments, in einem anderen Gebäude unterzubringen, tauchte zwar kurzzeitig auf, wurde aber eigenartiger Weise nie konkret verfolgt. Doch selbst ohne Studenten und Senatoren wäre das Maximilianeum schon bald aus allen Nähten geplatzt, denn geradezu auf gesetzmäßige Weise neigen Organisationen, Verwaltungen und natürlich auch Parlamente zu einer schier ungezügelten Expansion ihres Mitarbeiterstabes. Und da machte der Bayerische Landtag keine Ausnahme. Noch enger wurde es dann allein schon deshalb, weil der Landtag, der 1946 noch mit 180 Abgeordneten zusammengetreten war, auf CSU-Betreiben die Zahl der Sitze 1950 auf 204 erhöht hatte.[194]

In seinem Rechenschaftsbericht für die 1950 zu Ende gehende 1. Wahlperiode erinnerte Präsident Georg Stang – er hatte die Stelle für den in den Deutschen Bundestag gewählten Michael Horlacher eingenommen – an die Wanderschaft des Landtags: drei Sitzungen in der Universitätsaula, zwölf im Brunnenhoftheater der Residenz und 81 im Oberfinanzpräsidium. Nach gut 100 Sitzungen im neuen Landtagsgebäude fasste Stang, 1929 bis 1933 bereits Präsident im Vorkriegslandtag, seinen Eindruck in dem Satz zusammen: »Nach meiner persönlichen Überzeugung wäre es gewiss besser gewesen, am Platz des alten Parlamentsgebäudes oder sonst an einem geeigneten Ort ein neues Parlament zu errichten, denn die Anpassung eines für andere Zwecke errichteten Gebäudes an einen neuen Zweck ist immer eine schwierige Aufgabe und kann nie zur restlosen Zufriedenheit gelöst werden.« Das

Protokoll vermerkt die Zurufe »Sehr gut! Sehr richtig!« Stang fügte an: »Wir erfreuen uns an den schönen, aber gewiss nicht prunkvollen Räumen, die nun geschaffen wurden. Wir müssen klagen über den Mangel an Sitzungssälen und anderen Räumen. Es muss daher unbedingt angestrebt werden, durch Freimachung dieses Hauses – selbstverständlich wird das noch einige Zeit dauern – die notwendigen Räume für die Fraktionen, die Vorsitzenden der Ausschüsse usw. zu gewinnen.«[195] Damit war das Ceterum Censeo gesprochen, das von den weiteren Landtagspräsidien in regelmäßigen Abständen unisono übernommen wurde: Das Parlament benötige mehr Platz, die Stiftung müsse das Gebäude aufgeben.

Da sämtliche Argumente längst ausgetauscht waren, wurden sie einfach wiederholt, teils mit kuriosen Varianten. Präsident Georg Stang hielt es für »verhängnisvoll, wenn ein Parlamentsgebäude Studenten beherberge« und verstieg sich sogar zu dem warnenden Hinweis auf die »Vorgänge 1923«, also auf den Hitler-Ludendorff-Putsch, an dem »Studenten aktiv teilgenommen« hätten. Ganz einfach machte es sich das Präsidiumsmitglied Fritz Gräßler: Der Landtag habe das Gebäude »vor dem Verderben gerettet«, Rechtsnachfolger des Königs sei »ohne Frage der Staat, daher sei er auch Eigentümer des Maximilianeums«.[196] Plötzlich sah es sogar nach einer gütlichen Einigung aus, als der neue Vorstand Karl Riedl, der 1950 Walter Roemer abgelöst hatte, kurze Zeit an einen Neubau und die »Übereignung eines Waldgrundstückes an die Stiftung« dachte, wohl im Sinne eines dauerhaften Grundstockvermögens.[197] Als Erster sprach Alois Hundhammer, von 1951 bis 1954 Landtagspräsident, die Möglichkeit eines Erweiterungsbaus auf dem Gelände des Maximilianeums an, dessen Verwirklichung dann fast ein Jahrzehnt auf sich warten lassen sollte.[198] Hundhammer ging ganz realistisch davon aus, dass das »Raumbedürfnis« weiter steigen werde, weshalb man auch an ein »neues Haus« denken solle.

Im Jahr 1969 wurde kurzfristig die Idee diskutiert, dem Landtag zusammen mit dem »Haus der bayerischen Geschichte« am Hofgarten, auf dem Gelände des zerbombten Armeemuseums, wo heute die Bayerische Staatskanzlei steht, eine neue Bleibe zu schaffen.[199] Doch kein Landtag konnte sich bis heute dazu durchringen, vom Flickwerk der Erweiterungen Abschied zu nehmen und wie andere Bundesländer auch ein ganz neues Gebäude zu errichten. Fehlende Bezüge des Maximilianeums zur Tradition des bayerischen Parlamentarismus wurden bewusst ignoriert, aus Provisorien entstand ein zielgerichteter Ausbau, der im Laufe der Jahre im Zusammenspiel mit architektonischen Glanzlichtern wie dem neuen Plenarsaal das Maximilianeum zum parlamentarischen Dauersitz des Freistaats ummodelte.

Aus dem Rechtsgerangel der Ausbaujahre 1946 bis 1950 wurden bald nach dem Landtagseinzug im Maximilianeum kleine Sticheleien, ja mitunter Reibereien zwischen Parlament und Stiftung, deren Form und Intensität je nach der Persönlichkeit der jeweiligen Präsidenten stark variierte. Spannungen traten vor allem unter den Präsidenten Michael Horlacher und Rudolf Hanauer auf. Grundsätzlich setzte sich schnell die Devise durch, »wer zahlt, schafft an«, sodass der »reiche« Mieter den »verarmten« Hausbesitzer oft unter Druck zu setzen vermochte. Das beiderseitige Abhängigkeitsverhältnis gipfelte in der protokollarisch-abstrakten Frage, wer denn nun der eigentliche »Hausherr« im Maximilianeum sei: die Stiftung, vertreten durch ihren Vorstand, oder der Präsident des Bayerischen Landtags.

Keinen Zweifel an der Antwort ließ der selbstbewusste Rudolf Hanauer aufkommen, fast zwei Jahrzehnte Parlamentspräsident und wegen seines hochfahrenden Charakters und allürenhaften Auftretens nicht nur von seinen Parlamentskollegen ängstlich-spöttisch »Herzog Rudolf« genannt.[200] Dabei bemühte sich die Stiftung gleich zu Beginn von Hanauers Amtszeit, seinen Wünschen eilfertig entgegenzukommen. Vorstand Karl Riedl begrüßte den Parlamentspräsidenten sichtlich geehrt als »hohen Gast« unter seinem Stiftungsdach, wo Hanauer eine Art Ruheasyl vom Parlamentsbetrieb suchte. Rudolf Hanauer bedankte sich herzlich für das frei gemachte Stiftungszimmer, in dem er sich »abseits der Amtsräume« in einer »Oase der Ruhe« entspannen wollte.[201]

Zur Posse entgleiste wenig später die Parkplatznot im Osthof, woraus ein Dauertauziehen um die »Hofkette« zwischen Stiftung und Landtag entstand, das ganze fünf Jahre lang andauern sollte. Mit Theaterdonner eröffnete Präsident Hanauer das Geplänkel 1964 bei einem Empfang im Kloster Ottobeuren, wo er den Stiftungsvorstand Riedl im Beisein des Abts brüsk zur Rede stellte und lautstark ankündigte, dass der Landtag die neu errichteten Schranken der Stiftung nicht dulden könne. Riedl, wohl ein wenig konsterniert, da Hanauer die längst gegebene »fernmündliche Aufklärung« offenbar nicht zufrieden gestellt habe, griff nun zur Feder und provozierte damit einen umfangreichen Schriftwechsel:[202] »Wildparker« des Landtags hätten die »Verhältnisse auf unserem Parkplatz immer unhaltbarer« gemacht. Die vereinbarte Kennzeichnung der Auffahrt habe jahrelang gefehlt, sodass eine »Sperrkette« gezogen worden sei, um den Parkraum der Stiftung abzutrennen. Die Landtagsverwaltung revanchierte sich und sah plötzlich »keine

Veranlassung« mehr, die »reservierte Verkehrsfläche« der Stiftung »im Winter zu räumen oder zu streuen«. Selbst der Bauunterhalt des Gebäudes, unbestritten Sache des Landtags, wurde unterschwellig drohend ins Spiel gebracht.

Ein notorischer parlamentarischer Falschparker wurde wegen seines geharnischten Protestes in der Landtagsverwaltung offenbar so ernst genommen, dass Landtagspräsident Rudolf Hanauer das Beschwerdeschreiben dem Vorstand des Maximilianeums, Karl Riedl, zur Stellungnahme schickte. Am 27. Mai 1975 hatte sich der junge Abgeordnete Edmund Stoiber, seit einem halben Jahr als Stimmkreisabgeordneter für Wolfratshausen Mitglied des Hohen Hauses, massiv darüber beschwert, dass er »durch das eigenartige, um nicht zu sagen selbstherrliche Verhalten des Hausmeisters der Stiftung in eine missliche Lage geraten« sei, weil es »wieder Parkplatzschwierigkeiten« gegeben habe.[203] Die »Frau des Hausmeisters« habe sich beim Disput um den Stellplatz »mehr als abfällig über das Parlament und seine Mitglieder geäußert«. Der frisch gebackene Parlamentarier bat Präsident Hanauer, »dahingehend zu wirken, dass der Hausmeister und seine Familie den Abgeordneten des Bayerischen Landtags gegenüber doch einen etwas anderen Ton als den vorgetragenen anschlagen sollten und keine derartige Selbstjustiz betreiben, indem sie möglicherweise nicht ganz ordnungsgemäß abgestellte Fahrzeuge am Abfahren hindern«.

Die Beschwerde des Landtagsabgeordneten Edmund Stoiber ging in die Annalen der Stiftung ein[204], wo zu lesen ist: »Herr Sellmeier (der Hausmeister, Anm. d. Verf.) mochte es gar nicht, wenn ihm jemand seinen angestammten Parkplatz wegnahm. Der lag zwischen Freitreppe und Garage, und zwar rechts von dem Durchgang (...). Eines Tages stellte sich ein Abgeordneter hin. Herr Sellmeier kam daraufhin zu mir und bat mich (so der Stipendiat Manfred Kraus, Anm. d. Verf.) um meinen Autoschlüssel. Sein eigener Wagen sei in der Werkstatt, und er wolle dem Falschparker, dem Herrn Soundso (heute übrigens Minister in der bayerischen Staatsregierung), einen Denkzettel verpassen. Und das hat er dann auch getan. Als ich vom Abendessen kam, stand ein tobender Abgeordneter vor der Tür. (...) Mein Gott, hat der Mann sich aufgeregt! Was mir denn einfalle. Das sei eine Frechheit, und ich solle sofort wegfahren.« Der Stipendiat, der das Theater mitmachen musste, verwies den Jungparlamentarier an den Hausmeister, weil er sich sicher war: »Herr Sellmeier hatte wenig Angst vor großen Tieren.« Hausmeister Sellmeier war es wohl auch, der den sonnenhungrigen Abgeordneten Otto Kahler mit ruppigen Worten des Stiftungsgeländes verwies, weil der dort, sich auf einem Gartenstuhl niederlassend und die Sonne genießend, gleichzeitig gemächlich sein Fahrrad putzte. Anschließend schickte der Oberlehrer a. D. einen humorvoll belehrenden Beschwerdebrief wegen seiner Zurechtweisung an den Stiftungsvorstand, der aber nicht reagierte.[205]

Der Streit um die »leidige Kette« an der Südauffahrt des Hofes[206], veranlasste den Stiftungsvorstand, gegenüber der Landtagsverwaltung seinen Justamentstandpunkt zu formulieren: »In den Vertragsunterlagen finden Sie natürlich nichts über die Kette, Sie müssen davon ausgehen, dass die gesamte Grundfläche Eigentum der Stiftung ist.« Die Kette sei allein schon deshalb nötig, weil Fahrzeuge die Garage »rücksichtslos blockierten«, sodass der Hausmeister »förmlich über die Autos klettern« müsse. Die Drohung des Landtagsamtes, Schneeräumung und Streuung einzustellen, konterte Riedl kühl mit einem Hinweis auf die Vertragslage. Die Andeutung, eine Beteiligung der Stiftung am Bauunterhalt des Gebäudes könne eines Tages zur Diskussion stehen, beeindruckte den Juristen Riedl in keiner Weise, der konterte: Auch »im Verhältnis zwischen Staat und Stiftung« gelte das »gewöhnliche bürgerliche Recht«. Das bedeute aber auch, dass kein Mieter das Recht besitze, »die Mietsache ohne Zustimmung des Vermieters zu verändern«. Dagegen habe der Landtag verstoßen, schrieb Riedl dem Verwaltungschef des Parlaments, weil das Landtagsarchiv ohne Zustimmung der Stiftung in den Bau neu eingefügt worden sei.[206]

Stiftungsvorstand Karl Riedl bot auch verschmitzt der Hausherrenpose des Präsidenten Paroli, als er Rudolf Hanauer zum 66. Geburtstag die Zeilen schrieb: » Das Maximilianeum, nach dem Spruch des Verfassungsgerichtshofs heute noch auf Königswillen beruhend, in gleicher Weise aber auch dem wohlwollenden Schutz des bayerischen Volkes anvertraut, entbietet Ihnen zum Geburtstag die allerbesten Glückwünsche.«[207] Vier Wochen später folgte den witzig-ironischen Zeilen ein geharnischter Protest wegen der denkmalpflegerischen Vernachlässigung des Maximilianeums durch den Bayerischen Landtag.[208] Gerade vor 100 Jahren, so Riedl, seien an dem Gebäude die Gerüste gefallen, wo vor wenigen Monaten das »bedeutsame bayerische Denkmalschutzgesetz beschlossen« worden sei. Doch mit eben diesem Gebäude sei »gerade in der letzten Zeit denkmalpflegerisch wenig sorgfältig umgegangen« worden. »Bauliche Veränderungen« hätten »das Erscheinungsbild des Hauses in bedauerlicher Weise« beeinträchtigt, monierte Riedl und fügte sichtlich gekränkt an: »Wenn das auch an dem an den Freistaat Bayern vermieteten Teil des Gebäudes geschehen ist, so kann das

*Alter Plenarsaal mit Zuschauertribüne und Diplomatenloge
(aufgenommen am 25. Januar 1967 bei einer Regierungserklärung von Alfons Goppel)*

der Stiftung als Eigentümerin des Hauses nicht gleichgültig sein.« In der Sache handelte es sich zwar mehr oder weniger um Lappalien, um Aluminiumaufsätze der Lüftung am Dach und um den Einbau einer eisernen Feuerschutztüre bei der Pförtnerloge, doch die Stiftung wollte dem Parlament die Grenzen ungenehmigter Baueingriffe aufzeigen. Der »Kettenstreit« endete schließlich einvernehmlich, als sich die Landtagsverwaltung nach fünf Jahren endlich zu einem Hinweisschild mit der Aufschrift durchrang: »Diese Auffahrt ist für Zwecke der Stiftung Maximilianeum und für Zubringer freizuhalten.«

Seine Rolle als vermeintlicher Hausherr des Landtags dokumentierte Präsident Hanauer einmal mehr, als er auf Riedls freundliche Einladung, das von einem Künstler geschaffene Bronzebild für den Stiftungseingang zu besichtigen, lapidar, ja brüskierend antwortete, »dass gegen

Wandvorhang im Plenarsaal (mit dem Gemälde »Demütigung Kaiser Friedrich Barbarossas durch Heinrich den Löwen« von Philipp Foltz)

die Anbringung einer Eingangstafel (...) keine Bedenken bestehen«, obwohl dafür keinerlei Zuständigkeit des Landtags erkennbar war.[209] Die 1,50 Meter hohe Bronzetafel mit der Aufschrift »Stiftung Maximilianeum errichtet im Jahre 1852 durch Maximilian II. König von Bayern« – mit einem von Eichenlaub umkränzten Profilbild des Monarchen – wurde am südlichen Neubauzugang so unauffällig montiert, dass sie als diskreter Wegweiser zum Traditionsort Maximilianeum meist nur von Besuchern der Stiftung wahrgenommen wird.

Seine liebe Not hatte Stiftungsvorstand Riedl auch bei dem Bemühen, den aus der einstigen Gemäldegalerie geretteten Bildern im Maximilianeum einen würdigen Platz einzuräumen, soweit sie nicht in den Stiftungsräumen aufgehängt werden konnten. Speziell Kaulbachs »Seeschlacht von Salamis« verursachte Ärger, weil das Gemälde mit einer Fläche von rund 53 Quadratmetern letztlich nur dort anzubringen war, wo es schon immer hing, nämlich an der Wand der einstigen Galerie, also im Plenarsaal des Landtags. Das aufgerollte Bild, so stellte sich 15 Jahre nach Kriegsende heraus, war dem allmählichen Verfall preisge-

Dachschmuck: Bayerns Rautenfahne (zusammen mit der deutschen Flagge früher nur an Sitzungstagen, seit Kurzem ständig hochgezogen)

geben. Universitätsbauamt, Oberste Baubehörde und Stiftung stimmten überein, dass der Sitzungssaal des Landtags der geeignete Ort sei, das Bild zu zeigen und durch seine Farbigkeit den Raum zu bereichern.[210]

Diese Bitte konnte der Landtag kaum abschlagen, doch der Ältestenrat genehmigte die Aufhängung des Monumentalgemäldes nur »hinter einem Vorhang, sodass es von außen nicht sichtbar ist«.[211] Ein kurzfristiger Blick auf Kaulbachs Seeschlacht, bevor sie hinter dem Wandbehang im Plenarsaal verschwand, fand reges Interesse der Öffentlichkeit. Der sich anschließende Akt der Verhüllung erntete dagegen als »Kuriosum« allgemeinen Spott.[212] Gut ein Dutzend Jahre später wagte die Stiftung bei Landtagspräsident Rudolf Hanauer einen erneuten Vorstoß, das Gemälde wieder offen zu zeigen. Karl Riedl führte konservatorische, historische und denkmalpflegerische Gründe an und berief sich auch auf das wieder aufflammende Interesse an der Historienmalerei des 19. Jahrhunderts. Und schließlich sei das Kaulbach-Bild überhaupt das einzige aus dem Zyklus der alten Geschichte, das den Krieg überdauert habe, argumentierte er.[213]

Präsident Rudolf Hanauer war von der Vorstellung, einem Riesengemälde gegenübersitzen zu müssen, ganz und gar nicht angetan. Das Bild sei ihm »zu unruhig, zu ereignisreich, zu kriegerisch«, befand er und scharte für sein Verdikt das Präsidium hinter sich: Die Seeschlacht sei einfach nicht geeignet, den Plenarsaal des Bayerischen Landtags »in angemessener Weise auszuschmücken«.[214] Wenig später bekräftigte Hanauer gegenüber Riedl nochmals seine Meinung: Es sei ihm doch wohl »kaum zuzumuten, während der ganzen Landtagssitzungen immer in dieses aufgeregte Schlachtenbild schauen zu müssen«. Als der Rundfunkredakteur Bernhard Ücker eines Tages das versteckte Monumentalbild in einem seiner Samstagskommentare ironisch erwähnte, schrieb ihm Karl Riedl resignierend die Zeilen: »Das Salamis-Bild hängt seit hundert Jahren da, wo es heute hängt, nur blieb es unserer Zeit vorbehalten, es hinter einem elenden und schädlichen Nesselvorhang zu verbergen.«[215]

Eines Tages, so prophezeite der Vorstand, werde man den »Landtag auslachen, und das sollte man ihm doch ersparen«, denn es werde entweder gesagt, »er ist banausig, weil er Kunstwerke zuhängen lässt, mit denen er nichts anfangen kann, oder er ist prüde, weil auf dem Bild einige schiffbrüchige, aber schöne Perserinnen vorkommen, die man den Abgeordneten nicht zeigen will«.

6.2 Landtagsausbau und Denkmalschutz

Als das beharrliche Lamentieren des Landtags über die Raumnot – stets wurde schnell auch als Alibi der Bürobedarf des Bayerische Senats mit einbezogen – die Stiftung nicht bewegen konnte, das Gebäude doch noch zu räumen, reifte der Gedanke, auf dem Gelände des Maximilianeums einen Erweiterungsbau zu errichten, und zwar mit Hilfe eines Erbbauvertrages. Eine Vermietung des Grundes an das Parlament könne »bei der Mentalität des Landtags«, so Präsident Hans Ehard ein wenig selbstkritisch, wohl nicht in Frage kommen.[216] Als Entgelt forderte die Stiftung kostenlose Räume im künftigen Neubau ohne Aufrechnung der Wiederherstellungskosten des Maximilianeums, um Schulden und damit Zinszahlungen zu vermeiden. Der am 11. September 1957 ausgefertigte Vertrag zwischen dem Freistaat Bayern und der Stiftung[217] bestätigte die bestehende Vermietung des Altbaus und räumte für Erweiterungen auf Grundstücken von 635 Quadratmetern (Nordflügel) und 1058 Quadratmetern (Südflügel) Baurecht ein. Ein Erbbauzins war nicht zu entrichten. Doch für die Erfüllung des Stiftungszweckes verpflichtete sich der Freistaat zur Zahlung eines jährlichen Betrages von 100000 DM. Ab 1. Januar 1966 wurde der Betrag auf 150000 DM erhöht, während die Jahresmiete von 70000 DM für den Altbau unverändert blieb.[218]

Die Flügelbauten im Norden und Süden des Maximilianeums wurden im Herbst 1959 in einer Zeit der Wirtschaftsblüte bezogen. Bei der Errichtung waren kurioserweise ähnliche Schwierigkeiten aufgetaucht wie in den Mangeljahren beim Ausbau des alten Gebäudes: Auch jetzt fehlte es an Arbeitern, weil viele von anderen Firmen mit Lockangeboten abgeworben wurden, und die florierende Baukonjunktur kämpfte mit Engpässen bei der Lieferung von Material, Möbeln und selbst bei den großen Glasscheiben für die Verbindungstrakte zwischen Alt- und Neubau. Je zwei Abgeordnete teilten sich fortan ein Büro von 18 Quadratmetern Größe, jeder Fraktionsvorsitzende und Ausschussvorsitzende erhielt einen eigenen Arbeitsraum. Bisher hatte beispielsweise die CSU-Fraktion mit 100 Abgeordneten nur vier Räume, ihr Vorsitzender musste in einem Vorraum hausen, der wegen seiner Scheiben »Glaspalast« genannt wurde. Vertrauliche Gespräche waren da kaum möglich, da sie meist in den Wandelgängen stattfinden mussten. In der Öffentlichkeit erregte allerdings der Bau eines Schwimmbads samt Sauna für den Landtag im Keller des Nordanbaus totales Unverständnis, begleitet von bösen Kommentaren in der Presse. Ein bedeutungsvoll gesprochener Satz bei der Schlüsselübergabe war bald schon Schall und Rauch. Ludwig Wambsganz, Leiter der Obersten Baubehörde, sagte zu Landtagspräsident Hans Ehard, mit diesem Tag finde die Baugeschichte des Maximilianeums ihren Abschluss.[219]

Es dauerte gerade mal rund ein Dutzend Jahre, bis der Landtag erneut die Stiftung aufforderte, »das Gebäude des Maximilianeums zu verlassen und eine andere, ihr vom Staat zur Verfügung zu stellende Unterkunft zu beziehen«.[220] An der »drängenden Raumnot« hatte sich trotz der drei Millionen DM teuren Flügelbauten nichts geändert, es mangelte nach wie vor an Büroräumen, vor allem aber an Arbeitsräumen für die Abgeordneten, die sich nun beklagten, ihr Zimmer zu zweit oder sogar zu dritt teilen zu müssen. Doch die Zweckbestimmung des Gebäudes, wie Vorstand Karl Riedl auch jetzt nicht müde wurde zu betonen, wäre eben laut Satzung »unabänderlich«. Er untermauerte die Position der Stiftung mit dem Ergebnis einer Spontanabstimmung bei einem Treffen ehemaliger Stipendiaten: Von »75 Herren aller Altersklassen« stimmten lediglich vier für das Angebot des Staates, das Maximilianeum gegen ein modernes Wohnheim zu tauschen, der Rest votierte für das »Verbleiben der Stiftung in ihrem eigenen Haus«.[221]

Im Jahr 1979 legte Prof. Helmut Gebhard von der Technischen Universität München den Entwurf für einen Erweiterungsbau vor, der mit einem Schlag die leidige Raumdiskussion beenden sollte. Entlang der östlichen Umfassungsmauer empfahl er einen monumentalen Ringbau, nach außen dem Stil Bürkleins angenähert. Doch das Erscheinungsbild wurde kaum diskutiert, denn der Plan scheiterte an den Kosten, rund 70 Millionen DM, aber auch an der Notwendigkeit, die 1959 fertiggestellten Flügelbauten komplett abzureißen. Der Kauf bzw. die Anmietung von Gebäuden in der Nähe des Landtags zur Einrichtung von Wohnbüros für Abgeordnete und für Fraktionsräume wurde anfangs als Provisorium deklariert, doch daraus wurden bald Dauereinrichtungen. Neuerliche Erweiterungspläne des Parlaments auf dem Stammgelände des Maximilianeums fanden nun erstmals das wohlwollende Interesse der Stiftung, die seit 1980 auch junge Damen aufnahm, und die allen Stipendiatinnen und Stipendiaten das Wohnen auf dem Stiftungsgelände ermöglichen wollte.

Am 22. Juli 1992 beschloss das Landtagspräsidium einvernehmlich, den Planungsauftrag für die Erweiterung der beiden 1959 bezogenen Seitenflügel an die Staatsbauverwaltung zu erteilen. Bei einem beschränkten Architektenwettbewerb gewann das Berliner Architektenbüro Volker Staab und Jürgen Pleuser den 1. Preis. Ihre Erläuterung des Planentwurfs überzeugte die Jury und signalisierte eine glückliche Lösung: »Als Abschluss einer groß angelegten Stadterweiterung gedacht, stellt das Maximilianeum heute eher das Bindeglied zwischen den beiden durch Isar und Englischen Garten getrennten Stadthälften dar. Wenn auch mit unterschiedlicher Gewichtung verlangt das Gebäude nach einer neuen Orientierung nach Osten. Der vorgeschlagene Erweiterungsbau entwickelt sich aus der Logik des Altbaus (...), präsentiert sich jedoch nach Osten mit einer eigenständigen, zeitgemäßen Gestalt. Durch das Offenhalten der Max-Planck-Straße wird der Mittelrisalit des alten Maximilianeums gerahmt und bleibt nach wie vor nach außen wirksames Zentrum der Anlage.«[222]

Begeistert urteilten die Preisrichter:[223] »Der Entwurf schafft es, mit dem profilgleichen Anschluss an die Bauten der Fünfzigerjahre eine Gesamtform der Ergänzungsbauten zu entwickeln, die der Bürkleinschen Konzeption in Maßstab und Form angemessen antwortet.« Es ergebe sich ein »zeitgemäßes Gegenstück« zur bestehenden »Schauwand« der Westseite. Nach nur einjähriger Bauzeit konnten die Erweiterungsbauten eingeweiht werden, die dem Landtag 2080 Quadratmeter und der Stiftung 745 Quadratmeter zusätzliche Nutzfläche verschafften. Die Gesamtbaukosten betrugen 24 Millionen DM, wovon 17,7 Millionen auf den Parlamentsanbau entfielen. Die nicht verglasten Flächen und die spitzen Gebäudeenden wurden mit Terrakotta in Anlehnung an Bürkleins Westfassade verkleidet.

»Ein guter Wurf«, war in der »Süddeutschen Zeitung« zur Landtagserweiterung zu lesen, denn die Lösung sei »brillant und im Grunde einfach«.[224] Der Bund Deutscher Architekten (BDA) in Bayern verlieh 1995 einen seiner vier Preise für »beispielhaftes Bauen« für das fertig gestellte Gebäude. In der Würdigung war zu lesen:[225] »Der einfache schlüssige Ergänzungsbau wirkt wie eine spontane Eingebung in einem glücklichen Moment. Er ist in kürzester Zeit ohne Verunklarung oder Verfeinerung der Idee realisiert. Statt imperialer Gesten (wie an anderer Stelle der Stadt) zeigt sich hier der Staat mit seiner Architektur ohne Pathos und mit einer unerwarteten Leichtigkeit und Großzügigkeit.« Künstlerisch ideal ergänzt wurde das neue Ensemble durch eine an beiden Seiten errichtete Doppelskulptur des Bildhauers Alf Lechner, mit der die spitz aufeinander zulaufenden Häuserenden einen stelenartigen Abschluss erhielten.

Erweiterungspläne auf dem Gelände des Maximilianeums wurden auch im Jahr 2008 wieder erwogen, obwohl das Grundstück inzwischen so gut wie vollständig bebaut war. Als einzige Möglichkeit für weitere Büros und Sitzungssäle bot sich die Aufstockung des einstöckigen nördlichen Saalbaus an, wo die CSU-Fraktion tagte, und zwar bis auf die Höhe des daneben stehenden Gebäudes. Die Stiftung akzeptierte diese neuerliche Erweiterung des Landtags, machte aber gleichzeitig deutlich, dass damit das Ende der Zugeständnisse erreicht sei. Eine Aufstockung des stiftungseigenen Anbaus im Süden, ähnlich der nun angepeilten an der Nordseite, komme nicht in Frage.

Auf heftigen Widerstand stieß der Landtag beim Versuch, den schon seit den Sechzigerjahren bestehenden und später immer gravierender werdenden Mangel an Parkplätzen außerhalb des Stiftungsgrundstücks zu beseitigen. Am einzigen Parkort, im Hinterhof des Maximilianeums auf der Nordseite des Landtags, keilten sich die Fahrzeuge, und oft wurde notgedrungen gegen Auflagen der Feuerschutzpolizei verstoßen. Das provisorische Parken auf dem Gelände der Isaranlagen empörte wiederum die Spaziergänger. Dass es dennoch ein Jahrzehnt dauerte, bis Abhilfe in Form einer Tiefgarage geschaffen werden konnte, war das Ergebnis eines aus dem Zeitgeist entfachten Bürgerprotestes, der ein lautes positives Echo in der Presse fand. Ursprünglich war geplant, auf städtischem Gelände unter dem nur einen Steinwurf entfernten Sportplatz zu bauen. Obwohl es fast keine direkten Anlieger gab, formte sich über Haidhausen hinaus eine Initiative, die Sturm lief gegen die Bauwerbung des Parlaments. »Keine Tiefgarage für Bonzen« lautete der polemische Kampfruf auf Flugblättern. Das Projekt scheiterte letztlich am Nein der Landeshauptstadt. Die Gegner der Garage, die auch in den Reihen der Landtags-Grünen zu finden waren, wurden nicht müde darauf hinzuweisen, wie gut das Maximilianeum an den öffentlichen Nahverkehr angebunden sei, der folglich auch genutzt werden solle.

Dem Individualverkehr und damit der Parkplatzmisere im Hof und rund um das Maximilianeum war jedoch mit solchen Appellen nicht beizukommen. Als letzte Lösung bot sich ein Tiefgaragenbau auf eigenem Gelände an, genauer gesagt, die Nutzung der Fläche unterhalb der Westauffahrt, wo der einzige Ort war, der überhaupt noch in Frage kommen konnte. Im Herbst 1993 wurde die dreigeschossige Tiefgarage unter dem Springbrunnen der Westseite mit 232 Stellplätzen und Kosten von knapp 25 Millionen DM eingeweiht. Für die überaus komplizierte Konstruktion musste ein Korsett aus 315 Betonpfählen errichtet werden, die heute noch sichtbar im Zugangsbereich aufragen. Die Pfähle reichen bis 1,50 Meter über die U-Bahnröhre, die unter dem Gebäude hindurchführt. Nach Abschluss des Garagenbaus wurde die historische Kleeblattform für den Springbrunnen, wie er von Friedrich Bürklein entworfen worden war, nach mehr als einem Jahrhundert wieder hergestellt.

Die neue Tiefgarage hatte nur einen gravierenden Schönheitsfehler: Wegen der hohen Kosten, verbaut wurden 24,8 Millionen DM, und der immer noch virulenten Proteste knickte der Landtag vor der Bürgerstimmung ein und verzichtete auf den Einbau von Aufzügen. Sie hätten aus bautechnischen Gründen allerdings nicht im Gebäude enden können, sondern wären südlich und nördlich der Arkaden an der Auffahrtsrampe ans Tageslicht gekommen. Die neue Garage löste zwar mit einem Schlag alle Parkplatzprobleme und erwies sich keineswegs als zu groß konzipiert, wie von Gegnern prognostiziert, speziell an Parlamentstagen mit großem Publikumsverkehr und hohem Medieninteresse reichten die drei Etagen oft gar nicht aus. Bald häuften sich aber die Beschwerden der Garagennutzer, der Abgeordneten, Senatoren, der Mitarbeiter der Verwaltungen und auch von Besuchern, die sich bitter über den Umweg ins Haus beklagten. Bei Wind und Wetter ging es ent-

Südlicher Arkadengang (Ort des Ausstellungscafés der NS-Gaupropagandaleitung)

weder über die Rampe im Westen nach oben zum Haupteingang oder entlang der Umfassungsmauer zur Pforte im Osten.

Eine technisch wie politisch perfekte Lösung ergab sich, als die Finanzierung der »Bonzengarage« langsam aus dem Blickfeld der Öffentlichkeit schwand und Baufachleute auf einen alten West-Ost-Verbindungsgang aufmerksam wurden. Er diente lediglich der Rohrführung für die Entlüftung und war kaum mehr begehbar. Diese »Schneise« konnte mit Kosten von 2,8 Millionen Mark für ein Zugangsbauwerk genutzt werden, das mit zwei Rolltreppen unmittelbar den Altbau des Maximilianeums und seine Aufzüge erreichen lässt. Mitte 1998 wurde das aus kargen Ziegelsteinen hochgemauerte Bauwerk, die den vorherigen Kellercharakter eindrucksvoll festhalten, zusammen mit einer »zweiten« Grundsteinlegung eingeweiht. Die Landeshauptstadt München, die die billige Garagenlösung unter ihrem Sportplatz torpediert hatte, zeichnete das »Zugangsbauwerk Max-Planck-Straße 1«, so die Preisplakette, im Rahmen ihres Wettbewerbs »Denkmalschutz und neues Bauen« als »vorbildliche Baumaßnahme« mit einer »lobenden Erwähnung« aus.

Der Wechsel in der Präsidentschaft des Bayerischen Landtags nach der Wahl vom Herbst 1978, Franz Heubl folgte auf Rudolf Hanauer, brachte eine Zäsur in der Einschätzung des Maximilianeums als Gesamtkunstwerk. Das Präsidium beschloss, das historische Gebäude im Rahmen eines denkmalpflegerischen Konzepts von Grund auf gemäß den Ideen des Baumeisters wie auch des Stifters zu sanieren. Treibende und gestaltende Kraft auf der Ebene der Parlamentsbürokratie war der neue Landtagsdirektor Harry A. Kremer. Er verstand es, als kunstsinniger Verwaltungschef bei der Spitze des Hohen Hauses für die Ausschmückung des Parlamentsgebäudes im Sinne der Tradition wie der Moderne zu werben und, allerdings in Grenzen, zu begeistern. Kremers Kunstprogramm, vom neuen Landtagspräsidenten und großen Teilen des Präsidiums dann mitgetragen, diente Franz Heubl auch der überparteilichen Profilierung nach innen wie nach außen.

Präsident Heubl berief bald nach seiner Wahl an die Spitze des Landtags eine Expertenkommission ein, deren Aufgabe es war, das Maximilianeum mit der Funktion als Landtagsgebäude zu versöhnen und entsprechende denkmalpflegerische Vorschläge zu machen. Eine erste bauliche Maßnahme war in der Eingangshalle die Öffnung der nach dem Krieg zugemauerten Arkadenbögen. Dabei wurden die Stuckarbeiten an der Decke freigelegt, für die Farbgestaltung orientierte man sich am ursprünglichen Erscheinungsbild. Im nördlichen Arkadensaal, Konferenzzimmer genannt, wurden die erhalten gebliebenen Wandgemälde restauriert. Zu neuer Frische verhalfen die Restauratoren dem Fresko des Historienmalers Engelbert Seibertz, das Alexander von Humboldt im Kreise zeitgenössischer Mitglieder der Bayerischen Akademie der Wissenschaften zeigt, sowie den Bildnissen von zwölf deutschen Erfindern und Wissenschaftler. Im südlichen Arkadensaal, dem »Lesesaal«, stießen die Fachleute im Sommer 1985 beim Entfernen der Putzschichten der Nachkriegszeit auf Reste der acht Standbilder des Malers Friedrich von Pecht aus der Zeit um 1875, die bedeutende Monarchen und Staatsmänner, von Karl dem Großen über Napoleon oder Friedrich II. bis zu Marschall von Blücher darstellte. Die Fresken wurden freigelegt und originalgetreu ergänzt. Zur Wiederherstellung der »Versammlung bedeutender Staatsmänner zur Zeit des Wiener Kongresses« konnte sich das Präsidium dann doch nicht durchringen, weil sich auch kritische Stimmen zu Wort meldeten, die eine allzu museale Ausrichtung des Parlamentsgebäudes ablehnten. Diesen Bedenken war es auch zuzuschreiben, dass die seit Kriegsende im Keller lagernden 24 Marmorbüsten von Peter Schöpf und Johann Halbig nur zögernd und probeweise aufgestellt wurden, wobei der ursprüngliche Ort in den beiden westlichen Wandelgängen nicht mehr in Frage kam. Kirchenmaler stellten den Deckenschmuck der unteren Arkaden wieder her, die im Krieg fast völlig zerstört worden waren. Eine Fotodokumentation, angefertigt in den letzten Kriegsjahren auf Initiative des Architekturprofessors Hans Döllgast, ermöglichte die detaillierte Rekonstruktion der Originale. Nach einer Fassadeninstandsetzung zu Beginn der Sechzigerjahre mussten 20 Jahre später bereits wieder Tausende von Terrakottaziegeln ausgetauscht werden, die von Spezialfirmen in Kooperation mit der Fachschule für Keramik in Landshut auf handwerkliche Art hergestellt wurden.

Das größte Bild Münchens, Kaulbachs »Seeschlacht von Salamis«, blieb aus »akustischen Gründen« im Plenarsaal hinter einem Schallschutzvorhang verborgen, der jedoch nun für Besucher des Maximilianeums beiseite gezogen werden konnte. Beim Totalumbau des Saales wurde das Bild entfernt und hängt seit Juni 2008, nun stets sichtbar, zusammen mit dem zuvor ebenfalls versteckten Gemälde »Kaiser Friedrich Barbarossa und Herzog Heinrich der Löwe in Chiavenna« von Philipp Foltz in dem für 6,2 Millionen Euro renovierten Senatssaal. Dieser Raum, wegen des abgetrennten Eingangsbereichs nicht ganz so groß wie der Landtagssaal, dient seit der Auflösung der Zweiten Kammer durch Volksentscheid als Ort für Veranstaltungen. Dort wurde an der nördlichen Stirnseite der Gobelin mit dem Großen Bayerischen

Anbauten von 1994 mit neuer Treppenanlage

Staatswappen und den Wappen der Regierungshauptstädte angebracht, den Hermann Kaspar für den Plenarsaal entworfen hatte. Das Bildwerk des Münchner Künstlers, der als Spezialist für Monumentalmalerei im Dritten Reich eine fragwürdige Karriere gemacht hatte, soll an den alten Sitzungssaal erinnern, wo es 1950 aufgehängt worden war.

Die zeitgenössische Kunst repräsentieren augenfällig die beiden bereits erwähnten Stahlstelen des 1925 in München geborenen und zu Weltruhm gelangten Bildhauers Alf Lechner. Die Doppelskulptur mit 34 000 Kilo Gewicht, bestehend aus massivem Cortenstahl, schuf der Künstler aus einem Block mit quadratischer Grundfläche, den er mit einem vielflammigen Gasbrenner durchschnitt. Der dadurch entstandene dreieckige Grundriss nimmt die Keilform der beiden preisgekrönten Erweiterungsflügel an der Osteinfahrt auf. Lechners Arbeit, Ergebnis eines Wettbewerbs, folgt seiner Devise: »In der Einfachheit steckt so viel Kompliziertes, dass man gar nicht einfach genug sein kann.«

Auf Initiative von Landtagsdirektor Harry A. Kremer beauftragte der Landtag 1990 Professor Gerd Winner, Professor für Malerei und Grafik an der Akademie der Bildenden Künste in München, mit der »Suite Maximilianeum«. Auf den 24 Serigrafien erscheinen die Fenster und Bögen des Gebäudes wie »Einblicke und Durchblicke«. Der international renommierte Künstler, geboren 1936, stellte so die Funktion des Maximilianeums als Parlamentsbau dar, als ein nach außen und wie innen offenes Haus. Der für Winner typische, durch Überblendungen verfremdete Fotorealismus geht sparsam mit Farbe um und führt zu einer radikalen künstlerischen Vereinfachung. Die Siebdrucke wurden im Alt- und Neubau an markanten Punkten aufgehängt.

Für junge Künstler veranstaltete der Landtag 1995 einen Wettbewerb mit der Aufgabe, die Sitzungssäle und Aufzugfoyers des neuen Anbaus zu schmücken. Unter dem Motto »Kunst im Parlament – Bilder aus Bayern« konnten Künstlerinnen und Künstler im Alter bis zu 35 Jahre teilnehmen, die in Bayern geboren oder sesshaft waren. Aus den von 60 Kunstschaffenden eingereichten Arbeiten wurden Werke von Karin Haslinger (Marktoberdorf), Franziska Hufnagel (München), Norbert Käs (Pfaffenhofen), Andreas Legath (Bad Aibling), Tanja Mohr und Christoph Brech (beide München) angekauft.

6.3 Neuer Plenarsaal in alter Hülle

Der aus dem einstigen südlichen Galeriesaal durch Einbau zweier Tribünen und den Aufbau eines Glasdaches entstandene Plenarsaal des Landtags bedurfte ein halbes Jahrhundert nach seiner Fertigstellung einer grundlegenden Renovierung. Dringend notwendig war die Sanierung der Klima- und Heizungstechnik und der Elektroinstallationen, innenarchitektonisch zu lösen war die Verkleinerung des Parlaments von 204 auf 180 Sitze. Der Architektenwettbewerb endete im Jahr 2000 mit dem verblüffenden Ergebnis, dass der mit einem Sonderpreis ausgezeichnete Entwurf des Stuttgarter Architektenbüros Behnisch & Partner das meiste Interesse erregte. Dabei verstieß der Behnisch-Entwurf, der auf das Dach des Maximilianeums einen Glasaufbau setzen wollte, gegen die Ausschreibung. Die Vorgabe lautete nämlich, eine Modernisierung innerhalb der bestehenden Umrisse des Plenarsaals zu konzipieren. Den 1. Preis errang der Berliner Architekt Volker Staab für seine Lösung, an der Ostseite Fenster zu öffnen (wohl ähnlich wie im Senatssaal) und ein transparentes Dach aufzusetzen.

Die Idee von Günter Behnisch, der international vor allem durch sei-

Neuer Plenarsaal Richtung Süden

ne Zeltdachkonstruktion für das Münchner Olympiastadion bekannt geworden war, begeisterte spontan Landtagspräsident Johann Böhm und die meisten Parlamentarier. Allerdings votierte nur zwei Monate später die Münchner Stadtgestaltungskommission mit 14 zu sechs Stimmen gegen eine »gläserne Krone« für das Maximilianeum. Um keine geschmackliche Vorgabe machen zu müssen, hatte sich der Landtag an das Votum dieses Gremiums schon im Vorhinein angebunden. Architekturprofessor Enno Burmeister sagte, die geplante Glasetage zerstöre das in Europa einmalige Gesamtensemble aus Maximilianstraße und Maximilianeum. Das Landesamt für Denkmalpflege hatte ebenfalls massive Bedenken: Der Glasaufbau werde nicht wie ein »Luftgebilde« über dem Landtag schweben, sondern sich mit Beleuchtung wie eine Laterne über die alte Fassade erheben.[226] Die anfängliche Begeisterung für etwas revolutionär Neues in Verbindung mit einem traditionellen Baukörper machte somit rasch allgemeiner Skepsis Platz. Ein zweiter Anlauf in Gestalt eines weiteren Wettbewerbs zum Neubau des Plenar-

Raum der Stille

saals wurde gestartet. Zu den Einsendungen gehörten auch Entwürfe, die sich am Dachaufbau von Behnisch, nur niedriger konzipiert, orientierten. Den 1. Preis erhielt nun Thomas van den Valentyn (Köln) für seinen Entwurf, den zweigeschossigen Nordanbau (also Konferenzsaal, einige Büros und Schwimmbad) abzureißen und den gesamten Nordhof mit einem Glasanbau zu füllen. Auch in diesem Fall wäre wie beim Behnisch-Entwurf der historische Plenarsaal, dem Landtagspräsident Böhm durchaus lobend eine »gewisse Schulraumatmosphäre« attestierte und der immerhin mehr als ein halbes Jahrhundert bayerische Nachkriegsgeschichte repräsentierte, erhalten geblieben.[227]

Letztlich lautete die knifflige Frage, ob der Landtag für seinen Plenarsaal symbolhaft eine ganz neue architektonische Lösung verwirklichen wolle oder ob der Sparstift die Modernisierung im alten Rahmen diktieren solle. Das Präsidium entschied sich schließlich für die zweite Version, denn der Dachaufbau von Behnisch hätte immerhin 25 Millionen Euro verschlungen, wäre aber vermutlich zu einer ähnlichen Attraktion für das Besucherpublikum geworden wie die Berliner Reichstagskuppel. Doch auf die aktuelle Haushaltsenge blickend wagte es der Landtag nicht, mit einer architektonisch exklusiven Lösung ein selbstbewusstes bauliches Zeichen zu setzen. In dieser Situation wurde mit einem Schlag Volker Staab, der Sieger des ersten Wettbewerbs, zum Nothelfer und bekam den Auftrag, den Umbau in den Maßen des alten Saales zu planen. Architekt Staab, bereits geehrter Baumeister für die überaus gelungene Abschlussgestaltung der Ostfront, räumte ein, selbst eine Zeitlang die Dachlösung als »Art der Befreiung« angesehen zu haben, versprach aber, beim Einbau des neuen Plenarsaals keinen historischen Raum zu zerstören, da ihm das Ensemble Maximilianeum am Herzen liege.[228] Das Ergebnis seiner Planungen löste ungeteilte Zustimmung, ja Begeisterung aus.

Entscheidend für den neuen Raumeindruck, der entstehen sollte, war der Abbruch der beiden Tribünen für Presse und Besucher und die Drehung des Saals um 180 Grad, sodass das Präsidium jetzt nicht mehr an der West-, sondern an der Ostseite sitzt. Zur Südseite gibt ein Fenster den Blick auf den Park frei. Eine schmale Zentraltribüne im Westen mit 160 Plätzen dient nun Presseleuten, Besuchern und Ehrengästen als Beobachtungsort. Eine semitransparente Lichtdecke sorgt für optimale Helligkeit. Die Auflösung des Senats half dem Bayerischen Landtag in der Umbauzeit aus der Patsche. Die Abgeordneten konnten sich währenddessen bei den Vollversammlungen im Senatssaal niederlassen. Zur Erinnerung an ihren Stammplatz im alten Saal durften sie gegen ein geringes Entgelt den mit rotem Leder bezogenen Klappstuhl abbauen und mit nach Hause nehmen.

Nach nur 15-monatiger Bauzeit konnte am 13. Dezember 2005 der neue Plenarsaal des Landtags eingeweiht werden. Architekt Volker Staab beschrieb den Raum als eine »Raumschale aus Holz«, kombiniert mit einer »Lichtschale aus Glas«. Farblich dominieren nun Holzflächen aus gebleichter Eiche (Wände, Parkett, Tischreihe), rote Leder- und Textilbezüge an den Stühlen sowie eine Glasfläche von fast 600 Quadratmetern an Decke und Wänden. Das Große bayerische Staatswappen, bisher ein Gobelin, wurde nach einem Entwurf des Objektkünstlers Nol Hennissen diskret in das Holz der Ostwand eingefräst, die Wappen der Regierungsbezirke schmücken die Rückwand der Besuchertribüne. Der Architekturkritiker Gottfried Knapp urteilte in der »Süddeutschen Zeitung« über den neuen Plenarsaal: »Wer diesen gruftig engen Raum in Erinnerung hat, wird die strahlende Helligkeit und Weite des neuen Saals wie ein Wunder empfinden.«[229]

Die Kosten betrugen 9,9 Millionen Euro und lagen damit ihm Rahmen der Planung. Auf jetzt 580 Quadratmetern, hinzugekommen waren technische Räume und die Diplomatenloge, gibt es nur noch 164 Sitze. Die restlichen 16 Sitze entfallen auf die Regierungsbank bzw. transportable Stühle. Kameras des Landtagsamtes und des Bayerischen Rundfunks sind in der Holzverschalung über den Regierungsbänken installiert. Sie ermöglichen Aufnahmen aus allen Perspektiven und vor allem Live-Übertragungen im Internet. Die Abgeordneten haben an ihren Pulten drahtlose Anschlüsse für ihren Laptop.[230]

Im Zuge der Umbauten wurde unterhalb des Plenarsaals ein »Raum der Stille« geschaffen. Der lang gezogene rechteckige Raum, früher Teil des Senatsarchivs, ist bewusst schlicht gestaltet und bietet die Möglichkeit zu Rückzug, Meditation und Andacht. Eine Klangschale mit Filzschlegel kann bei Bedarf durch ein Lesepult ersetzt werden. Besucher blicken auf ein in Glas gestaltetes Kreuz. »Wenn es gewünscht wird«, so lautet der diskrete Hinweis hinter einer Holztür, »kann entsprechend der Rechtslage das Kreuz für die Dauer des Aufenthalts einer Person oder einer Gruppe auch in eine dafür vorgesehene Verankerung in den Wandschrank gestellt werden.« Ein reliefartiger Schriftzug, eingelassen in die Wand, zitiert auf Griechisch und Deutsch die Bibel (Lukas 11,35): »So schaue darauf, dass das Licht in dir nicht Finsternis sei.«

7. Schlussbetrachtung

Das imposanteste Parlamentshaus der Bundesrepublik liegt an der Isar«, urteilt der Architekturhistoriker Michael S. Cullen.[231] Damit erfüllte das Maximilianeum auf scheinbar ideale Weise den vorherrschenden Wunsch der meisten Parlamentarier nach »Repräsentativität«, der ihnen laut Cullen »kaum auszutreiben« ist.[232] Dass Zweckmäßigkeit und Funktionalität hintan gestellt werden mussten und auch später baulich nicht mehr herbeizuholen waren, behindert bis heute den Ablauf der Parlamentsarbeit im Bayerischen Landtag. Die Grundsatzfrage wie »demokratische Architektur« im Zusammenspiel mit ihrem Repräsentationsanspruch bei der Planung von Neubauten für Volksvertretungen zu verwirklichen sei, konnte in Bayern kaum erörtert werden, allenfalls bei der Diskussion über die Ausgestaltung des Plenarsaales.

Dafür hat der Denkmalschutz weit mehr als in anderen deutschen Parlamenten, die zum Teil ebenfalls unter historischen Dächern tagen, die Abgeordneten des Bayerischen Landtags beschäftigt. Das begann mit der Anpassung des Maximilianeums an eine einigermaßen parlamentsgerechte Funktion und reichte über bauliche Erweiterungen bis hin zur Besinnung auf ein »Gesamtkunstwerk«, das es im Rahmen der parlamentarischen Arbeitserfordernisse instandzusetzen und zu bewahren galt. All dies musste oft in einer spannungsgeladenen Atmosphäre stattfinden, da der Landtag lange Zeit nicht akzeptieren wollte, dass sein allgemein als Heimstätte der bayerischen Volksvertreter anerkanntes Domizil immer noch in »Fremdbesitz«, weil angemietet, war. Die Stiftung wiederum konnte aus ihrem unanfechtbaren Besitzstatus und der sich daraus ergebenden Zwangsnachbarschaft mehr Gewinn ziehen, als sich anfangs abzeichnete. Dabei stand und steht die Entlastung von Instandhaltungskosten des Hauses weniger im Vordergrund als die garantiert sprudelnde Geldquelle aus der Vermietung, mit deren Hilfe die Unabhängigkeit der Stiftung garantiert ist, was im Falle staatlicher Dotationen nicht garantiert wäre.

Mit einem bescheidenen Festakt wurde die für beide Seiten im Laufe der Jahre gefundene vorteilhafte Koexistenz besiegelt. Aus Anlass der Einweihung des Zugangsbauwerks zur Tiefgarage kam es zu einer

Landtagspräsident Böhm setzt am 30. Juni 1998 einen neuen Grundstein (rechts Stiftungsvorstand Beißer)

»zweiten Grundsteinlegung« für das Maximilianeum.[233] Auf der Plakette ist zu lesen: »Der Grundstein, den König Maximilian II. am 6. Oktober 1857 gelegt hat, wurde bei den Bauarbeit für diesen Zugang am 24. Februar 1998 etwa 30 Meter von dieser Stelle entfernt aufgefunden. Landtagspräsident Johann Böhm und der Vorstand der Stiftung Maximilianeum, Hanspeter Beißer, haben hier am 30. Juni 1998 einen neuen Grundstein gelegt.« Präsident Böhm erinnerte an den alten Brauch, sich mit einem Grundstein gegen Dämonen zu schützen und sagte, auf die unguten Auseinandersetzungen zwischen Parlament und Stiftung anspielend: »Wir wollen widrigen Geistern keine Chance geben.« Wie es ebenfalls alter Brauch ist, kamen in den zweiten Grundstein zeitgenössische Erinnerungsstücke, nämlich aktuelle Pläne des Maximilianeums, sämtliche gängigen Münzen, Briefmarken, sechs bayerische Tageszeitungen sowie eine CD mit Bayernhymne und Deutschlandlied. Und natürlich wurde ein Eisenbahnmodell mit eingemauert, nur unvergleichlich kleiner als die Lokomotive des Königs, nämlich das Modell der berühmten »Adler«, eine Miniatur der Firma Märklin, deren Original einst die »Ludwigseisenbahn Nürnberg–Fürth« befuhr. Auf der Urkunde steht: »In Bayern ist derzeit Dr. Edmund Stoiber Ministerpräsident und Johann Böhm Landtagspräsident.«

Im Jahr 2008, bei der Achthundertfünfzigjahrfeier der Landeshauptstadt München, spielte das Maximlianeum, wie nicht anders zu erwarten, in dem opulenten Festprogramm keine Rolle, nicht einmal eine kleine Nebenrolle. Das »Königliche Tafeln« während der Festwochen, ein Galadinner für zahlende Gäste in den Räumen der Gastronomie und unter den Nordakaden, war eine Privatinitiative für wenige. Was, so mag die Frage der Veranstalter des Stadtfestes gelautet haben, was hat das Maximilianeum denn eigentlich mit der Stadtgeschichte zu tun. Im engeren Sinne gar nichts, lautet die simple Antwort, weshalb die Münchner das Gebäude auch meist nur von außen kennen. Aus dem schwer auszusprechenden Namen Maximilianeum hat schon Karl Valentin, den Witz der Vorstädter aufgreifend, ein »Minimaximilinoleum« gemacht, ja er fand sogar noch eine Steigerung mit einer Feier zum »Minimaximilinoleumjubiläum«. Die Münchner haben das Maximilianeum selten mit sympathievoller Neugier, eher mit einer Mischung aus Unverständnis und spöttischer Distanz betrachtet.

Ein gastfreundlich-offenes Haus im Wortsinne war das Maximilianeum freilich auch nie. Fremde umrunden das Gebäude zumeist bei der Stadtrundfahrt mit dem Bus, der Schrittgeschwindigkeit fährt, um Zeit zu geben für einen Schnappschuss und die Kurzerläuterung vom Tonband: »Erbaut von König Max II., seit 1949 Sitz des bayerischen Parlaments ...« Wer sich aber die Mühe macht, die Auffahrt hochzuwandern, wird mit einem schönen Ausblick auf München belohnt. Zwei Etagen höher, für die meisten unerreichbar, ist das Panorama vom großen Rundbogenfester im Steinernen Saal aus noch beeindruckender, ja geradezu grandios. Doch dorthin gelangt der Spaziergänger nur selten, denn das Haus der Volksvertretung kann kein »Haus des Volkes«, kein »offenes Haus« sein, allein schon aus Gründen der Sicherheit. So bewahrt der fremdartige Bau über der Isar seine Geheimnisse vor der Neugier des Massentourismus.

Anmerkungen

1   Unter dem Namen Maximilianeum gibt es noch ein weiteres Gebäude, das für Kaiser Maximilian I. (1459–1519) in Innsbruck errichtete Haus, das heute als Museum »Goldenes Dachl – Maximilianeum« eines der Wahrzeichen der Stadt ist.
2   Der bosnische Arbeiter Jovan Popovic verlangte einen Finderlohn, auf den er allerdings rechtlich keinen Anspruch hatte, da der Grundstein samt Inhalt nicht »verloren« war. Unbekannt war lediglich der Ort der Niederlegung. Außerdem waren die aufgefundenen Gegenstände zweifellos im Eigentum der Stiftung. Vgl. »Vermerk« der Landtagsverwaltung zur Rechtslage, 24.4.1998 (Kopie in: Archiv der Stiftung Maximilianeum, künftig abgekürzt AStM, vgl. auch SZ vom 4.3. und 25.5.1998).
3   Zitiert nach »Abendblatt« zur »Neuen Münchener Zeitung«, 6.10.1857, vgl. auch »Neueste Nachrichten« 7.10.1857. Die »Allgemeine Zeitung« Augsburg, als liberales Blatt eine der wichtigsten Zeitungen in Deutschland und tägliche Lektüre der »Gebildeten«, brachte keine Meldung.
4   Das »Programm für die feierliche Grundsteinlegung« ist zusammen mit einem ausführlichen Bericht der »Chronik der Stadt München« beigelegt (Stadtarchiv München).
5   Die Lokomotive samt weiteren Fundstücken gehören der Stiftung Maximilianeum und sind ständig im »Steinernen Saal« des Maximilianeums in einer Vitrine ausgestellt.
6   Achim Sing in der biografischen Einführung zu den von ihm mit Kommentar herausgegebenen Aufzeichnungen von Max II. (Die Memoiren König Maximilians II. von Bayern 1848–1864, Schriftenreihe zur bayerischen Landesgeschichte, herausgegeben von der Kommission für bayerische Landesgeschichte bei der Bayerischen Akademie der Wissenschaften, Band 112, München 1997), S. 37. Zur Biografie von Max II. vgl. auch die Aufsätze in: König Maximilian II. von Bayern 1848–1864, herausgegeben vom Haus der Bayerischen Geschichte, Rosenheim 1988, und die materialreiche Arbeit von Michael Dirrigl, Maximilian II., König von Bayern 1848–1864, München 1984 (2 Bände).
7   Vgl. Schlussbericht des »Vollziehungsausschusses zur Errichtung des National-Denkmals für Weiland Se. Majestät König Maximilian II« (verfasst von Joseph Pölzl). In ganz Bayern wurden 447 »Kreis- und Filial-Comités« gegründet, in der Liste der Mitglieder finden sich vor allem Vertreter des Besitz- und Bildungsbürgertums. Elf Entwürfe für das Denkmal wurden im Mittelbau des Münchner Glaspalastes ausgestellt. Die Gemeinde München sicherte 100000 Gulden für den Fall zu, dass landesweit mindestens die gleiche Summe zusammenkommen würde. Zum Tod von Max II: »Neues-

te Nachrichten« München 11.3.1864 (»Trauerausgabe«) und 12.3.1864, sowie »Allgemeine Zeitung« Augsburg 11.4.1864.
8   Zitiert nach Alexander Klar (Im Dienste des bayerischen Königs. Leben und Werk des Baumeisters Friedrich Bürklein 1813–1872, München 2002), S. 93 f.
9   Vgl. dazu Klar, ebd., S. 11 f.
10 Zitiert nach August Hahn, Der Maximilianstil (in: 100 Jahre Maximilianeum 1852–1952, Festschrift, herausgegeben von Heinz Gollwitzer, München, o. J.), S. 84.
11 Zitiert nach Gerhard Hojer, München – Maximilianstraße und Maximiliansstil, in: Die deutsche Stadt im 19. Jahrhundert. Stadtplanung und Baugestaltung im industriellen Zeitalter, herausgegeben von Ludwig Grote, München 1974, S. 34.
12 Zitiert nach Hahn/Gollwitzer, a. a. O., S. 114.
13 Ebd., S. 117.
14 Die »Zivilliste« betrug 2 350 500 Gulden. Davon erhielt sein resignierter Vater Ludwig allein 500 000 Gulden. Außerdem mussten über die Zivilliste die Apanagen der gesamten königlichen Familie, die Hofgesellschaft und die Hofbediensteten, etwa 300 bis 400 Personen, bezahlt werden.
15 Dirrigl, a. a. O., S. 709.
16 Vgl. »Königliches Maximilianeum« (handschriftliche Zusammenstellung, 4 Seiten, nicht datiert, entstanden um 1900, in: Akten Maximilianeum, Universitätsbauamt).
17 Vgl. »Athenäum, später Maximilianeum« (maschinenschriftliche Zusammenstellung, 2 Seiten, in: Akten Maximilianeum, Universitätsbauamt).
18 Vgl. Heinrich Habel, Semper und der Stilwechsel am Maximilianeum, in: Jahrbuch der Bayerischen Denkmalpflege 28 (1970/71), S. 284 ff.
19 August Hahn, Der Maximiliansstil in München. Programm und Verwirklichung, München 1982, S. 85.
20 Zitiert nach Hahn, ebd., S. 88.
21 Bayerischer Kurier (Münchner Fremdenblatt) 3. und 10. 5. 1889.
22 Vgl. Hahn, a. a. O., S. 98 f.
23 Vgl. Heinz Gollwitzer, Vorgeschichte und Anfänge des Maximilianeums, in: 100 Jahr Maximilianeum, Festschrift, herausgegeben von Heinz Gollwitzer, München, o. J. Auf diesem grundlegenden Aufsatz zur Stiftungsgeschichte beruhen die weiteren Ausführungen.
24 Zitiert nach Gollwitzer, ebd., S. 30 f.
25 Ebd., S. 40.
26 Erinnerungen von Friedrich-Karl Eifler in: Festschrift für Karl Riedl zum 75. Geburtstag (Stiftung Maximilianeum), herausgegeben von Kai und Kilian Brodersen, Oxford und München 1982, S. 32.
27 Vgl. Stefan Fisch, Die Stiftung Maximilianeum in den Jahren des Nationalsozialismus, in: 150 Jahre Stiftung Maximilianeum 1852–2002, herausgegeben von der Stiftung Maximilianeum, München 2002, S. 15.
28 Ebd., S. 17.
29 Ebd., S. 19.

30   Ebd., S. 34. Ein ehemaliger Maximilianeer erinnert sich, »im Allgemeinen war, zumindest bei den älteren Jahrgängen, die Einstellung (gegenüber dem Nationalsozialismus, Anm. d. Verf.) sehr reserviert, bzw. ablehnend. Soweit ich es beurteilen kann, gab es im Hause überhaupt keine Zustimmung zum Antisemitismus der Nazis. Dagegen gab es deutliche Unterschiede, was die Reaktionen zu den klar erkennbaren Kriegszielen der Nazis betraf. Nicht wenige Maximilianeer waren betont patriotisch eingestellt, und das steigerte sich allmählich in dem Maße, wie die außenpolitischen Erfolge des Regimes zunahmen.« Ein anderer schreibt: »Von Spannungen zwischen nationalsozialistisch gesinnten Studenten und anderen konnte ich so gut wie nichts bemerken. Der Hitlergruß wurde im Hause nie geübt.« Und ein dritter notiert: »Spannungen wegen politischer Gesinnung habe ich im Maximilianeum nicht bemerkt. Ich hatte den Eindruck, dass fast alle dem neuen Regime sehr distanziert gegenüberstanden.«

31   Ebd., S. 74.

32   Vgl. Ralf Hahn, Eine Anmerkung zur Biografie Johannes Starks, in: Sudhoffs Archiv, Band 75, Heft 1 (1991), S. 114f. Prüfungsakten im AStM. Stark erhielt 1919 den Nobelpreis für die »Entdeckung des Dopplereffekts bei den Kanalstrahlen«. Nach dem Krieg aufgrund seiner antisemitischen Publikationen angeklagt, sagten die Physikerkollegen Max von Laue, Arnold Sommerfeld und Werner Heisenberg gegen ihn aus.

33   Vgl. Hermann Rumschöttel, Die Aufnahme in das Maximilianeum. Eine Fußnote zur politischen Biografie von Franz Josef Strauß, in: Jahrbuch für fränkische Landesforschung, Band 66, Jahrgang 2006, S. 581 ff.

34   Alois Alzheimer, Wie es damals war, in: Festschrift Riedl, a.a.O., S. 13.

35   Edith Rüdin, Zur Soziologie der Angehörigen des Maximilianeums, in: Gollwitzer/100 Jahre, a.a.O., S. 167–204.

36   Ebd., S. 180 ff.

37   Hanspeter Beißer, Das Netzwerk der Eliten, in: Stiftungsverzeichnis Stiftung Maximilianeum 1852–2002, Wittelsbacher Jubiläumsstiftung 1980–2002, München 2002. Der Band enthält unter anderem eine Liste sämtlicher Stipendiaten der Stiftung von 1852 bis 2002, der Stipendiatinnen der Zustiftung von 1980 bis 2002, die Abiturgymnasien der Maximilianeer, ihre Geburtsorte und Konfessionen.

38   Freiherr Helmut von Tautphoeus, Die Königlich Bayerische Pagerie, in: Der Zwiebelturm, Monatsschrift für das bayerische Volk und seine Freunde, 7. Jg., August 1952, S. 179f.

39   Siehe dazu Cornelia Oelwein, Die Ferienreisen der Königlich Bayerischen Hofpagen von 1817 bis 1914. Ein Beitrag zur bayerischen Bildungsgeschichte des 19. Jahrhunderts, in: Zeitschrift für Bayerische Landesgeschichte, Band 67, 2004, S. 331 ff.

40   Vgl. August Freiherr von Müller, Geschichtliche Entwicklung der Königlich Bayerischen Pagerie von 1514 bis zur Gegenwart, München 1901. Müller war von 1884 bis 1905 Pagenhofmeister.

41   Tautphoeus, a.a.O., S. 180.

42 Walter von Rummel, Pagenzeit, zitiert nach Oelwein, a.a.O., S. 341 f. (Anmerkung 58)
43 Müller, a.a.O., S. 87.
44 Reinhard Piper, Vormittag, München 1947, S. 243.
45 Tautphoeus, a.a.O., S. 179.
46 Zitiert nach Oelwein, a. a. O., S. 343 f.
47 Carl Graf Moy, Als Diplomat am Zarenhof, München 1971, S. 241. Die Schilderung stammt aus der Einleitung, die sein Sohn Maximilian Graf von Moy verfasste. Er trat 1876 in die Königliche Pagerie ein und wurde nach seinem Militärdienst zum Zeremonienmeister des Prinzregenten Luitpold berufen. Er schildert die alte Pagerie hinter der Herzog-Max-Burg in München (der Ort der späteren Synagoge), wo er noch ein Jahr lebte, als »alten Ziegenstall«, S. 240.
48 Thema des Aufsatzes von Oelwein, a.a.O.
49 Müller, a.a.O., S. 78.
50 Vgl. Karlheinz Konrad, Die Grundbestimmungen für das K. Maximilianeum – Ein rechtsgeschichtlicher Streifzug, in: 150 Jahre Stiftung, a.a.O., S. 127.
51 Vgl. Aufstellung der Einnahmen aus den »Galeriegebühren im K. Maximilianeum«, Schreiben des Vorstands des Maximilianeums, Siegmund Riezler, an das Staatsministerium des Innern für Kirchen- und Schulangelegenheiten, 18.4.1911, AStM.
52 Vgl. Verzeichnis der Gemälde und Statuen des Maximilianeums (mit Gründungsurkunde als Anhang), München, o.J. Der Rundgang durch die »Säle mit den Ölgemälden«: Im *Mittelsaal*: 1. links Der Sündenfall (Alexander Cabanel, Paris), 2. rechts Muhammeds Einzug in Mekka – Zerstörung der Kaaba (Andreas Müller, München). Im *Südlichen Saal*: 3. Erbauung der Pyramiden (Gustav Richter, Berlin), 4. Gastmahl Belsazers in Susa (Karl Otto), 5. Seeschlacht bei Salamis (Wilhelm von Kaulbach, München), 6. Das Zeitalter des Perikles (Philipp Foltz, München), 7. Die Olympischen Spiele (Georg Hiltensperger, München), 8. Vermählung Alexanders des Großen mit der Tochter des Darius in Susa (Andreas Müller, München), 9. Eroberung Carthagos durch Scipio Africanus (Georg Conräder, München), 10. Christi Geburt (Johann Schraudolph, München), 11. Armins Schlacht im Teutoburger Wald (Friedrich Gunkel, Rom), 12. Roms Blütezeit unter Kaiser Augustus (Georg Hiltensperger), 13. Kreuzigung Christi (Wilhelm Hauschild, München), 14. Auferstehung von Ernst Deger (Düsseldorf). Im *Nördlichen Saal*: 15. Harun al Raschid empfängt die Gesandten Karls des Großen (Julius Köckert, München), 16. Krönung Karls des Großen (Friedrich Kaulbach, Hannover), 17. Ungarnschlacht in der Nähe von Augsburg (Michael Echter, München), 18. Kaiser Heinrich IV. in Canossa (Eduard Schwoiser, München), 19. Eroberung Jerusalems durch Gottfried von Bouillon (Karl von Piloty), 20. Kaiser Friedrich Barbarossa und Herzog Heinrich der Löwe in Chiavenna (Philipp Foltz, München), 21. Kaiser Friedrich II. und sein Hofstaat in Palermo (Artur von Ramberg, München), 22. Kaiserkrönung Ludwigs des Bayern in Rom (Alexander Kreling, Nürnberg), 23. Luther

auf dem Reichstag zu Worms (Julius Schnorr von Carolsfeld, Dresden), 24. Königin Elisabeth von England, Heerschau haltend angesichts der spanischen »Armada« (Ferdinand Piloty), 25. Gründung der Liga durch Herzog Max I. von Bayern (Karl von Piloty), 26. Peter der Große gründet Petersburg (Alexander Kotzebue, München), 27. Schlacht bei Zorndorf (Albrecht Adam, München), 28. Ludwig XIV. empfängt in Versailles eine genuesische Gesandtschaft (Ferdinand Pauwels, Weimar), 29. Washington zwingt den englischen General Cornwallis zur Übergabe der Festung Yorktown (Eugen Heß, München), 30. Schlacht bei Leipzig (Peter Heß, München).

Im *nördlichen Saal des Vorbaues*: »Versammlung von Notabilitäten der Wissenschaft und Kunst, welcher der Regierungszeit König Maximilian II. selbst angehört oder zu ihr mindestens in naher Beziehung gestanden haben« (Engelbert Seibertz): Den Mittelpunkt nimmt die Figur Alexanders von Humboldt ein, der von den beiden Präsidenten der zwei Münchner Akademien, J. v. Liebig und W. v. Kaulbach, in die Versammlung eingeführt wird. Um diese drei Männer gruppieren sich die übrigen Figuren. Im *Saale des südlichen Vorbaues*: Freskogemälde mit Staatsmännern (Engelbert Seibertz): »In der mittleren Abteilung um einen Tisch herum, teils sitzend, teils stehend, die staatslenkenden Diplomaten der Restaurationsperiode, zu einer politischen Konferenz versammelt, zunächst links vom Beschauer Talleyrand, neben ihm Montgelas, sodann Hardenberg, Metternich und ein wenig im Hintergrund Gentz.«

53 Zitiert nach Dietlind von Pfeffer, Die Historische Galerie im Maximilianeum, in: 150 Jahre Stiftung, a. a. O., S. 244.
54 Zitiert nach Lothar Altmann, Die »historische Gallerie« im Münchner Maximilianeum, in: Weltkunst, Heft 18, 15. 9. 1991, S. 2630.
55 Abschrift des Signats, AStM.
56 Zitiert nach Hubert Glaser, Zur Entstehungsgeschichte der Historischen Galerie des Königs Maximilian II. von Bayern im Maximilianeum zu München, in: Musis et Litteris (Festschrift für Bernhard Rupprecht zum 65. Geburtstag), München 1993, S. 406.
57 Pfeffer, a. a. O., S. 251.
58 Zitiert nach Pfeffer, ebd., S. 256.
59 Pfeffer, ebd., S. 257.
60 Zitiert nach Pfeffer, ebd., S. 259.
61 Pfeffer, ebd., S. 268.
62 Zusammenstellung vom 13. 6. 1897 (handschriftl. »Copie aus d. Versicherungspolice«), AStM. Ab diesem Zeitpunkt waren die Gemälde für die Prämie von einem Promille, also mit 438 Mark 30 Pf., auf zehn Jahre versichert.
63 »Verzeichnis der Ölgemälde in der Galerie des Maximilianeums in München«, AStM.
64 Vgl. die Unterlagen zur Auflösung der Königlichen Pagerie und über die Verwendung der Räume in AStM.
65 Die handschriftlichen Aufzeichnungen von Gustav Lang, Hausverwalter und Sekretär der Stiftung (überschrieben »München, Mai 1919«, 9 Seiten) reichen vom 1. bis 23. Mai, AStM.

66 Schreiben von Gustav Lang, 19.9.1919, an das Ministerium für Unterricht und Kultus, Betreff: Belegung des Maximilianeums, AStM.
67 Schreiben Kollmann, Universitätsbauamt München, an das Staatsministerium für Unterricht und Kultus, 23.1.1920, AStM.
68 Arno Günther, Vor 100 Semestern im Haus, in: Festschrift Riedl, a.a.O., S.108.
69 Schreiben des Verwaltungsausschusses der Universität, gez. Rektor Schüpfer, an die Direktion des Deutschen Museums, 15.6.1928, AStM.
70 Kurt Pranz, Vor fast 60 Jahren im Maximilianeum, in: Festschrift Riedl, a.a.O., S.171ff.
71 Arno Günther, a.a.O., S.107.
72 Schreiben des Vorstands des Maximilianeums an das Universitätsbauamt, 23.3.1933, AStM. Dort befinden sich weitere Unterlagen zu den Durchsuchungen der Räume.
73 Arno Günther, a.a.O., S.116. Günther war von 1932 bis 1935 im Haus und schildert plastisch die Auswirkungen der NS-Machtergreifung auf das Stiftungsleben.
74 Die »Aufzeichnung von Ministerialrat Dr. Eugen Mayer über einen Vortrag bei Unterrichtsminister Schemm über das Maximilianeum im Frühjahr 1933« (handschriftl. gez., »München, 19. November 1947«) befindet sich in den AStM-Unterlagen. Mayer war von 1902 bis 1906 Mitglied der Stiftung Maximilianeum.
75 Schreiben von Fritz Kempfler an Stiftungsvorstand Karl Riedl, 25.2.1980, AStM.
76 Schreiben des Universitätsbauamtes (»Geheim!«), 5.11.1936, an das Kommando der Gendarmerie-Abteilung von Oberbayern, AStM.
77 Aufstellung des Universitätsbauamts »Maximilianeum München, Größe, Art, Zweckbestimmung der Räume samt Ertrag u. Steuer- und Gebührengrundlagen bis 31. März 1938«, AStM. Nach dieser Liste war die Tanzschule Metz ein kleiner Saal (das ehemalige Kuratoriumszimmer) mit Nebenzimmer im Untergeschoss. Die »Tanzkünstlerin« Frances Metz war bereits 1923 eingezogen. Sie beschwerte sich 1935 beim Universitätsbauamt über die Beschädigung ihres Namensschildes. Wiederholt sei auch ihr Briefkasten aufgebrochen worden. Das Universitätsbauamt nahm die Beschwerde zum Anlass für ein Rundschreiben an »sämtliche Mietparteien im Maximilianeumsgebäude« (10.5.1935, Kopie AStM), das wegen der Stellungnahme der Tanzschulinhaberin im Zusammenhang mit den SA-Leuten, die das Haus nutzten, aufschlussreich ist. Das Universitätsbauamt schreibt, es könne nicht ganz ausgeschlossen werden, dass »der Unfug von einem Bewohner oder regelmäßigen Besuchern« des Gebäudes verübt werde, und fährt fort: »Frl. Frances Metz legt deshalb großen Wert darauf, dass jedermann im Haus bekannt sein möge, dass sie arischer Abstammung und Deutsche sei, ferner, dass sie den Vornamen Frances von ihrer Mutter erhalten habe, die als Hamburgerin, wie dies in deutschen Hafenstädten nicht selten sei, auf diese englische Form des Vornamens Franziska getauft worden sei. Man könne von Frl. Metz nicht erwarten, dass sie ihren Vornamen ändere.«

78 Jahrbuch der Bayerischen Akademie der Wissenschaften für 1930/31, S. 81f.
79 Zeitzeugenbericht von Hans Georg Gundel, Mitarbeiter des Thesaurus linguae Latinae, in: Archiv Thesaurus linguae Latinae (künftig: Archiv TLL).
80 Ab 1939 befand sich auch die Arbeitsstelle für das Wörterbuch der mittelalterlichen Latinität, angelehnt an den Thesaurus, im Maximilianeum. Die Räume des Thesaurus bestanden bis Mai 1946, als er »durch das Kultusministerium ohne Kündigung gezwungen worden ist, das Maximilianeum zu verlassen« (Schreiben an die Universitätskasse wegen der Mietzahlung, 23.11.46, Archiv TLL). Eine »Nebenstelle« befand sich in Icking in einem Privathaus. Ein Ausweichquartier bekam der Thesaurus schließlich im Gebäude Arcisstraße (»Führerbau«), wo auch die Hochschule für Musik ihr Domizil fand. Mitte der Fünfzigerjahre kam er mit der Bayerischen Akademie der Wissenschaften in Räume der wiederhergestellten Münchner Residenz.
81 Vgl. Eckard Michels, Deutsche Akademie, 1925-1945 in: Historisches Lexikon Bayerns, www.historisches-lexikon-bayerns.de. (14.11.2007), und Eckard Michels, Von der Deutschen Akademie zum Goethe-Institut. Sprache und auswärtige Kulturpolitik 1923-1960 (Studien zur Zeitgeschichte 70), München 2005. Ab 1941 standen im Zentrum der Forschungen unter anderem die Geschichte der deutschen Sprache, die Reihe »Das deutsche Wort in fremden Sprachen«, ein Sudetendeutsches Wörterbuch und ein Großprojekt zur Geschichte der deutschen Literatur (von acht geplanten Bänden erschien 1943 der erste Band), die Abteilung Deutsche Geschichte unter Karl Alexander von Müller arbeitete an der Herausgabe eines Handbuchs und die Abteilung Musik forschte über den Einfluss der deutschen Musik auf das Ausland.
82 Hauptversammlung am 13./14.10.1933, zitiert nach Edgar Harvolk, Eichenzweig und Hakenkreuz. Die Deutsche Akademie und ihre volkskundliche Sektion (Münchner Beiträge zur Volkskunde), München 1990.
83 Im Jahr 1928 beschloss die Leitung der Deutschen Akademie, die Aufgabe der Förderung der kulturellen Zusammenarbeit zwischen Indien und Deutschland mit zu übernehmen. Damit erhielt die Deutsche Akademie einen »Indischen Ausschuss«. Vorsitzender wurde Professor Karl Haushofer, Ehrenamtlicher Geschäftsführer Franz Thierfelder. Vgl. India Institute of the Deutsche Akademie 1928-1937, Munich (o.J.).
84 Schreiben des Thesaurus linguae Latinae, unterzeichnet von Prof. Georg Dittmann, an das Präsidium der Bayerischen Akademie der Wissenschaften, 4.11.1940, Archiv TLL. Dittmann betont, dass der Thesaurus mittlerweile »zu den großen Gemeinschaftsunternehmen der Deutschen Reichsakademie« zähle, die folglich als Mieterin der Räume zu betrachten sei.
85 Schreiben des Bayerischen Staatsministers für Unterricht und Kultus, unterzeichnet von Staatsrat Hans Meinzolt, an die Deutsche Akademie, 11.9.1945, Archiv TLL.
86 Schreiben von Franz Thierfelder (»Komm. Generalsekretär«) an den Ver-

waltungsausschuss der Universität München, 11.9.1945, Archiv TLL. Thierfelder protestierte gegen den Einzug von Bibliothek und Sammlungen des Zoologischen Seminars in die »Mieträume der Deutschen Akademie«. Nach der Auflösung der Deutschen Akademie gründete sie Thierfelder 1950 neu als privaten Verein, um damit ihr Vermögen zu retten. Auf dieser Grundlage entstand 1951 das »Goethe-Institut«. Die Deutsche Akademie wurde erst 1962 im Vereinsregister gelöscht.

87 Zusammenstellung von Oberbaurat Geiger, Universitätsbauamt München, »Die Wiederherstellungsarbeiten am Maximilianeumsgebäude in München« (23 Seiten), AStM. Geiger gibt einen detaillierten Überblick über die in den Jahren 1934 und 1935 vorgenommenen Instandsetzungsarbeiten. Eine dazu gehörende Vermögensaufstellung der Stiftung befindet sich im Staatsarchiv (Staatsarchiv München, künftig StAM, Universitätsbauamt 3). Das Gesamtvermögen wird mit 1 684 670,91 RM angegeben (Gebäude 950 670 RM, Ölgemälde 416 533 RM, Marmorbüsten 17 485,50 RM, jeweils Buchwerte, die jetzigen Werte seien niedriger anzusetzen), die Schulden belaufen sich auf 119 950 RM.

88 Schreiben des Verwaltungsausschusses der Universität München an den Reichsminister der Finanzen, z.H. Staatssekretär Reinhardt, 12.10.1933, AStM. Darin wird mitgeteilt, dass der Betrieb der Stiftung nur durch einen Zuschuss des bayerischen Staates von 16 000 RM jährlich »gerade noch aufrechterhalten werden kann«, weshalb für dringende Instandsetzungen nichts übrig bleibe. Der Verwaltungsausschuss bittet, der Stiftung die Rückzahlungslast für den erbetenen Betrag von 500 000 RM abzunehmen, entweder durch Mittel der Spende zur Förderung der nationalen Arbeit oder »auf einem anderen geeigneten Wege«.

89 Schreiben des Reichsarbeitsministers an das Bayerische Staatsministerium für Unterricht und Kultus, 4.11.1933, AStM. Es wird in Aussicht gestellt, dass das Darlehen in einen verlorenen Zuschuss umgewandelt werden könne, was nach Ablauf von fünf Jahren zu prüfen sei. Das »Gesetz zur Verminderung der Arbeitslosigkeit« vom 1.6.1933, auf dem die Finanzierung beruhte, stellte u.a. Geld für die Instandsetzung öffentlicher Gebäude bereit, das auch als Spende gegeben werden konnte. Die »Reinhardt-Spenden« zur »Förderung der nationalen Arbeit«, benannt nach dem Finanzstaatssekretär, waren mit einer Steueramnestie verbunden, d.h., sie waren voll auf Steuerleistungen anrechenbar, sogar bis zu 125 Prozent, wenn sie schnell erfolgten. Vgl. Stefan Fisch, a.a.O., S. 37ff.

90 »Völkischer Beobachter« (künftig VB), Beilage »Münchener Beobachter«: »Das Maximilianeum wird restauriert«, 7.3.1934, und VB 9.11.1935: »Das Maximilianeum in neuer Schönheit«.

91 Vgl. Anmerkung 87.

92 »Münchner Neueste Nachrichten« (künftig MNN): »Wir erobern ein Stück München«, 29.6.1936.

93 MNN 22.3.1939.

94 Schreiben des Organisationskomitees »Tag der Deutschen Kunst 1937« an das Staatsministerium für Unterricht und Kultus, 25.3.1937, AStM.

95 Vgl. Sabine Brantl, Haus der Kunst, München. Ein Ort und seine Geschichte im Nationalsozialismus, herausgegeben vom Haus der Kunst, München, München 2007.
96 Schreiben des Staatsministeriums für Unterricht und Kultus an den »Tag der Deutschen Kunst 1937«, 24.5.1937, AStM.
97 MNN 17.7.1937.
98 VB 30.4.1938.
99 Auskunft von Sabine Brantl an den Verfasser, 25.4.2008.
100 Rupprecht Geiger war 1942 mit den Aquarellen »Bei Wyasma« und »Sytschewka«, Bilder der russischen Landschaft, die er als Soldat an der Ostfront malte, vertreten (vgl. Amtlicher Katalog »Münchener Kunstausstellung 1942 Maximilianeum«). Rupprecht Geiger, geboren 1908, erlangte später Weltruhm mit seiner monochromen Farbfeldmalerei.
101 Dies schreibt Kurt Preis, München unterm Hakenkreuz. Die Hauptstadt der Bewegung: Zwischen Pracht und Trümmern, München 1980, S. 101.
102 Vgl. VB 4.5.1942.
103 VB 6.11.1942.
104 Aktenvermerk für Universitätsbauamt 4.11.1942, StAM, Universitätsbauamt 10.
105 MNN 18.4.1944: »Von Reichenhall zum Deutschen Museum«.
106 Vgl. Stefan Fisch, a.a.O., S. 80f.
107 Aktenvermerk des Präsidenten der Preußischen Akademie der Wissenschaften für den Reichsminister für Wissenschaft, Erziehung und Volksbildung vom 1.11.1941 zum Erlass vom 26.9.1941 (Kündigung der Räume des Thesaurus linguae Latinae im Maximilianeum) mit Durchschrift an den Generaldirektor des Thesaurus, Archiv TLL. Prof. Theodor Vahlen schreibt weiter: »Ich bitte anzuordnen, dass eine Verlegung des Thesaurus linguae Latinae frühestens ein Jahr nach gesetzlichem Friedensschluss vorgenommen werden darf und auch nur dann, wenn gleichwertige geeignete Räume dafür bereitgestellt werden. Eine überstürzte Räumung und eine Verlegung in ungeeignete Räume würde die Fortführung der Arbeiten auf das Schwerste gefährden.«
108 Schreiben von Stiftungsvorstand Roemer an das Bayerische Staatsministerium für Unterricht und Kultus, 9.5.1941, AStM.
109 Schreiben von Stiftungsvorstand Roemer (»Geheim!«) an den Vorstand des Universitätsbauamtes, 23.6.1939, StAM, Universitätsbauamt 10. Oberbaurat Geiger ließ Ausrüstungsgegenstände im Wert von 6500 RM anschaffen (darunter 6 Wasserfässer, 6 Sandkästen und 2 Sauerstoffheeresatmer) und stufte das Maximilianeum als »besonders luftgefährdet« ein.
110 Eine genaue Schilderung der Vorbereitungen zum Schutz der Galerie teilte Franz Geiger, nun im Ruhestand, dem Stiftungsvorstand Karl Riedl am 21.1.1952 mit (handschriftlicher Brief), AStM.
111 »Betriebsluftschutzplan des Maximilianeums, München 8, Äußere Maximilianstraße 20«, 6.4.1940, gez. Roemer, »Vorstand des Maximilianeums als Betriebsschutzleiter im erweiterten Selbstschutz«, AStM.

112 Schreiben von Stiftungsvorstand Roemer an die Kommandantur München, Major Kolb, 7.10.1942, AStM.
113 Schreiben von Stiftungsvorstand Roemer an den Führer des SA-Sturms 11/L, 13.4.1942, AStM.
114 Vertrag zwischen »dem Deutschen Reich (Reichsfiskus Luftfahrt), vertreten durch das Luftgaukommando VII, München, dieses wiederum vertreten durch Hauptmann Dommermuth, Kommandeur der lei. Flakabteilung 768 und dem Maximilianeum«, »Gefechtsstand, den 4.5.1943«, AStM.
115 Schreiben von Stiftungsvorstand Roemer an den »Kommandeur der lei. Flakabteilung 768, im Hause«, 21.9.1943, AStM. Roemer beschwerte sich unter anderem darüber, dass einige Offiziere den Gang in der Nähe der Hausmeisterwohnung »durch Urinieren« und das Wachzimmer des Betriebsluftschutzes »durch Speien verunreinigt« hätten.
116 Schreiben des Präsidenten des Bayerischen Statistischen Landesamtes an Roemer, 11.5.1944, AStM.
117 MNN 26.4.1944.
118 Zitiert nach Richard Bauer, Fliegeralarm. Luftangriffe auf München 1940–1945, München 1987, S.79.
119 Ebd., vgl. auch Aufzeichnungen von Franz Geiger für Karl Riedl (Anm. 110). In der Statistik der Stadt München (Stadtarchiv, Luftkriegszerstörungen in München im 2. Weltkrieg, Bd. II) wird das Maximilianeum nicht erwähnt, da offenbar der Grad der Zerstörung zu gering war.
120 Vgl. Maximilianeum – Aus dem Bayerischen Landtag (künftig MAX), März 1994, S.13.
121 Schreiben von Stiftungsvorstand Roemer als »Betriebsluftschutzleiter« an das Polizeipräsidium München, 19.12.1944, StAM, Universitätsbauamt 10.
122 Schreiben des Universitätsbauamts an die Universitätskasse (Bauausgaben im Rechnungsjahr 1945, hier Behebung von Kriegsschäden beim Maximilianeumsgebäude), 29.4.1946, AStM. Dem Regierungspräsidenten von Oberbayern berichtete das Universitätsbauamt am 1.2.1946 über die ersten möglichen Schritte zur »Wiederherstellung des Maximilianeumsgebäudes« (StAM, Universitätsbauamt 2). Danach gab es seit einem Jahr über dem großen Treppenhaus einen Notdachstuhl (»System Kroher«), auch die Geschosse unter der südlichen Galerie waren durch ein Notdach vor Witterungseinflüssen geschützt, während es beim nördlichen Galeriesaal noch keinen Schutz gegen Regen gebe. Die Bauverwaltung empfahl, als Erstes ein Notdach über dem Haupttreppenhaus, dann über Vestibül und Mittelsaal zu errichten, während der nördliche Saal warten könne. Die Ausführung der Eindeckungsarbeiten werde sich »infolge des Mangels an Facharbeitern und Baustoffen wohl auf einen längeren Zeitraum verteilen müssen«.
123 Vgl. Ulrike Haerendel, Das Rathaus unterm Hakenkreuz. Aufstieg und Ende der »Hauptstadt der Bewegung« 1933 bis 1945, in: Richard Bauer (Hrsg.), Geschichte der Stadt München, München 1992, S.392.
124 Vgl. Schreiben von Stiftungsvorstand Roemer an das Universitätsbauamt, 10.7.1945, AStM. Das Reservelazarett der Wehrmacht war vom 30.4. bis 23.5.1945 im Maximilianeum untergebracht und Roemer überlegte, ob

»ein gewisser Betrag für Miete« festzusetzen sei. Vgl. auch Joachim Brückner, Kriegsende in Bayern. Der Wehrkreis VII und der Kampf zwischen Donau und Alpen, Freiburg 1987, S. 204 ff.
125 Ebd., S. 207.
126 Karl Stankiewitz, Hauch von Freiheit und Anarchie – Der letzte Kriegstag an der Isar, in: MAX März 2005, S. 34 f.
127 Schreiben von Stiftungsvorstand Roemer an den Oberbürgermeister der Landeshauptstadt, 22. 5. 1945, AStM.
128 Vgl. Mietvertrag vom 11. 2. 1946, AStM. Der Alpenverein erhielt dieselben Räume wie der SA-Sturm, nämlich zwei Räume mit rund 90 Quadratmetern und einen Keller auf Untergeschosshöhe von rund 100 Quadratmetern unter den Arkaden des Südflügels.
129 Vgl. Anm. 122.
130 Wilhelm Hoegner, Der schwierige Außenseiter. Erinnerungen eines Abgeordneten, Emigranten und Ministerpräsidenten, München 1959, S. 191.
131 Wilhelm Hoegner, Das bayerische »Barlamend« nach 1946, in: Bayerland 68 (1966, Heft 5, S. 52.)
132 Bernhard Ücker, Neubeginn 1946, in: Peter Jakob Kock, Der Bayerische Landtag – Eine Chronik, München 2006, S. 15 f.
133 Vgl. Die Protokolle des Bayerischen Ministerrats 1945–1954 (künftig MR-Protokolle), Das Kabinett Hoegner I, Bd. 1, herausgegeben von der Historischen Kommission bei der Bayerischen Akademie der Wissenschaften und der Generaldirektion der Staatlichen Archive Bayerns, München 1997, Sitzung vom 5. 6. 1946, S. 550.
134 Ebd., S. 548.
135 Ebd., S. 549 f. Staatssekretär Hans Meinzolt beklagte, dass das Kultusministerium ständig angegriffen werde, weil es für die Akademie der Tonkunst nicht genügend sorge. Nun habe man sie mit vieler Mühe im Maximilianeum untergebracht, alles warte auf die Eröffnung. Meinzolt: »Wenn die Akademie der Tonkunst wieder ausziehen solle, wisse er nicht, was er machen solle.« Zur Unterbringung der späteren Musikhochschule vgl. Alexander Krause, Arcisstraße 12. Palais Pringsheim – Führerbau – Amerika-Haus – Hochschule für Musik und Theater, München 2005, S. 68.
136 Zitiert nach Gerhard Schmolze, Sprachforscher auf der Spur des Schönen. Vor 125 Jahren wurde der Romanist Karl Voßler geboren, in: Unser Bayern, Heimatbeilage der Bayerischen Staatszeitung, Sept. 1994, S. 67.
137 Karl Jering, Überleben und Neubeginn. Aus dem Tagebuch eines Deutschen 1945/46, München 1979, S. 121 (Eintrag 11. 2. 1946).
138 Vgl. Schreiben von Karl Riedl an Frau Geheimrat Voßler, 21. 3. 1955, AStM. Vgl. auch Schreiben von Karl Riedl an den Vorsitzenden des Kuratoriums, Prof. Rheinfelder, 22. 9. 1955, AStM.
139 Auskunft von Stiftungsvorstand Hanspeter Beißer.
140 Schreiben des Bayerischen Staatsministeriums für Unterricht und Kultus an den Vorstand des Maximilianeums, 8. 6. 1946, AStM.
141 Schreiben von Stiftungsvorstand Roemer an Ministerialrat Sayler, Kultusministerium, 31. 5. 1947, AStM.

142 Walter Roemer (1902–1985), von 1922 bis 1925 Stipendiat, im bayerischen Justizdienst bis 1950, Berufung in das Bundesjustizministerium, wo er bis zu seiner Pensionierung 1968 Leiter der Abteilung Öffentliches Recht war, 1936 bis 1950 Vorstand der Stiftung Maximilianeum.
143 Schreiben von Kultusminister Alois Hundhammer an den Stiftungsvorstand (»Eilt sehr!«), 31.5.1947, AStM.
144 Schreiben von Stiftungsvorstand Roemer an Ministerialrat Sayler, Kultusministerium, 31.5.1947, AStM.
145 Ebd.
146 »Die Mitglieder des Maximilianeums an die bayerische Staatsregierung, an die Herren Abgeordneten des bayerischen Landtags«, München, 28.5.1947, AStM.
147 Entwurf des Innenministeriums vom Juni 1947, AStM.
148 Entwurf, ohne Verf., AStM.
149 Begründung des »Gesetzes über die Benützung des Maximilianeumsgebäudes durch den Bayerischen Landtag«, AStM.
150 Gutachten des Bayerischen Verwaltungsgerichtshofs für das Staatsministerium des Innern, 19.6.1947, gez. Bauer, Senatspräsident, AStM.
151 Hans Rheinfelder (1898–1971), von 1919 bis 1922 Stipendiat, ab 1946 ordentliche Professur für Romanistik in München, 1945 bis 1957 Leiter des Hochschulreferats im bayerischen Kultusministerium, von 1947 bis 1967 Vorsitzender des Kuratoriums der Stiftung Maximilianeum. Das Kuratorium lehnte am 18.7.1947 einstimmig den Auszug der Stiftung ab. An der Sitzung nahmen neben dem Vorsitzenden Geheimrat Erwin Riezler, Geheimrat Albert Rehm, Prof. Max Spindler, Prof. Ludwig Steinberger, Stadtschulrat Anton Fingerle und Rechtsanwalt Werner Regnault teil (Beschluss AStM). Am 30.7.1947 schrieb Kuratoriumsvorsitzender Rheinfelder an den Verwaltungsausschuss der Universität (Prof. Schüpfer) und an die Oberste Baubehörde im Innenministerium (Ministerialrat Berndt): »Das Kuratorium erhebt Einspruch gegen die Fortsetzung der Bauarbeiten im Gebäude des Maximilianeums, soweit dadurch die Zwecke der Stiftung beeinträchtigt werden.« AStM.
152 Niederschrift über die 2. Sitzung des Präsidiums am Freitag, 22. August 1947, 10 Uhr und 15 Uhr (Archiv des Bayerischen Landtags, künftig LT-Archiv).
153 Stellungnahme des Präsidiums nach der Nachmittagssitzung vom 22.8.1947, LT-Archiv.
154 MR-Protokolle, Das Kabinett Ehard I, 12.9.1947, S.735, und: Das Kabinett Ehard II, Band 1, 3.10.1947, S.49.
155 SZ 19.8.1947, vgl. auch »Münchner Mittag« 11.7.1947.
156 »Die Neue Zeitung« 29.9.1947.
157 Bayerischer Landtag, Stenografische Protokolle, 29. Sitzung vom 22.10.1947, S.19ff.
158 Mitschrift der Radiosendung vom 20.10.1947 (Auszüge), AStM.
An Ministerialdirektor Konrad, seinen Vorgesetzten im Justizministerium, schrieb Walter Roemer am 30.10.1947 zu dem Rundfunkinterview: »Ich

sehe bis auf Weiteres davon ab, meinerseits hiewegen an den Rundfunk heranzutreten (wegen des Wortlauts, Anm. d. Verf.), weil ich das Verlangen des Ältestenrats (des Landtags, Anm. d. Verf.), mich wegen Äußerungen im Rundfunk, die unter das Recht der freien Meinungsäußerung fallen, zur Verantwortung zu ziehen, zur Vermeidung von Auseinandersetzungen zwischen Rundfunk und Landtag und eines weiteren Aufsehens in der Öffentlichkeit nicht bekannt werden lassen möchte.« Die »Rundfunk-Reportage« sei weder von den Studenten der Anstalt noch von ihm, Roemer, sondern wohl infolge der Zeitungsartikel von Radio München veranlasst worden. AStM. Außerdem verfasste Roemer eine »Erklärung«, 23.10.1947 (ohne Empfänger), in der er zu den gegen ihn erhobenen Vorwürfen feststellt: »Dem in der ›Neuen Zeitung‹ vor kurzem unter der Überschrift ›Die bayerische Mühle‹ erschienenen Artikel stehe ich völlig fern. Ich habe den Artikel weder inspiriert noch gar formuliert, noch seine Aufnahme in die Zeitung vermittelt.« AStM.

159 Schreiben von Walter Roemer an seinen Nachfolger im Amt des Stiftungsvorstands, Karl Riedl, 12.11.1979, in dem er rückblickend unter anderem über den »Kampf um den Fortbestand des Maximilianeums« berichtet. AStM.

160 Das Schreiben, datiert »Leutstetten, den 11. September 1947«, beginnt mit der Anrede »Mein lieber Herr Professor!« und ist handschriftlich unterzeichnet »Ihr aufrichtig geneigter Rupprecht«. AStM.

161 Das Schreiben mit der Anrede »Hochzuverehrender Herr Minister!« ist nicht datiert. AStM.

162 Schreiben von Stiftungsvorstand Walter Roemer an den Rektor der Universität München (Verwaltungsausschuss), 14.8.1947, AStM.

163 »Vorschläge betreffend Maximilianeum« (ohne Datum), AStM.

164 Universitätsrektor Prof. Aloys Wenzl schrieb am 21.4.1948 an Stiftungsvorstand Roemer, es müsse bis auf Weiteres das »Verbleiben der wenigen Studenten« gesichert sein. AStM.

165 »Münchner Studentenzeitung«, Dezember 1947 und Januar 1948.

166 Ebd., Oktober 1948.

167 Ebd., November 1948.

168 SZ 16.11.1948. Mit seinen legendären Briefen des Abgeordneten Filser (»Jozef Filsers Briefwexel«) hat Ludwig Thoma das Parlament im Königreich Bayern aufs Korn genommen. Die »Grüße aus dem Maximilianeum« etwa 50 Jahre später, die anonym erschienen, stammten laut Vermerk auf einem Exemplar der Stiftung von Prof. Walther Gerlach. Der Physiker war von 1948 bis 1951 Rektor der Universität München. Die Übersetzung seines »Filser-Briefes« ins Hochdeutsche lautet etwa: »Lieber Freund, Du weißt ja, dass wir wegen Hitlers verlorenem Krieg an allen Ecken und Enden sparen müssen. Deshalb haben wir auf ein neues Landtagsgebäude verzichtet, obwohl das alte so zerbombt ist, dass kein Stein mehr auf dem anderen steht. Sondern wir haben uns einfach des Maximilianeums bemächtigt, das der hochselige König Max für seine Kadetten und fleißigen Studenten errichtet hat. Und heute herrscht ein gesundes Staats- und Abgeordneten-

empfinden, das beim Maximilianeum bedeutet: Es gehört uns. Die heute von Rechtsstaat reden, sollen uns gestohlen bleiben, denn Recht muss Recht bleiben, weil ich für mein Schwein auch nicht bekomme, was Recht ist.«

[169] MR-Protokolle, Kabinett Ehard II, Bd. 1, 6. 12. 1948, S. 769 f.
[170] 11. Sitzung des Präsidiums, 26. 11. 1948, LT-Archiv. Vgl. auch SZ 18. 12. 1948 »Das kostspielige Maximilianeum«.
[171] »Die Neue Zeitung« 6. 12. 1948.
[172] Mietvertrag zwischen Stiftung Maximilianeum und dem Staatsministerium der Finanzen, 22. 12. 1948, unterzeichnet vom »Vermieter«, Prof. Walther Gerlach, und vom »Mieter«, Finanzminister Hans Kraus. AStM.
[173] 11. Sitzung des Präsidiums, 26. 11. 1948, LT-Archiv.
[174] Protokoll der Sitzung des Haushaltsausschusses, 16. 12. 1948, LT-Archiv.
[175] Der Abschlussbericht zur Übergabe des Maximilianeums mit Aussenanlagen wurde am 5. 1. 1954 unterzeichnet und von Landtagspräsident Alois Hundhammer genehmigt. Akten Maximilianeum Universitätsbauamt.
[176] MR-Protokolle, Kabinett Ehard I, 15. 2. 1947, S. 199.
[177] 6. Sitzung des Präsidiums, 28. 4. 1948, LT-Archiv.
[178] »Die Neue Zeitung« 16. 12. 1948.
[179] Archiv der Vereinigten Werkstätten für Kunst im Handwerk (München) und Auskünfte von Michaela Rammert-Götz, die das Archiv betreut.
[180] Schreiben des Kuratoriumsvorsitzenden Hans Rheinfelder an Stiftungsvorstand Karl Riedl u. a. 13. 3. 1957, AStM. Die Antworten der einstigen Stipendiaten gingen von April bis Juni 1957 bei Rheinfelder ein. Sie befinden sich ebenfalls im AStM.
[181] Vgl. Anm. 175.
[182] MR-Protokolle, Kabinett Ehard II, Bd. 2, 15. 1. 1949, S. 24 f. Vgl. auch Kock, Landtagschronik, a. a. O., S. 53. Am 9. März 1950 fand eine erlaubte Demonstration von 1000 Mitgliedern der »Vereinigung der Verfolgten des Naziregimes« (VVN) gegen die »Verschleppung der Wiedergutmachung« vor dem Maximilianeum statt, bei der 800 Polizisten das Gebäude abschirmten. Ebd., S. 73.
[183] Vgl. ebd., S. 87.
[184] Nikolaus Lobkowicz, Wendezeit – Gedanken zur postkommunistischen Epoche, Würzburg 1993. Vgl. auch das Schreiben der Direktion der Schutzpolizei an das Polizeiamt Ost wegen der Sitzung des Senats der Universität München am 27. 4. 1972, 26. 4. 1972, Abdruck AStM.
[185] Vgl. MAX April 2000, S. 36 f. und MAX Mai 2000, S. 62.
[186] SZ 13. 1. 1949.
[187] Festschrift »Festakt aus Anlaß der Eröffnung der Sitzungen des Bayerischen Landtags im Maximilianeum – Mit den Reden anlässlich der Pressekonferenz am 10. Januar 1949« (Broschüre, AStM).
[188] Ebd. S. 5 und S. 10.
[189] Vgl. Kock, Landtagschronik, a. a. O., S. 58–63.
[190] MM 23. 3. 1949. Der mit »O. M.« gezeichnete Artikel stammt von dem späteren Chefredakteur der Münchner Boulevardzeitung »tz«, Otto Merk.

191 »Münchner Stadtanzeiger« 14.1.1949.
192 Reinhold Maier, Erinnerungen 1948–1953, 1966. Maier war von 1945 bis 1952 Regierungschef des Landes Württemberg-Baden in der US-Zone, das 1952 im Land Baden-Württemberg aufging.
193 Vgl. Informationsdienst Landtag Niedersachsen 1997/4, Parlamentsbauten. Dort auch Kurzhinweise zu den übrigen deutschen Parlamenten.
194 Vgl. Kock, Landtagschronik, a.a.O., S. 56f. Die Zahl der Mitglieder des Bayerischen Landtags wurde 1997 im Rahmen der Parlamentsreform wieder auf 180 reduziert. Ebd., S. 390.
195 Stenografisches Protokoll der 192. Sitzung, 20.11.1950, S. 1355f.
196 2. Sitzung des Präsidiums, 22.1.1951, LT-Archiv. Der Beschluss des Präsidiums lautet unter anderem: »Im Benehmen mit Staatsminister Dr. Hoegner und Staatsrat Kollmann soll ein Juristenkollegium eingesetzt werden, das die Rechtslage auf Grund der Stiftungsurkunde zu prüfen hat.«
197 5. Sitzung des Präsidiums, 5.4.1951, LT-Archiv.
198 Besprechung der Präsidenten des Bayerischen Landtags mit den Vertretern der Stiftung »Maximilianeum«, 5.11.1951, LT-Archiv.
199 »Aus dem Maximilianeum«, in: »Münchner Stadtanzeiger« 21.1.1969.
200 Rudolf Hanauer (1908–1992), Rechtsanwalt, Mitglied des Bayerischen Landtags 1954 bis 1978, von 1960 bis 1978 Präsident. Der Abgeordnete galt als »CSU-Matador« des Spielbankenuntersuchungsausschusses und errang so einen gewissen Bekanntheitsgrad. Hanauer wurde relativ knapp, mit 52 von 90 Stimmen, als Nachfolger von Hans Ehard für den neu zu wählenden Posten des Landtagspräsidenten nominiert. Diese Vorbehalte zeigten sich auch bei seiner Wahl am 27.1.1960, als er mit 101 gegen 81 Stimmen zum Präsidenten gewählt wurde. Vgl. Hilde Balke, Die Präsidenten des Bayerischen Landtags von 1946 bis 1994, hrsg. vom Bayerischen Landtag, o.J. (1991), S. 214ff.
201 Schreiben von Landtagspräsident Rudolf Hanauer an Stiftungsvorstand Karl Riedl, 6.2.1962, AStM.
202 Schreiben von Stiftungsvorstand Karl Riedl an Landtagspräsident Rudolf Hanauer, 5.6.1964, AStM.
203 Schreiben des Abgeordneten Edmund Stoiber an Landtagspräsident Rudolf Hanauer, 27.5.1975, Kopie AStM. Stiftungsvorstand Riedl antwortete dem Präsidenten am 11.7.1975, dass er auf den Kern der Beschwerde nicht mehr eingehen müsse, weil der Abgeordnete Stoiber seit dem Vorfall nicht mehr auf dem »privateigenen Parkplatz der Stiftung« parke, während er bis dahin dort ein sehr häufiger »Gast« gewesen sei. Stoibers Behauptung, die Frau des Hausmeisters habe sich »abfällig über das Parlament und seine Mitglieder geäußert«, treffe nicht zu. Zeuge sei der Polizeibeamte, den Stoiber vom Osttor herbeigeholt habe, um »das Fahrzeug des Hausmeisters von unserem eigenen Parkplatz abschleppen zu lassen«, AStM.
204 150 Jahre Stiftung, a.a.O., S. 279
205 Schreiben des Abgeordneten Otto Kahler »an die verehrliche Direktion der Stiftung Maximilianeum«, 22.6.1971, AStM.
206 Schreiben von Stiftungsvorstand Riedl an den Direktor des Landtagsamtes, Regierungsdirektor Weber, 2.8.1968, AStM.

207 Stiftungsvorstand Riedl an Landtagspräsident Hanauer, 4.3.1974 (Abschrift), AStM.
208 Schreiben von Stiftungsvorstand Riedl an Landtagspräsident Hanauer, 209 Schreiben von Landtagspräsident Hanauer an Stiftungsvorstand Riedl, 9.4.1975, AStM.
210 Schreiben von Stiftungsvorstand Riedl an Landtagspräsident Rudolf Hanauer, 3.5.1960, AStM. Da Hanauer erst drei Monate im Amt war, rechnete Riedl wohl mit einem Entgegenkommen des Präsidenten.
211 Schreiben von Landtagspräsident Hanauer an Stiftungsvorstand Riedl, 12.5.1960, AStM.
212 SZ und MM 9.9.1960, MM 10./11.9.1960, vgl. auch Bayerischer Landtagsdienst (BLD), 8.9.1960.
213 Schreiben von Stiftungsvorstand Riedl an Landtagspräsident Hanauer, 8.11.1974 und 17.12.1974, AStM.
214 Schreiben von Landtagspräsident Hanauer an Stiftungsvorstand Riedl, 7.3.1975, AStM.
215 Schreiben von Stiftungsvorstand Riedl an Bernhard Ücker, 25.7.1975, AStM.
216 »Besprechung über den Ausbau des Maximilianeums im Konferenzzimmer des Maximilianeums«, 7.2.1957, AStM. Anwesend waren neben anderen Landtagspräsident Ehard, Finanzstaatssekretär Josef Panholzer, Stiftungsvorstand Karl Riedl und Universitätsrektor Prof. Friedrich Klingner, AStM. Vgl. auch »Protokoll über die außerordentliche Sitzung des Verwaltungsausschusses vom 6. Februar 1957«. Die Sitzung diente der Vorbereitung der Verhandlung mit dem Landtag. Dabei wurde die Forderung formuliert, dass der Landtag als Entgelt für den Erbbauvertrag der Stiftung Räume im Neubau kostenlos überlassen müsse. Nach der Aufhebung des Preisstopps für Mieten 1951 hielt der Verwaltungsausschuss eine Mieterhöhung für notwendig. Maßvoll sei eine Quadratmetermiete von drei Mark, was anstelle der 1949 vereinbarten Miete von 70000 Mark jährlich 316000 Mark ergeben würde. Der Stiftung seien somit seit 1951 »durch die nicht gerechtfertigte niedrige Miete ungefähr 1200000 Mark entgangen, diese Summe dürfte ausreichen, um die Bauschulden zu decken«. Der Verwaltungsausschuss empfahl für den Fall, dass der Landtag die Miete nicht erhöhen wolle, die Erhöhung in einem Sondervertrag als Zuschuss an die Stiftung festzuschreiben, was dann auch geschah.
217 Kopie AStM.
218 Im Jahr 2008 war die Jahresmiete des Landtags für den Altbau mit nun 35800 Euro unverändert. Dazu kamen pro Jahr 286200 Euro für Erbbauzins (Auskunft von Stiftungsvorstand Hanspeter Beißer 3.4.2008).
219 SZ 4.11.1959. Vgl. auch Bericht Bayerischer Landtagsdienst (BLD), 19.11.1959.
220 Schreiben von Stiftungsvorstand Riedl an den Vorsitzenden des Kuratoriums, Prof. Merxmüller, 26.3.1973, AStM. Riedl berichtet darin von einer Besprechung mit Landtagspräsident Hanauer: Der Landtag leide »wieder

unter drängender Raumnot«, es mangle an Büroräumen, vor allem an Arbeitsräumen für Abgeordnete.
221 Schreiben von Stiftungsvorstand Riedl an den Rektor der Universität München, Nikolaus Lobkowicz, 30.11.1973, AStM. Vgl. auch Schreiben an den 1. Vizepräsidenten des Landtags, Helmut Rothemund, 30.11.1973 und an Präsident Rudolf Hanauer, 10.12.1973, AStM.
222 Vgl. bau intern, Zeitschrift der Bayerischen Staatsbauverwaltung für Hochbau, Städtebau, Wohnungsbau, Straßen- und Brückenbau 4/1995, S. 74-77.
223 Vgl. MAX Februar 1993, S. 4f.
224 SZ 19.7.1995.
225 Zitiert nach »Baudokumentation der Erweiterungsbauten für den Bayerischen Landtag und die Stiftung Maximilianeum«, 1996.
226 Vgl. MAX August 2000, S. 99.
227 Ebd., November 2001, S. 129 f.
228 Ebd., August 2003, S. 100 f.
229 SZ 13.12.2005: »Es wurde Licht!«
230 Vgl. »Abendzeitung«, München, 9.12.2005
231 Michael S. Cullen, Parlamentsbauten zwischen Zweckmäßigkeit, Repräsentationsanspruch und Denkmalpflege, in: Parlamentsrecht und Parlamentspraxis in der Bundesrepublik Deutschland. Ein Handbuch. Herausgegeben von Hans-Peter Schneider und Wolfgang Zeh, S. 1861.
232 Ebd., S. 1846.
233 Vgl. MAX August 1998, Kopie der Urkunde AStM.

Literaturhinweise

Festschrift für Dr. Karl Riedl zum 75. Geburtstag, hrsg. von Kai und Kilian Brodersen, Stiftung Maximilianeum, Oxford und München 1982.
Gollwitzer Heinz (Hrsg.), 100 Jahre Maximilianeum 1852–1952. Festschrift, München 1953.
Haus der Bayerischen Geschichte (Hrsg.), König Maximilian II. von Bayern 1848–1864, Rosenheim 1988.
Hojer Gerhard, München – Maximilianstraße und Maximiliansstil. In: Die deutsche Stadt im 19. Jahrhundert, Stadtplanung und Baugestaltung im industriellen Zeitalter, hrsg. von Ludwig Grote, München 1974.
Klar Alexander, Im Dienste des bayerischen Königs. Leben und Werk des Baumeisters Friedrich Bürklein (1813–1872), München 2002.
Kock Peter Jakob, Der Bayerische Landtag. Eine Chronik, 5. aktualisierte Auflage, München 2006.
Das Maximilianeum in München, Studienstiftung, Bauwerk, Bayerisches Parlament (Text: Lothar Altmann, Fotos: Wolf-Christian von der Mülbe), Regensburg 1993.
Die Memoiren König Maximilians II. von Bayern 1848–1864. Mit Einführung und Kommentar von Achim Sing (hrsg. von der Kommission für Bayerische Landesgeschichte bei der Bayerischen Akademie der Wissenschaften), Schriftenreihe zur bayerischen Landesgeschichte, Band 112, München 1997.
Nerdinger Winfried (Hrsg.), Zwischen Glaspalast und Maximilianeum. Architektur in Bayern zur Zeit Maximilians II. 1848–1864, (Ausstellungskatalog des Architekturmuseums der Technischen Universität München und des Münchner Stadtmuseums Nr. 10), München 1997.
Stiftungsverzeichnis, Stiftung Maximilianeum 1852–2002, Wittelsbacher Jubiläumsstiftung 1980–2002, München 2002.
Stiftung Maximilianeum (Hrsg.), 150 Jahre Stiftung Maximilianeum 1852–2002, München 2002.
Wittelsbacher Jubiläumsstiftung zur Stiftung Maximilianeum (Hrsg.), 25 Jahre Wittelsbacher Jubiliäumsstiftung 1980–2005, München 2005.

Chronologie

1811 Das erste Kind des Kronprinzen Ludwig und seiner Frau Therese von Sachsen-Hildburghausen, der spätere König Maximilian II., kommt am 28. November in München zur Welt.

1813 Im mittelfränkischen Burk wird Friedrich Bürklein, der Architekt von Maximilian II., am 30. März geboren.

1848 König Ludwig I. dankt zugunsten seines erstgeborenen Sohnes ab, der am 20. März als Maximilian II. den Thron besteigt.

1852 Nach einem europaweiten Wettbewerb erhält Wilhelm Stier am 15. April den ersten Preis für den vom König geplanten Bau einer höheren Bildungs- und Unterrichtsanstalt.

1852–1853 Mit einer »Vorschule« nimmt die die künftige »Erziehungsanstalt für höhere Staatsdiener«, die »Stiftung Maximilianeum«, ihren Anfang.

1857 König Maximilian II. legt am 6. Oktober den Grundstein für das Maximilianeum als Sitz der gleichnamigen Hochbegabtenstiftung, der Bildersammlung mit Historiengemälden und der Königlichen Pagerie.

1862 Der Wohntrakt des Maximilianeums wird Anfang des Jahres von den Stipendiaten der Stiftung bezogen, die Schaufassade im Westen befindet sich noch im Rohbau.

1864 Am 10. März stirbt überraschend Maximilian II. Ihm folgt sein Sohn Ludwig als König Ludwig II.

1872 Friedrich Bürklein, der Architekt des Maximilianeums, stirbt in geistiger Umnachtung am 4. Dezember in der Heilanstalt Werneck.

1874 Der Bau des Maximilianeums ist im Inneren und Äußeren fertiggestellt, das Datum einer Feier ist in den Annalen nicht verzeichnet.

1876 In Schloss Linderhof unterzeichnet Ludwig II. die »Urkunde über die Gründung des Maximilianeums«, mit der die Stiftung seines Vaters die endgültige rechtliche Form erhält.

1877 Die Königliche Pagerie zieht im Maximilianeum ein, da nun das nahe Wilhelmsgymnasium als Schulort der Pagen fertiggestellt ist. Im gleichen Jahr wird die Bildersammlung von Max II. für die Öffentlichkeit zugänglich.

1902/1903 Die von der Witterung zerstörten Fresken der Westfassade werden durch Glasmosaik ersetzt.

1918 König Ludwig III. flieht mit seiner Familie am 7. November aus München, am Morgen des 8. November erklärt Kurt Eisner den

Zusammenbruch der Monarchie und ruft die Republik aus. Für die Stiftung Maximilianeum tritt die »Eventualklausel« von Max II. in Kraft und das Protektorat übernimmt die Universität München. Gleichzeitig ist die Königliche Pagerie aufgelöst.

1919 Am 1. Mai rücken Truppenverbände und Freicorps in München ein und beseitigen die Räteherrschaft. Im Maximilianeum wird das Freicorps »Oberland« in den Räumen der Pagerie einquartiert.

1928 In den Galeriesälen des Maximilianeums findet am 4. September das Festbankett zur feierlichen Grundsteinlegung für den Studienbau des Deutschen Museums mit Reichspräsident Paul Hindenburg und 800 Ehrengästen statt.

1931 Einzug des Thesaurus linguae Latinae in das Maximilianeum. Die Einrichtung zur Erforschung der lateinischen Sprache ist ein Projekt der deutschen Akademien der Wissenschaften.

1932 Die Deutsche Akademie mietet Büroräume im Maximilianeum. Gleichzeitig zieht das angegliederte »Indien-Institut« ein.

1933 SA- und Stahlhelmleute besetzen zusammen mit der Polizei am 14. März das Maximilianeum.

1934/35 Mit Mitteln aus dem Arbeitsbeschaffungsprogramm wird die Fassade des Maximilianeums instand gesetzt.

1937 Aus Anlass des »Tages der Deutschen Kunst« und der Eröffnung des »Hauses der Deutschen Kunst« findet im Maximilianum am 17. Juli ein feierlicher Empfang für die in- und ausländische Presse statt.

1938–1943 Jeweils von Mai bis Oktober wird im Maximilianeum die »Münchener Kunstausstellung« veranstaltet.

1941 Der Versuch, aus dem Maximilianeum eine »NSDAP-Kreisburg« zu machen, scheitert am Widerstand der Stiftung und Einspruch Hitlers.

1942 Der bayerische Ministerpräsident Ludwig Siebert, gestorben am 1. November, wird im Maximilianeum aufgebahrt.

1944 Am 25. April durchschlagen Brandbomben das Dach des südlichen Saals, die Gemälde verbrennen. Der am 12. April verstorbene Gauleiter von München-Oberbayern, Adolf Wagner, wird im Maximilianeum aufgebahrt.

1945 Stabbrandbomben reißen am 7. Januar das Dach des nördlichen Saals auf, die Gemälde konnten vorher entfernt werden. Bis kurz nach Kriegsende befindet sich im Maximilianeum ein Lazarett.

1946 Im Januar zieht die Akademie der Tonkunst (heute Hochschule für Musik) ein. Am 5. Juni beschließt der bayerische Ministerrat, das Maximilianeum für einen künftigen Landtag zu verwenden. Kurz darauf beginnen die Renovierungs- und Umbauarbeiten.

1947 In einem Gutachten vom 19. Juni warnt der Bayerische Verwaltungsgerichtshof vor einem »Ausnahmegesetz«, mit dem das Maximilianeum für Zwecke des Landtags freigemacht werden soll.

1948	Am 22. Dezember wird der Mietvertrag zwischen der Stiftung und dem Freistaat Bayern unterzeichnet, der das Maximilianeum zum Sitz des Landtags macht.
1949	Mit einem Festakt zieht der Landtag am 11. Januar offiziell in das Maximilianeum ein.
1950	Die Stiftung nimmt am 1. November ihren Vollbetrieb in neuen Räumen wieder auf.
1959	Die neu errichteten Flügelbauten im Norden und Süden werden am 9. November eingeweiht.
1978–1986	Generalsanierung des Maximilianeums.
1980	Herzog Albrecht von Bayern, Universitätsrektor Nikolaus Lobkowicz und Kultusminister Hans Maier unterzeichnen am 27. Juni die Urkunden über die Zustiftung, mit der die Stiftung weiblichen Studierenden geöffnet wird.
1991–1993	Bau der Tiefgarage mit 232 Stellplätzen.
1994	Am 4. Oktober werden die Erweiterungsbauten Nord und Süd nach nur einjähriger Bauzeit eingeweiht.
1998	Der Grundstein des Maximilianeums wird am 24. Februar gefunden. Am 30. Juni wird das neue Zugangsbauwerk mit der Rolltreppe zum Hauptgebaude eingeweiht. Gleichzeitig mauern Stiftungsvorstand Hanspeter Beißer und Landtagspräsident Johann Böhm einen neuen Grundstein ein.
2005	Der Landtag zieht am 13. Dezember in seinen neuen Plenarsaal ein. Der »Raum der Stille« wird seiner Bestimmung übergeben.
2008	Der total renovierte Senatssaal, wo nun Kaulbachs »Seeschlacht von Salamis« hängt, wird als Konferenz- und Versammlungsraum bei der Landtagswahl am 28. September erstmals genutzt.

Abkürzungen

AStM	Archiv Stiftung Maximilianeum
BDM	Bund deutscher Mädel in der Hitlerjugend
LT-Archiv	Archiv des Bayerischen Landtags
MAX	Zeitschrift Maximilianeum – Aus dem Bayerischen Landtag
MM	Münchner Merkur
MNN	Münchner Neueste Nachrichten
MR	Ministerrat
NSKK	Nationalsozialistische Kraftfahrkorps
OT	Organisation Todt
SA	Sturmabteilungen
STAM	Staatsarchiv München
TTL	Thesaurus linguae Latinae
SZ	Süddeutsche Zeitung
VB	Völkischer Beobachter

Bildnachweis

Rolf Poss: 17, 19, 23, 35, 53, 65, 66, 142, 143, 152
Süddeutscher Verlag, Bilderdienst: 91
Stadtarchiv München: 74, 75, 103
Stiftung Maximilianeum: 43, 45, 55, 58
Thesaurus linguae Latinae: 83

Alle übrigen Abbildungen aus dem Landtagsamt.

Personenregister

Ackermann, Josef 134
Adam, Albrecht 64, 165
Adenauer, Konrad 131 ff.
Alzheimer, Alois 49, 163
Amery, Carl 39, 50
Ankermüller, Willi 123
Arco-Valley, Anton von 72
Aumer, Hubert 127

Baader, Franz Xaver 60
Barthel, Ludwig Ferdinand 90
Bauschinger, Julius 72, 75
Bayern, Albrecht Herzog von 47, 181
Bayern, Otto von, König von Griechenland 24, 90
Bayern, Rupprecht Kronprinz von 120
Behnisch, Günter 153, 155, 156
Beißer, Hanspeter 51, 159, 163, 171, 176, 181
Berndt, Emil 125, 172
Bertzel, Karl 127
Bestelmeyer, German 92
Bezold, Otto 123
Bleeker, Bernhard 93
Blochmann, Rudolf Sigismund 18
Böhm, Johann 20, 154 f., 159 f., 181
Boepple, Ernst 92
Bosl, Karl 8
Brech, Christoph 153
Bürklein, Eduard 28
Bürklein, Friedrich 8, 12, 15, 18, 24 ff., 30, 32, 34 ff., 42, 146 ff., 162, 178 f.
Bürklein, Gottfried 34
Burckhardt, Jacob 8, 58
Burmeister, Enno 154

Cabanel, Alexandre 58 f., 164
Clay, Lucius D. 121
Conräder, Georg 64, 164
Cullen, Michael S. 158, 177

Dauser, Hans 92
Deger, Ernst 62, 164
Dietrich, Otto 92
Dittmann, Georg 167
Döhler, Willi 93
Döllgast, Hans 151
Döllinger, Ignaz von 59
Doenniges, Wilhelm von 60 ff.
Draesner, Ulrike 50

Echter, Michael 59, 64, 67, 164
Ehard, Hans 112, 117, 121 f., 129, 131 f., 144 f., 172, 174 ff.
Eifler, Friedrich-Karl 45, 162
Eisenhower, Dwight D. 102
Eisenhut, Werner 127
Eisner, Kurt 69, 72, 180
Enzensperger, Josef 50

Fackler, Maxim 50
Fiehler, Karl 92
Fingerle, Anton 172
Fischer, Franz 124
Foltz, Philipp 59, 64, 142, 151, 164
Fraunhofer, Josef von 60
Friedrich Barbarossa, Kaiser 66 f., 142, 151, 164
Friedrich II., König von Preußen 59, 151
Friedrich Wilhelm IV., König von Preußen 30
Gärtner, Friedrich von 24, 29

Gebhard, Helmut 146
Geibel, Emmanuel 21, 60
Geiger, Franz 87, 89f., 168ff.
Geiger, Rupprecht 93, 169
Geiger, Willi 93
Gentz, Friedrich von 60, 165

Gerlach, Walther 122f., 173f.
Giesler, Paul 102
Goebbels, Josef 95
Goldenberger, Franz 81
Goldschagg, Edmund 131
Gollwitzer, Heinz 40, 162f., 178
Gräßler, Fritz 137
Grüninger, Robert 58
Günther, Arno 45, 80, 166
Gürtner, Franz 49
Gulbransson, Olaf 93
Gumppenberg, Hanns von 55
Gunkel, Friedrich 62, 68, 164

Habermann, Hugo von 55
Hahn, August 38, 162
Halbe, Max 78
Halbig, Johann 67, 151
Hamm, Eduard 49
Hanauer, Rudolf 138ff., 175ff., 177
Hannecker, Anton 42f., 56
Hardenberg, Karl August 60, 62, 165
Haslinger, Karin 153
Hastreiter, Helmut 15
Hauschild, Wilhelm 59, 164
Hausenstein, Wilhelm 98
Haushofer, Karl 84, 167
Hebbel, Friedrich 8
Heinrich d. Löwe 66, 142, 151, 164
Heisenberg, Werner 49, 163
Held, Walter
Hermann, Friedrich von 40, 60
Hess, Eugen 64
Hess, Heinrich 62
Hess, Peter 62
Heubl, Franz 150
Heyse, Paul 21
Hiltensperger, Georg 62, 64, 164

Hindenburg, Paul von 77, 90, 180
Hitler, Adolf 43, 79ff., 84, 88, 92f., 95, 122, 125, 137, 173
Hoegner, Wilhelm 10, 105ff., 117, 123, 171, 175
Hoffmann, Heinrich 92
Hoffmann, Johannes 69, 71f.
Hofmann, von 36
Horlacher, Michael 117ff., 129, 131ff., 136, 138
Hufnagel, Franziska 153
Humboldt, Alexander von 59f., 151, 165
Hundhammer, Alois 112, 117f., 120, 123, 137, 172, 174

Jering, Karl 110, 171
Jolly, Philipp von 21
Jürgens, Udo 50

Käfer, Friedrich 127
Käs, Norbert 153
Kahler, Otto 139, 175
Kamm, Raimund 130f.
Karl d. Große 62, 66, 90, 151, 164
Kaspar, Hermann 93, 152
Keller, Eugene 104
Keller, Hans K. E. L. 50
Kempfler, Fritz 49, 81, 166
Klein, Kunigunde 97
Klemperer, Victor 110
Klenze, Leo von 30, 60, 62ff., 106
Klingner, Friedrich 176
Knapp, Gottfried 157
Knilling, Eugen von 43, 49
Kobell, Franz von 60
Köckert, Julius 64, 164
Köglmaier, Max 92
Koelle, Fritz 93
Kollmann, Ottmar 175
Kollmann, Theodor 71, 76
Kotzebue, Alexander von 64, 165
Krais, Wilhelm von 42
Kraus, Hans 117, 123, 174

Kreling, August 62
Kreitmayr, Wiguläus 62
Kremer, Harry A. 150, 153
Kübler, Konrad 117
Kunze, Michael 50

Lachner, Franz 16, 60
Lang, Gustav 73, 76, 79, 165 f.
Laue, Max von 163
Lechner, Alf 147, 152
Legath, Andreas 153
Lerchenfeld, August von 56
Lex, Hans von 42, 49, 79
Liebig, Justus von 21, 59, 165
List, Friedrich 62
Lobkowicz, Nikolaus 130, 174, 177, 181
Lori, Georg von 61
Loritz, Alfred 124
Ludendorff, Erich 43, 137
Ludwig I. 20 F., 24, 179
Ludwig II. 20, 23, 33, 42, 46, 57 f., 179
Ludwig III. 46, 179
Ludwig d. Bayer 37, 62, 66, 69, 164
Luitpold, Prinzregent 23, 164
Luther, Martin 67, 90, 165

Maier, Reinhold 134, 175
Marogna, Ludwig von 43
Maximilian II., König 7, 9, 12 f., 15 ff., 20 F., 24, 26, 29, 33, 39 f., 113, 120, 142, 159, 161, 165, 178 f.
Mayer, Christian 39, 166
Mayer, Eugen 80 f.
Meinzolt, Hans 109, 112, 167, 171
Meister, Michael 102
Merk, Otto 174
Merxmüller, Hermann 176
Metternich, Klemens von 60, 165
Metz, Frances 77, 96, 109, 166
Metzger, Eduard 29 f.
Michels, Eckard 84, 167
Mohr, Tanja 153
Montez, Lola 21

Montgelas, Maximilian von 60, 165
Moy, Carl von 56, 164
Müller, Andreas 64, 164
Müller, August von 163 f.
Müller, Karl Alexander von 10, 43 f., 84, 84, 92, 167
Müller, Ludwig 43

Nasse, Hermann 58

Oncken, Hermann 84
Otto, Carl 64

Padua, Paul Mathias 93
Panholzer, Josef 176
Pauwels, Ferdinand 165
Pechmann, Wilhelm von 43
Pecht, Friedrich von 151
Pfeiffer, Anton 107
Pfordten, Ludwig von der 16, 41, 62
Pfordten, Theodor von der 43
Piloty, Ferdinand 64, 165
Piloty, Karl Theodor von 36 f., 64, 164 f.
Piper, Reinhard 54, 164
Platen, August von 60
Pleuser, Jürgen 146
Popovic, Jovan 15, 20, 161
Pranz, Kurt 77 f., 166
Preetorius, Willi 93

Ramberg, Artur von 59, 64, 164
Ranke, Leopold von 21, 60
Regnault, Werner 172
Rehm, Albert 172
Reinhardt, Fritz 87, 168
Reznicek, Ferdinand von 8
Rheinfelder, Hans 116, 120, 122, 171 f., 174
Richter, Gustav 64, 164
Riedel, Eduard 27
Riedl, Karl 111, 130, 137 ff., 143 f., 162, 166, 169 ff., 173 ff., 178
Riehl, Wilhelm Heinrich 21, 40
Riezler, Erwin 172

185

Riezler, Siegmund v.   43, 69, 71 f., 164
Ritter, Carl   60
Roemer, Walter   46, 81, 95 ff., 104, 112, 119 ff., 137, 169 ff.
Rosenberg, Alfred   90
Roth, Toni   93
Rothemund, Helmut   177
Rummel, Walter von   55, 164

Samberger, Leo   93
Schalk   48
Schelling, Friedrich Wilhelm von   60
Schemm, Hans   80, 87, 166
Schindler, Karl   12
Schinkel, Karl Friedrich   29
Schmeissner, Fritz   127
Schnorr v. Carolsfeld, Julius   64, 165
Schöpf, Peter   67, 151
Schramm, Hans-Günther   130
Schüpfer, Professor   166, 172
Schwanthaler, Ludwig von   60
Schwarzmaier, Franz   51
Schwind, Moritz von   62
Schwoiser, Eduard   60, 64, 67, 164
Seibertz, Engelbert   36, 59 f., 62, 151, 165
Seifried, Josef   105, 107
Sellmeier, Alfred   139
Semper, Gottfried   33 f., 36, 162
Severing, Carl   79
Siebert, Ludwig   81, 84, 87, 94 f., 180
Siebert, Max von   106
Smith, Adam   62
Sommerfeld, Arnold   163
Spindler, Max   172
Staab, Volker   146, 153, 156
Stang, Georg   123, 136 f.
Stankiewitz, Karl   103 f., 171
Stark, Johannes   48 f., 163
Steinberger, Ludwig   172
Stier, Wilhelm   30 f., 179
Stoiber, Edmund   139, 160, 175
Strauß, Franz Josef   48 f., 163
Stuntz, Josef Hartmann   23
Sybel, Heinrich von   21

Talleyrand, Charles de   60, 165
Tautphoeus, Helmut von   52, 163 f.
Tempelmeier, Theo   127
Thierfelder, Franz   85, 167 f.
Thiersch, Friedrich von

Thiersch, Friedrich Wilhelm
Thoma, Ludwig   173
Treitschke, Heinrich von   8
Troost, Gerdy   125
Troost, Paul Ludwig   125

Ücker, Bernhard   106 f., 144, 171, 176

Vahlen, Theodor   95, 169
Valentin, Karl   160
Valentyn, Thomas van den   155
Voit, August   30
Voßler, Emma   111
Voßler, Karl   109 f., 171

Wackerle, Josef   93
Wagner, Adolf   79, 91 ff., 98, 180
Wagner, Richard   33
Walterspiel, Alfred   78
Wambsganz, Ludwig   145
Wand, Theodor von   42
Wedekind, Frank   58
Wehner, Anton von   43
Wenzl, Aloys   173
Wenzl, Karl   91
Westenrieder, Lorenz von   60
Widnmann, Max von   33
Wimmer, Hans   93
Winner, Gerd   153
Wölfflin, Eduard   82
Würtzburg, Wilhelm von   40

Ziebland, Georg Friedrich   30
Zöllner, Nepomuk   128
Zumbusch, Kaspar von   19, 23
Zumbusch, Leo von   80, 88